杭州 HANGZHOU

# 中国电子商务之都
# 互联网经济
# 发展报告
## （2009年）

杭州市信息化办公室
浙江工商大学　编著

ZHEJIANG UNIVERSITY PRESS
浙江大学出版社

浙江省委常委、杭州市委书记王国平为杭州师范大学阿里巴巴商学院成立揭牌

杭州市委副书记、杭州市市长蔡奇在网盛生意宝调研电子商务

杭州市常务副市长杨戌标
视察新加坡腾飞科技园

杭州市信息办缪承潮主任在阿里巴巴调研

《中国电子商务之都互联网经济发
展报告（2009年）》专家评审会

# 中国电子商务之都互联网经济发展报告
# （2009 年）

# 编 委 会

中国电子商务之路网络工程案例发展报告
（2009年）

# 编委会

主 任　　　　

副主任　　　　

主 编　　　　

副主编

# 序　一

　　21世纪是"全球化、新经济、互联网"的世纪。经济全球化深入发展，新经济浪潮风起云涌，互联网大有将世界"一网打尽"之势。谁游离于全球化、谁不发展新经济、谁不"触网"，谁就会被飞速前行的时代无情抛弃。特别是电子商务正在引发一场"按需定制"的生产模式革命，"线上销售"的销售模式革命，"创业式"的就业模式革命，"货比三家"的消费模式革命，"无领式"的生活模式革命。业内人士预言：中国互联网下一个十年是电子商务的十年。未来三五年内，电子商务将从一个非主流商务平台变成一个主流商务平台。可以预见，电子商务必将成为21世纪全球贸易的基本形态，"网商"必将成为21世纪最大的企业家群体，互联网经济必将成为21世纪的主导经济形态。

　　网络改变着世界，改变着中国，改变着杭州，推动世界、中国和杭州快步迈入"网络时代"、"网商时代"。杭州自然环境秀美，创业环境和谐，政策环境宽松，具有优越的环境优势；杭州拥有一批名校名社名企，集聚了一大批IT产业人才，中国网商大会和中国网商节的成功举办，吸引了一大批专业人才来杭创业，具有丰富的人才优势；杭州是国家电子商务、电子政务和信息化综合试点城市，电子商务发展起步早、基础好，形成了"阿里巴巴网"、"中国化工网"、"中国化纤信息网"、"全球纺织网"等一大批电子商务网站和信息服务平台，涌现了一大批以"阿里巴巴"为代表的电子商务龙头企业，具有良好的产业优势；杭州区位条件优越，市场经济发达，民间资本充裕，社会需求旺盛，具有明显的市场优势；杭州有8000年文明史、5000年建城史，有"精致和谐、大气开放"的城市人文精神，有"敢为人先、敢冒风险、敢争一流、宽容失败"的创业创新文化，有最适宜互联网经济发展的人文土壤。可以说，杭州是发展互联网经济的"风水宝地"。目前，杭州集聚了全国三分之二以上的专业电子商务公司，已成为名副其实的"中国电子商务之都"，网商城市竞争力排名全国省会城市首位。杭州的目标就是打造"世界电子商务之都"和"世界互联网经济大市"。

　　打造"世界电子商务之都"和"世界互联网经济强市"，必须坚持"三力合一"。要充分发挥政府的主导作用、企业的主体作用、市场的配置作用，把"有形的手"与"无形的手"有机结合起来。在当前国际金融危机的大背景下，更要坚持政府主导力、企业主体力、市场配置力"三力合一"，深入实施打造中国电子商务之都、电子商务进企业、网商培育3个"三年行动计划",加快政府信息资源开发利用,加快推行信息服务外包,扶持互联网企业及中介组织发展,在做大做强电子商务专业公司的同时,大力推进电子商务进企业,提高企业特别是中小企业应用电子商务的能力,发挥电子商务在战胜国际金融危机挑战中不可或缺、不可替代的作用。

打造"世界电子商务之都"和"世界互联网经济强市",必须加强人才培育。在抓好现有人才培养和使用的同时,切实加大人才引进力度,壮大专业人才队伍,大力鼓励支持知识分子、文化人、大学师生、科技人员等各类人才创业,培育更多集知识和资本于一体的马云式新型企业家。

打造"世界电子商务之都"和"世界互联网经济强市",必须推动技术创新。要抓好国家级试点城市和产业基地建设,加强与在杭高等院校和科研院所的战略合作,加强与国内外大企业的技术合作,建立以企业为主体、市场为导向、产学研相结合的技术创新体系,大力支持阿里巴巴等一大批互联网企业大力发展电子商务、即时通信、搜索引擎、网络游戏等互联网经济,培育更多文化与经济互为融合、个人创业与整体发展互为支撑、本土与国际相得益彰的阿里巴巴式新型企业。

打造"世界电子商务之都"和"世界互联网经济强市",必须加大投融资改革。充分发挥财政资金"四两拨千斤"作用,通过政府引导,中介机构牵线搭桥,支持银行和其他金融机构与国内或海外公司共同建立针对不同专业方向的风险投资基金,拓宽互联网中小型企业融资渠道,解决好互联网成长型中小企业"融资难"问题。

打造"世界电子商务之都"和"世界互联网经济强市",必须促进产业集聚。要鼓励各城区加快建设互联网经济专业园区,拓展服务领域、加快产业集聚、优化产业结构、推动产业升级,支持企业自建共建专业性、主题鲜明的特色产业园区,加快搭建具有杭州特色、符合发展需求的产业平台,推动杭州互联网经济集聚发展。

打造"世界电子商务之都"和"世界互联网经济强市",必须营造良好环境。要认真研究"阿里巴巴现象"、推广"马云现象",大力弘扬"精致和谐、大气开放"的城市人文精神和杭州创新创业文化,大力弘扬"精致和谐、大气开放"的新时期杭州城市人文精神和杭州创新创业文化,坚持"环境立市战略",打造"和谐创业"模式,营造有利于互联网经济发展的硬件、体制、法制、政策、政务、人文、人居、生态环境。

是为序。

中共杭州市委书记
市人大常委会主任

**2009 年 8 月**

# 序 二

近年来,杭州市委、市政府高度重视互联网经济在我市国民经济和社会发展中的重大作用,制定并落实了一系列加快互联网经济发展的政策措施,将其作为加快现代服务业,特别是信息服务业发展的重中之重抓紧抓实,电子商务、互联网经济初步实现了"由小到大,由大到强"的转变,许多领域的应用走在全国前列,为推进"两化融合"、"工业兴市"作出了积极贡献。

2008 年 5 月,中国电子商务协会授予杭州市唯一的"中国电子商务之都"称号,充分说明杭州以电子商务为主的互联网经济处于全国领先地位。杭州已是中国网商大会、中国国际动漫节的永久城市,拥有中国最早的 2 家电子商务上市公司——阿里巴巴网络有限公司、网盛生意宝股份有限公司,全国首批、唯一以科技园区命名的国家动画产业基地——杭州高新开发区动画产业园,中国最大最有影响力的 C2C 电子商务平台——淘宝网,中国最大最有影响力的 B2B 电子商务平台——阿里巴巴,中国最大最有影响力的在线第三方支付平台——支付宝,全国首家由专业服装批发市场官方运营网上批发服务的交易型网站——"四季青服装网—批发站",动漫企业自营出口交易额位居全国第一的中南卡通科技有限公司。在互联网周刊开展的"2009 年网商城市竞争力排行 TOP100"评比中,2009 杭州位居省会城市第一。杭州市还是国家广电总局确定的首批有线电视数字化整体转换试点城市之一,在国内率先创立了"广播加交互"的数字电视发展新模式,为全国有线电视数字化及数字电视整体转换工作提供了崭新的经验。互联网经济快速健康发展,网民、网商、网货数量大幅攀升,商业模式不断创新,整体素质持续提高。

《中国电子商务之都互联网经济发展报告(2009 年)》,全面阐述了国内外互联网经济发展的基本状况和最新趋势,在深入分析我市互联网经济发展现状、存在问题的基础上,提出了高质量的对策建议。《报告》还汇总、精选了我市互联网经济发展的 50 个成功案例;汇编了我市互联网经济发展的各项数据、政府的扶持政策等。几乎可以成为我市互联网经济方面的"百科全书";不仅为政府决策、企业运作提供了很好的参考文献,更为无数想从网民变成网商的普通老百姓、有志于互联网经济发展的各界人士提供了可资借鉴、参考的实例。

以"中国电子商务之都"为依托,加快打造互联网经济强市,是杭州市委、市政府的重大决策。我相信,只要我们坚持科学发展观;坚持改革开放不动摇;坚持政府推动与企业主导相结合、营造环境与推广应用相结合、网络经济与实体经济相结合、重点推进与协调发展相结合、加快发展和加强管理相结合;坚持以市场为导向,企业为主体,应用为抓手,积极探索互联网经济发展规律,一定能够早日使杭州成为全国互联网经济发展集聚中心、电子商务专业网站集聚中心、网商集聚中心,创造出杭州互联网经济的新奇迹,为创建与世界名城相媲美的"生活品质之城"增添新的内涵和活力。

中共杭州市委副书记
杭 州 市 市 长　蔡奇

2009 年 8 月

# 前　言

　　进入 21 世纪,信息和通信技术的开发应用在全世界高速发展。基于 ICT 的发展,互联网于 20 世纪 80 年代后期诞生。从此,依托网络的经济活动就日益受到人们的青睐,网络经济、数字经济、新经济、知识经济等概念相继问世并飞速发展。互联网经济不仅对各国经济发展产生日益重大的影响,还深深渗入政务、生活、社会活动等各个领域。发展基于公共网络的经济活动已成为世界各国的共识,并将其作为新形势下争夺世界经济领先地位的重大举措。

　　杭州地处中国民营经济最活跃的地区,经济发达,具有独特的人文、地域、体制、资金、人才、信息、科技、市场等优势。杭州有数十所高等院校,有利于培养各类人才。杭州的互联网经济高速发展,是中国唯一的电子商务之都、中国国际动漫节永久举办城市,云集了几百个电子商务公共平台。杭州有着阿里巴巴、网盛生意宝等优秀的互联网企业集群,"网商"军团日趋庞大。数字电视服务已覆盖杭州市区及五县(市)共 200 万用户,年营业额近 9 亿元。杭州市委、市政府将打造电子商务之都、互联网经济强市列为建设与世界名城相媲美的"生活品质之城"的战略决策,采取有效措施,强势推进。

　　互联网经济覆盖的领域众多,几乎涉及国民经济的每一个领域,鉴于需要与可能,本报告选择目前经济量较大、影响广泛的领域进行研究和分析。由于题材的广泛性、时间的紧迫性和编写组水平的限制,以及统计口径的不完备,报告的不足之处在所难免,真诚欢迎各界人士批评指正。

《中国电子商务之都互联网经济发展报告(2009 年)》编写组

2009 年 6 月 30 日

# 目 录

## 发展篇

**1 总 论**

1.1 编制说明 ……………………………………………………………（3）

1.2 互联网经济概念和全球发展态势 ……………………………………（4）

1.3 杭州互联网经济发展的现实基础 ……………………………………（5）

1.4 杭州市互联网经济发展的产业基础 …………………………………（6）

1.5 杭州市互联网经济概貌 ………………………………………………（8）

1.6 杭州市委、市政府对互联网经济发展的领导和支持 ………………（10）

**2 电子商务**

2.1 电子商务概述 …………………………………………………………（12）

  2.1.1 电子商务的基本概念 ……………………………………………（12）

  2.1.2 电子商务的影响 …………………………………………………（12）

  2.1.3 电子商务的基本模式分类 ………………………………………（13）

2.2 国内外电子商务的发展现状 …………………………………………（14）

  2.2.1 国外电子商务的发展现状 ………………………………………（14）

  2.2.2 我国电子商务的发展现状 ………………………………………（15）

2.3 杭州市电子商务发展概况 ……………………………………………（22）

  2.3.1 杭州市电子商务发展环境 ………………………………………（23）

  2.3.2 杭州市电子商务特色 ……………………………………………（25）

  2.3.3 杭州电子商务典型模式及分类 …………………………………（26）

  2.3.4 杭州市电子商务发展成果 ………………………………………（30）

**3 网游和动漫**

3.1 网游和动漫概述 ………………………………………………………（33）

  3.1.1 网游概述 …………………………………………………………（33）

  3.1.2 动漫概述 …………………………………………………………（34）

3.2 网游和动漫产业的国内外发展现状 …………………………………（34）

  3.2.1 网游产业的国内外发展现状 ……………………………………（34）

　　　3.2.2　动漫产业的国内外发展现状 ……………………………（38）
　　3.3　杭州网游和动漫产业发展概况 ………………………………（40）
　　　3.3.1　杭州网游产业发展概况 ……………………………………（40）
　　　3.3.2　杭州动漫产业发展概况 ……………………………………（44）

**4　搜索引擎与网络广告**
　　4.1　搜索引擎 ………………………………………………………（49）
　　4.2　网络广告概述 …………………………………………………（50）
　　　4.2.1　网络广告的定义 ……………………………………………（50）
　　　4.2.2　网络广告的特点 ……………………………………………（51）
　　4.3　网络广告的经济活动 …………………………………………（52）
　　　4.3.1　门户网站广告 ………………………………………………（53）
　　　4.3.2　网络广告代理 ………………………………………………（54）
　　　4.3.3　网络广告联盟 ………………………………………………（55）
　　　4.3.4　网络广告投放效果测评 ……………………………………（57）
　　4.4　杭州市网络广告发展现状 ……………………………………（58）
　　　4.4.1　杭州市网络广告企业 ………………………………………（59）
　　　4.4.2　杭州市网络广告产业的优势和发展趋势 …………………（60）

**5　数字电视全媒体**
　　5.1　数字电视与互联网 ……………………………………………（64）
　　　5.1.1　数字电视全媒体概述 ………………………………………（64）
　　　5.1.2　国内外数字电视发展现状 …………………………………（65）
　　5.2　杭州数字电视发展现状 ………………………………………（65）
　　　5.2.1　杭州数字电视发展的特色 …………………………………（66）
　　　5.2.2　杭州数字电视服务内容及发展规模 ………………………（67）
　　　5.2.3　杭州数字电视全媒体的产业影响 …………………………（69）
　　5.3　杭州数字电视的发展趋势 ……………………………………（70）

**6　移动商务**
　　6.1　移动商务概述 …………………………………………………（71）
　　　6.1.1　移动商务的概念及应用 ……………………………………（71）
　　　6.1.2　移动商务的优势 ……………………………………………（71）
　　6.2　国内外移动商务的发展现状 …………………………………（73）
　　　6.2.1　国际上移动商务的发展现状 ………………………………（73）
　　　6.2.2　国内移动商务的发展现状 …………………………………（73）
　　6.3　杭州移动商务的发展现状和前景 ……………………………（75）

**7　软件服务与 SaaS 模式**

7.1　SaaS 概述 ………………………………………………………（77）

7.2　SaaS 概况 ………………………………………………………（78）

　7.2.1　全球 SaaS 概况 …………………………………………（78）

　7.2.2　中国 SaaS 概况 …………………………………………（79）

7.3　杭州发展 SaaS 的软件业基础 …………………………………（83）

7.4　杭州部分 SaaS 企业 ……………………………………………（84）

7.5　发展趋势 …………………………………………………………（86）

**8　其他类型**

8.1　网络社区 …………………………………………………………（87）

　8.1.1　网络社区的概念和组成 …………………………………（87）

　8.1.2　网络社区的分类及典型举例 ……………………………（88）

　8.1.3　杭州网络社区发展现状 …………………………………（89）

8.2　网络通信 …………………………………………………………（89）

　8.2.1　网络通信和即时通信的概念 ……………………………（89）

　8.2.2　网络通信的分类及国内外应用现状 ……………………（90）

　8.2.3　杭州的网络通信 …………………………………………（91）

8.3　基于互联网的物流业发展 ………………………………………（92）

　8.3.1　基于互联网的物流业概况 ………………………………（92）

　8.3.2　物流业在国内外的发展现状 ……………………………（93）

　8.3.3　杭州市物流业发展状况 …………………………………（95）

**9　人　才**

9.1　杭州市高等教育对信息化人才的培养 …………………………（97）

　9.1.1　总体概况 …………………………………………………（97）

　9.1.2　在杭高校人才培养的活动 ………………………………（97）

　9.1.3　在杭高校信息化人才培养小结 …………………………（99）

9.2　企业对信息化人才的培养 ………………………………………（99）

　9.2.1　信息化人才实训中心 ……………………………………（99）

　9.2.2　阿里巴巴三把培养人才之火 ……………………………（102）

9.3　杭州信息化人才供需概况 ………………………………………（104）

**10　对策和建议**

10.1　杭州市互联网经济发展存在的问题 …………………………（106）

10.2　发展对策 ………………………………………………………（107）

# 案例篇

## 11 电子商务案例
### 11.1 综合电子商务平台 ……………………………………………………… (115)
11.1.1 打造世界一流电子商务服务商——阿里巴巴 ……………………… (115)
11.1.2 细分天下、网赢天下——网盛生意宝 ……………………………… (120)
### 11.2 行业电子商务平台 ……………………………………………………… (122)
11.2.1 打造中国医药B2B第一品牌——珍诚医药网 ……………………… (122)
11.2.2 家纺行业的电子商务平台——中国家纺网 ………………………… (124)
11.2.3 用信息为机电行业创造财富——机电之家网 ……………………… (125)
11.2.4 酷江山五金产业服务支持中心——杭州宏创电子商务有限公司
…………………………………………………………………… (126)
11.2.5 从传统农产品到电子商务,"鼠标"创造无限商机——中华名优特产网
…………………………………………………………………… (128)
11.2.6 打造中国园林业的第一网络媒体——中国园林商情网 ………… (130)
11.2.7 全球最大的网上塑料橡胶贸易市场——全球塑胶网 …………… (131)
11.2.8 十年历练,十年蜕变——中国建材网 ……………………………… (133)
11.2.9 领航医药电子商务中介——海虹药通 …………………………… (135)
11.2.10 中国园林花木行业最大的行业门户——中国园林网 ………… (136)
11.2.11 机械行业网络媒体的领军者——中华机械网 ………………… (139)
11.2.12 中国服装第一网——中国名牌服装网 ………………………… (140)
11.2.13 中国化纤第一网——中国化纤网 ……………………………… (141)
11.2.14 电子商务掀起盛世狂潮——杭州盛世商潮控股股份有限公司
…………………………………………………………………… (143)
### 11.3 旅游电子商务 …………………………………………………………… (144)
11.3.1 旅游行业领先的旅游产品交易平台——比比西 ………………… (144)
11.3.2 中国乡村休闲网——乡旅中国网 ………………………………… (146)
11.3.3 国际旅游电子商务的先行者——同人国际旅社 ………………… (148)
### 11.4 企业电子商务 …………………………………………………………… (149)
11.4.1 百货商场的信息化应用——杭州大厦电子商务平台 …………… (149)
11.4.2 个性化礼品——卡当 ……………………………………………… (151)
11.4.3 服装品牌B2C网上零售网——衣服网 …………………………… (152)
11.4.4 致力打造最专业家电营销平台——百诚家电网 ………………… (153)
11.4.5 国内唯一的多业态图书电子商务平台——博库书城网 ………… (154)
11.4.6 "电子商务+物流配送"——杭网每日商城 …………………… (155)
11.4.7 面向百姓生活的电子商务网站——三替购物网 ………………… (157)

　　11.4.8　让电子商务走进每个家庭——小区生活网 ……………… (158)
　　11.4.9　国内第一大 IT 网站——颐高 ………………………………… (161)
　　11.4.10　打造优秀的购物平台——优邮网 …………………………… (163)
　　11.4.11　大型零售企业综合电子商务——百大集团 ………………… (164)

**12　网游和动漫案例**
　11.1　中国领先的网吧平台运营商——杭州顺网 …………………… (166)
　12.2　网游"全能战士"——渡口网络 ………………………………… (168)
　12.3　网页游戏的旗帜——杭州乐港科技有限公司 ………………… (169)
　12.4　专注游戏研发——杭州火雨网络科技有限公司 ……………… (170)
　12.5　一个动漫领军企业的风生水起——中南卡通 ………………… (171)

**13　搜索引擎与网络广告案例**
　13.1　整合网络营销服务——盘石 …………………………………… (173)
　13.2　Google AdWords 广告——网通互联 ………………………… (174)
　13.3　第一商务——创业互联 ………………………………………… (175)
　13.4　三维仿真城市地图——E 都市 ………………………………… (177)
　13.5　商务搜索引擎——浙江城搜网络科技 ………………………… (178)

**14　数字电视全媒体案例**
　14.1　全国首创数字电视全媒体企业——华数网通信息港 ………… (181)

**15　移动商务案例**
　15.1　全国首家电子票务网——大家网 ……………………………… (185)
　15.2　移动商务统一服务平台——移动快线 ………………………… (187)
　15.3　移动门户——天搜网 …………………………………………… (188)
　15.4　国内领先的移动商务平台——绿线 10101010 ……………… (189)

**16　SaaS 案例**
　16.1　基于互联网的商业管理软件——阿里软件 …………………… (191)
　16.2　开创办公新模式——第二办公室 ……………………………… (192)

**17　其他类型案例**
　17.1　网络社区 ………………………………………………………… (194)
　　17.1.1　杭州社区第一网——19 楼 ………………………………… (194)
　　17.1.2　互动娱乐平台——汉唐文化 9158 互动 …………………… (196)
　　17.1.3　博客走向企业——企博网 ………………………………… (197)

17.2　即时通信 ……………………………………………………… (199)
　　17.2.1　中小企业的最佳电子商务服务平台——中国电信114号码百事通
　　　　　　…………………………………………………………… (199)
17.3　基于互联网的物流企业 …………………………………………… (201)
　　17.3.1　物流平台整合运营商——浙江传化物流基地 ………… (201)
　　17.3.2　颠覆传统物流,打造全新商业模式——网达物流 ……… (202)
　　17.3.3　搭建浙江省物流行业公共服务平台——浙江物流网 ………… (206)
　　17.3.4　现代化物流管理的典范——浙江中货国际 ……………… (208)

# 附　录

1　杭州市互联网经济相关数据汇总表 ……………………………… (213)
2　杭州互联网经济发展相关政策法规 ……………………………… (215)
3　杭州互联网经济发展大事记 ……………………………………… (218)
4　杭州市部分互联网企业名录 ……………………………………… (229)

# 发展篇

# 1

# 总　论

## 1.1　编制说明

党的"十六大"报告提出"信息化带动工业化,工业化促进信息化",党的十七大明确提出"工业化、信息化、城镇化、市场化、国际化"五化并举,"大力推进信息化与工业化融合"。

王国平书记在中国共产党杭州市委员会第十届五次全会上提出"做大做强通信、软件、集成电路、数字电视、动漫、游戏和电子商务、即时通信、搜索引擎、网游'6+4'条产业链,大力发展信息产业和互联网经济,打造'世界电子商务之都'和'互联网经济强市',建设创新型城市"。

根据杭州市委、市政府加快打造"中国电子商务之都"、"互联网经济强市"的战略决策,为全面、准确掌握杭州市互联网经济发展成就、存在问题,深入探讨加快互联网经济发展的新举措,推动"五化并举"、"两化融合"进程,杭州市信息化办公室委托浙江工商大学组成课题组,负责编制《中国电子商务之都互联网经济发展报告(2009年)》,并由杭州市信息化办公室组织信息化专家咨询委员会有关专家修改完善。

本报告系2009年度杭州市信息化专家咨询委员会确定的重点工作内容之一,并得到了杭州市电子商务协会的大力支持。

本报告基础数据来自杭州市互联网经济企业的实地调研和问卷调查,其主要对象从"取得浙江省增值电信业务经营许可证的企业名单(截至2009年3月23日)"、"获得部颁信息服务经营许可备案的企业名单(截至2009年4月8日)"中筛选。

本报告部分数据来自中国互联网协会和中国互联网络信息中心(CNNIC)联合组织编撰的《中国互联网发展报告》(2008),艾瑞咨询发布的《2009年中国互联网经济新版图》、《2008-2009年中国网络广告行业发展报告》,易观国际发布的《中国线上B2B市场实力矩阵专题报告2009》、《中国搜索引擎市场年度综合报告》、《中国B2C网上零售市场年度综合报告》、《中国C2C网上零售市场年度综合报告》等,北京赛迪传媒公司发布的多种报告,北京正望咨询有限公司发布的《2008中国网上购物调查报告》,亿邦动力网发布的《中国B2B行业电子商务网站调查报告(2008-2009)》;中国版协游戏工委与国际数据公司联合发布的《中国游戏产业调查报告》,浙江互联网协会、中国电信浙江分公司、互联网实验室共同发布的《2008年浙江互联网发展研究报告》等。

## 1.2　互联网经济概念和全球发展态势

　　互联网经济又称网络经济、信息经济、知识经济、数字化经济等,或统称为新经济。一般而言,狭义的互联网经济是指基于互联网的经济活动,如网络企业、电子商务以及网络投资、网络消费等其他网上经济活动;广义的互联网经济是指以信息网络为基础或平台的、以信息技术与信息资源的应用为特征的、信息与知识起重大作用的经济活动。

　　自 20 世纪 80 年代后期互联网诞生后,电子商务在全球获得了广泛的应用,得到了蓬勃的发展。网络金融和网络证券服务日益普及。网络搜索和网络广告、网络游戏和网络娱乐业、网络音视频服务、网络通信、网络内容发布、网络票务、网络在线服务业等同样得到了高速发展。随着无线通信技术的发展,尤其是第三代(3G)移动通信技术及其应用的兴起,移动互联网经济活动开始在全球范围迅速普及推广。

　　从此,以电子商务为代表的互联网经济引起了世界的注意,也得到了联合国的高度关注和大力推进。从 2003 年起,联合国贸易发展委员会(United Nations Conference on Trade and Development)连续两年发布了《电子商务发展报告》(E-Commerce and Development Report 2003, E-Commerce and Development Report 2004)。从 2005 年起,上述年度报告更名为《信息经济报告——电子商务和发展》(Information Economy Report 2005——E-Commerce and Development),2006 年再次更名为《信息经济报告——发展视角》(Information Economy Report 2006——The Development Perspective)。上述报告均由时任联合国秘书长安南写序,足见联合国对互联网经济发展的重视。2008 年出版了《信息经济双年报告》(Information Economy Report 2007-2008),并由时任联合国秘书长潘基文写序。这些报告详细比较了五大洲、发达和发展中国家 ICT(信息和通信技术)的发展情况,以及基于 ICT 的互联网经济发展对策和发展情况。

　　世界各国都高度重视互联网经济的发展,发达国家和地区由于技术上的先发优势更是重视互联网经济。作为互联网的诞生地,作为世界上信息技术最发达的国家,美国对互联网经济的发展尤为重视。美国于 1997 年 7 月 1 日发布了《全球电子商务框架》(A Framework for Global Electronic Commerce),阐述了美国政府对发展电子商务的五大原则,号召全社会协力解决影响电子商务发展的九大问题。2007 年 7 月,为纪念上述文档发布十周年,美国软件和信息产业协会(Software and Information Industry Association)经过广泛的社会调查,发布了美国十年来电子商务发展的十大成就(The Ten Most Significant E-Commerce Developments of the Last Decade)。

　　互联网经济的发展也得到了我国的高度重视和密切关注。国务院于 2005 年 1 月发布了《关于加快电子商务发展的若干意见》(国办发〔2005〕2 号);(原)国务院信息办于 2006 年 3 月发布了《关于加快电子商务发展工作任务分工的通知》(国信办〔2006〕9 号);国家发改委、国信办于 2007 年 6 月联合发文《国家电子商务发展"十一五"规划》(发改高技〔2007〕1194 号)。浙江省也非常重视电子商务的发展,浙江省委办、省府办于 2007 年 6 月联合发文《关于加快电子商务发展的意见》(浙委办〔2007〕37 号文);省经贸委、省财政厅于 2008 年 8 月联合发文《关于实施万家企业电子商务推进工程的通知》。在政府的号召和推动下,我国的互联网经济获得了高速发展。在 2009 年 4 月举行的博鳌亚洲论坛 2009 年年会上,工业和信息化部副部长奚国华说:"2008 年中国电子商务规模达到 3 万亿元,同比增长 14.7%。"同时,2008 年我国网络广告市场规模约为 120 亿元,同比增长 55.8%;网络游戏市场规模约为 190 亿~200 亿元,同比增长 50%左右。在国际金融危机蔓延的情况下,我国的互联网产业整体逆势而上,涨势喜人。

## 1.3 杭州互联网经济发展的现实基础

杭州市不具备自然资源、国家投资等方面的优势,但从决定互联网经济发展的生产力要素来看,具备技术、信息、人才的比较优势。在杭州市委、市政府正确的领导和支持下,近年来,杭州市经济高速、健康、持续发展,充分展现了互联网经济的特色和优势,获得了"中国电子商务之都"的美誉,并正在努力将杭州建设为互联网经济强市。

杭州市辖有八区五县(市),包括上城区、下城区、江干区、拱墅区、西湖区、高新(滨江)区、萧山区、余杭区,以及桐庐县、淳安县、建德市、富阳市、临安市;占有土地 16596 平方公里。据 2009 年 2 月发布的《杭州市 2008 年国民经济和社会发展统计公报》,2008 年杭州全市实现国内生产总值(GDP)4781.16 亿元,按可比价格计算,比 2007 年增长 11.0%,连续 18 年保持两位数增长。三大产业结构由 2007 年的 4.0∶50.2∶45.8 调整为 2009 年的 3.7∶50.0∶46.3。至 2008 年底,杭州全市常住人口达 796.6 万人,比上年末增加 10.4 万人,其中户籍人口 677.64 万人,比上年末增加 5.29 万人。全市按常住人口计算,人均 GDP 为 60414 元;按户籍人口计算,人均 GDP 为 70832 元,分别增长 9.4%和 10.1%。杭州市全年完成财政总收入 910.55 亿元,比上年增长 15.5%,其中地方财政一般预算收入 455.35 亿元,比上年增长 16.3%。杭州市生产总值的增长情况如图 1.1 所示。

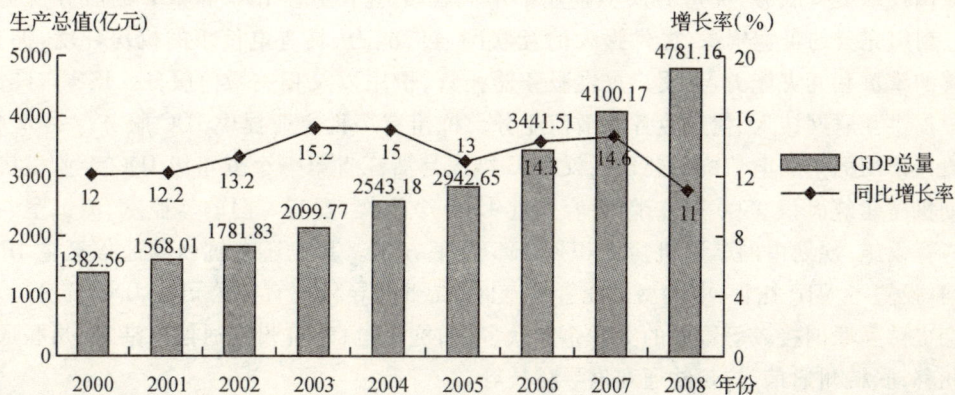

**图 1.1 杭州市生产总值和增长图**

强大的经济实力和健康的经济发展速度造就了杭州发达的 ICT 产业和信息服务业。杭州电子信息产业规模以上企业 2008 年的主营业务收入(不含电信运营业)达到

1432亿元,占全市GDP的29%;软件业务收入350.59亿元,其中软件服务收入79亿元。发达的ICT产业和信息服务业造就了杭州良好的通信基础设施和广泛的互联网连接和应用,为杭州发展互联网经济打造了坚实的基础。

据中国互联网络信息中心于2009年1月发布的第23次《中国互联网络发展状况统计报告》显示,截至2008年12月31日,浙江省电话用户达到6275万户,其中固定电话用户2565万户,移动电话用户3710万户,普及率分别为45.2线/百人和78.2部/百人,均居全国第一。手机上网网民数占全国的5.6%,达到659万,仅次于广东省。浙江的宽带网民数达到2108万人,仅次于广东。浙江省的域名数达到10.89万个,占全国域名总数的6.5%,仅次于北京和广东。杭州是浙江的省府,在上述业绩中起到了举足轻重的作用。据杭州市2008年国民经济和社会发展统计公报数据,至2008年底,杭州市互联网出境带宽超过218G,互联网宽带用户139.61万户,比上年增长15.9%;移动电话用户880.19万户。

杭州于2006年在西湖区翠苑四区实现了第一个光纤到户(FTTH)小区。经过多年的努力,杭州已形成了由光纤同轴混合网和宽带城域网"两环支撑"的宽带信息骨干传输网,出口带宽18G,位居国内城市前茅。

杭州是由中国网通建设的宽带高速互联网CNCnet(一期工程)上的八大主节点之一(天津、济南、南京、杭州、福州、厦门、长沙、深圳),地位仅次于四大超级节点(北京、上海、广州、武汉)。CNCnet是高速宽带商用IP骨干网络,全网统一采用IP/DWDM(密集波分复用)技术,统一采用面向下一代互联网的MPLS多协议标记交换网络技术,构造了以宽带IP技术为核心的新一代开放电信基础结构。

强大的通信网络基础设施助推了杭州互联网技术服务业的发展,互联网技术服务业的高速发展为杭州互联网经济的发展创造了良好的外部环境。IDC(Internet Data Center,互联网数据中心)和ISP(Internet Service Provider,互联网服务提供商)是两大互联网技术支持服务,杭州的众多企业都不同程度地享受着IDC和ISP的服务支持。IDC利用充分的带宽资源,提供强大的互联网通信能力、具有电信级的机房环境,拥有完善的维护和冗灾能力,为用户提供服务器托管、租用以及相关增值服务。ISP向广大用户提供互联网接入、信息业务和增值业务。杭州有一批企业提供IDC服务。2007年底投入使用的中国电信杭州公司兴议IDC机房是浙江省第一个五星级IDC专业机房,一期机房建筑面积9500平方米,可容纳近1500个机架,配有专门的监控室、测试室、备件库等设施;规划中的二期机房面积近1.5万平方米。其他还有杭州网通信息港IDC机房,设置了VIP托管、中大型机托管等专区;杭州世导科技有限公司的IDC机房。对社会提供互联网接入等服务的ISP企业众多,如杭州电信、杭州网通信息港、杭州联通、杭州移动、杭州通信、杭州铁通和世导科技等。

## 1.4　杭州市互联网经济发展的产业基础

近年来,杭州以科学发展观为统领,大力弘扬"精致和谐、大气开放"的人文精神,坚持以一流环境吸引一流人才、以一流人才创办一流企业、以一流的企业造就一流的城市,着力打响经济强市、文化名城、旅游胜地、天堂硅谷四张金名片,共建共享与世界名城相媲美的"生活品质之城"。无论在信息产业发展,还是信息技术推广应用方面均取得了巨大成效,为互联网经济发展提供了坚实的产业基础。

(1)杭州电子信息产业全国影响力不断扩大。杭州是全国唯一的集国家电子信息产业基地、国家软件产业基地、国家集成电路设计产业化基地、服务外包基地城市、高技术产业基地、中国电子商务之都等于一体的城市。2008年,全市规模以上电子信息产业企业实现主营业务收入1547.88亿元,实现利税155.85亿元,从业人数近15万人。

(2)杭州软件与信息服务业发展全国领先。目前,杭州市累计有714家企业通过软件企业认定,3769件产品通过软件产品认定;有74家企业通过CMM/CMMI、"双模"(SPCA)评估;有10家企业入围2008年度国家软件百强,有2家企业跻身全国自主品牌软件产品前十名;有15家企业列入国家规划布局内重点软件企业;19家以软件为核心的信息产业企业上市;累计有21个软件产品获得"中国优秀软件产品"。金融、证券、管理(财税、医院、企业、办公)、安防监控、控制(工业、交通)、电信、电力、公安、网络信息服务等行业的应用软件已形成了显著的特色与优势,在全国具有较高的市场占有率和品牌知名度。

(3)电子信息产业发展环境不断优化。进入21世纪以来,杭州市把加快发展电子信息产业,"打造天堂硅谷、建设数字杭州"作为"一号工程"抓紧抓实,先后制订、实施了一系列激励、扶持电子信息产业发展的政策措施。每年用于人才培育、引进,技术创新、应用,企业投融资等方面的财政奖励、资助资金达到3亿元以上。同时,杭州市作为全国"最具幸福感城市",多个领域的城市信息化建设全国典范,信息资源开发利用成效显著,为互联网经济发展提供了得天独厚的条件。

(4)信息技术推广应用全国领先。坚持"以需促用、以用促建"的电子政务建设原则,围绕"互联互通、资源共享、智能互动、协同服务"的电子政务建设总体目标,以公共服务需求为最主要的出发点,以电子政务典型应用为切入点,不断探索电子政务建设、管理、服务的新模式、新机制,不断推进电子政务应用,不断加快政府信息资源开发利用。通过市民卡、企业基础信息交换、"数字城管"、空间地理信息系统等跨部门、跨系统的电子政务重点工程建设,已经初步建成人口基础数据库、法人单位基础数据库、空间地理基础数据库和宏观经济基础数据库。在政务网络平台方面,已将市民卡、企业基础信息交换、应急联动指挥和电子政务外网、区级电子政务网络等整合成为适应各部门业务发展需要的物理网络;在电子政务信息交换平台方面,已将各跨部门、跨系统的电子政务平台(如企业基础数据互联平台、市民卡信息交换平台、应急联动指挥系统交换平台等)进行整合,形成了全市统一的信息资源交换共享平台。杭州市以电子政务典型应用为切入点,大力促进资源共享协同服务的成功经验,得到国务院信息化工作办公室等有关部门的高度评价。

(5)社区信息化建设成为全国典范。杭州市社区信息化建设已经从街道、社区的自我摸索、自主建设走上了有计划、有步骤、整体推进的阶段;形成了"城市政府统一领导、城区政府全面负责、街道(乡镇)具体实施、社区居民共同参与"的城市管理、服务新格局。在全国第一次完整地提出了社区信息化规划、基本功能规范、评估指标体系及实施办法等一整套社区信息化政策规章;第一次开展了以"三网融合"为载体,以多样化、个性化的服务终端为主要内容、以区为单位整体推进的成功实践;并由此成为国家"社区信息化标准体系"管理标准的编制单位。

(6)农村信息建设、企业信息化应用不断取得新进展。实现了"乡乡通光缆、村村通电话",农村广播电视覆盖率达99%,有线电视、互联网入户率持续提升。杭州市级农业龙头企业已全部上宽带,90%的县级农业龙头企业实现了"网上行",有效解决农村网络信息落地的"最后一公里"难题;基本形成了市、县、乡和村四级信息服务体系;以杭州龙网为依托,整合各地农业网站的数据,实现资源共享,提供网络信息服务,有效推动了农村信息化发展。同时,在试点和示范带动下,企业信息化建设步伐明显加快,CAD/CAM、ERP、CRM、SCM等先进信息技术在企业生产、经营和决策等领域的应用取得了新进展。全市大中型企业80%以上建设了计算机管理和应用信息系统。

## 1.5　杭州市互联网经济概貌

互联网经济覆盖的领域众多,难以逐一列数,但从经济总量、渗透范围、对人们经济和生活的影响等各种角度看,电子商务无疑独占鳌头。正如奚国华副部长所说:"在互联网产业中,电子商务、网络广告、网络游戏占据重要地位。"

杭州市于2008年提出了打造中国电子商务之都的响亮口号,同年,被中国电子商务协会确认授牌。杭州拥有阿里巴巴网络有限公司、网盛生意宝股份有限公司两个全国最早的电子商务上市公司,分别在电子商务的企业对企业(B2B)公共平台和B2B领域平台建设上处国内领先地位。全国3000多家领域电子商务公共平台中,将近1/6坐落于杭州。杭州市2008年电子商务服务收入40.02亿元,同比增长57.31%。2008年,杭州阿里巴巴的淘宝网以年度1000亿元的交易额占据中国个人对个人(C2C)电子商务83.3%市场份额。全国网商大会已连续6届在杭州召开,并将永远落户杭州。杭州在中国电子商务的排头兵地位已经确立,这也表明了杭州互联网经济在中国的优势地位。背负着电子商务之都的美誉,杭州正全力以赴地为打造互联网经济强市而努力。

杭州市的电子商务发展,尤其是第三方电子商务平台建设以及基于平台的电子商务活动,取得了骄人的业绩,享誉中国,在世界范围也有一定的影响。根据互联网实验室行业调查数据,在全国近4000家专业电子商务网站中,浙江省占了近40%,其中,54%以上在杭州。艾瑞咨询公布的数据显示,2008年国内第三方支付市场中,阿里集团支付宝占据了50.9%的份额。

2006年12月,中国行业网站开发和运营商的优秀代表,浙江网盛科技股份有限公司(后更名为网盛生意宝股份有限公司)在深交所上市;2007年11月,阿里巴巴集团旗下的阿里巴巴网络有限公司(即阿里巴巴集团的B2B公司)在香港上市。国家发展和改革委员会2009年4月下文,确定了第一批国家信息化单位,覆盖移动电子商务、电子认证服务、信用信息服务、新农村综合信息服务、中小企业电子商务、骨干企业信息系统外包服务等领域。在第一批81个单位中，浙江省拥有10个，占12%，杭州企业有4个，占5%，彰显了杭州电子商务在全国的优势地位。其中，阿里巴巴和支付宝联合申报的"集成化中小企业电子商务综合平台——WINPOT旺铺、电子商务信用建设与中小企业融资服务"，浙江建华五金机电市场有限公司的五金机电电子商务交易平台（www.jdol.com.cn）双双入列"中小企业电子商务"信息化单位；杭州汇农农业信息咨询服务有限公司的农业土特产电子商务平台入列"新农村综合信息服务"信息化单位；浙江中烟有限责任公司的托盘RFID应用拓展入列"射频（RFID）应用"信息化单位。

杭州电子商务的发展，尤其是阿里巴巴淘宝网的高速发展，逐步导致了网商概念的诞生和网商在全国范围的蓬勃发展。由阿里巴巴集团等企业发起，自2004年起，已在杭州连续召开了6届网商大会，与会人员从不足五百人发展到超过万人。2008年8月2日，由杭州市政府、中国电子商务协会、阿里巴巴集团共同主办的第五届网商大会暨第二届APEC工商咨询理事会亚太中小企业峰会在杭州召开。杭州市委书记、浙江省省委常委王国平，中国电子商务协会会长宋玲，软银集团董事长孙正义，阿里巴巴集团董事局主席马云等出席了会议。王国平在颁奖典礼上说："可以预计电子商务将会成为21世纪全球贸易的基本形态，网商将成为21世纪最大的企业家群体，互联网经济必将成为21世纪的主导经济形态。阿里巴巴的崛起，杭州打造电子商务之都的成功，中国网商大会的盛况都意味着这一点，也预示着这一点。"

根据艾瑞咨询的数据，中国2008年的C2C市场达到了1200亿元，同比增长了128.5%，其中，淘宝网的贡献就达1000亿元，占全国市场总量的83.3%。为了淘宝网产业的进一步发展，2008年2月，阿里巴巴有限公司和余杭区政府正式签约，决定在余杭区仓前高教高新园区创新基地设立浙江淘宝城实业有限公司，注册资本9980万美元，建设淘宝城。淘宝城规划用地450亩，投资预算超过13亿元人民币，建成后可吸纳1.5万名员工。

根据艾瑞咨询集团的研究，2008年，中国网络广告市场规模达到170亿元，相比2007年增长60.4%。杭州市网络广告的市场规模约为2.35亿元，比2007年增长了20%。艾瑞咨询预计，2009年中国网络广告市场规模将达到216亿元，同比增长达27%，依然领先传统媒体的增长。在网络广告中，搜索引擎起到了十分关键的作用。根据艾瑞咨询《2009年第一季度中国搜索引擎市场监测报告》，以运营商营收总和计算中国搜索引擎市场规模，中国搜索引擎市场规模在2009年第一季度达到13.11亿元，同比增长41.2%，其中，百度和谷歌的营收市场占有率继续提升。

作为西博会重点项目之一的"2008首届中国网络广告行业大会"于2008年9月在杭州召开。来自谷歌、百度、新浪、网易、腾讯、网盛、分众等网络企业负责人，网络专家学者，风险投资机构等千余人出席会议。这是中国网络广告界的首次大聚首。大会评选出了2007—2008年度中国最佳门户广告奖、最佳网络广告新媒体奖、营销策划奖、年度网络广告风云人物等各大奖项。杭州企业，浙江盘石信息技术有限公司，一举摘得了2007—2008年度中国最佳网络广告服务品质奖、最佳网络广告第三方评测机构奖。浙江盘石成立不过短短 4 年,年营业额已近亿元,迅速发展成为国内网络广告营销领域的前三名企业。

据《2008 年中国游戏产业报告》统计,2008 年中国网络游戏的销售收入达 183.8 亿元人民币,比 2007 年增长了 76.6%。网络游戏收入已远远超过传统的三大娱乐产业——电影票房、电视娱乐节目、音像制品发行。网络游戏出版产业还为电信业、IT 行业等带来高达 478.4 亿元人民币的直接收入。2007 年起兴起的网页游戏,由于方便易行,不需下载客户端软件,更是以惊人的速度发展。中国网页游戏 2008 年的产值达到了 5 个亿,它与大型多人角色扮演游戏所组成的网络游戏产业,成为世界金融危机中的世外桃源。目前中国约有 300 多款网页游戏,其中 90%左右是原创的。杭州有 10 余家网页游戏研发公司,并拥有多家运营商,它们是杭州游戏产业的新生力量。例如,杭州本土公司乐堂科技有限公司的网页游戏"热血三国",由杭州乐港科技有限公司代理推广运行。这款网页游戏在全国拥有 100 多家运营商,盛大、网易、腾讯都是这款游戏的合作网络公司。该游戏注册用户已达 2500 万,最高在线人数达到 70 万,成为全国注册用户最多的网页游戏。2008 年,杭州市网络游戏产业总值超过 1.62 亿元。

附录 1 为《杭州市互联网经济相关数据汇总表》,综合反映了杭州互联网经济的发展概况。

## 1.6　杭州市委、市政府对互联网经济发展的领导和支持

杭州市互联网经济的强势发展离不开杭州市委和市政府的坚强领导和大力支持。早在 2004 年 9 月,杭州市信息化办公室、杭州市贸易局就联合印发了《杭州市电子商务发展实施纲要(2004—2010 年)》(杭信办〔2004〕51 号)。2005 年 12 月颁发了《杭州市人民政府办公厅转发市贸易局等部门关于促进杭州市电子商务发展若干意见的通知》(杭政办函〔2005〕342 号)。

杭州市政府于 2008 年得到中国电子商务协会在全国的唯一授牌认可的"中国电子商务之都"称号。2008 年还相继编制了《杭州市打造中国电子商务之都三年行动计划》和《杭州市电子商务进企业三年行动计划》和《杭州市网商培育三年行动计划》等规划。

面对全球金融危机,杭州市委和市政府加大了对电子商务发展的支持。市经委出台了《杭州市电子商务进企业专项资金管理办法》(杭政办函〔2008〕343 号),每年拿出3000 万元支持企业应用电子商务平台。市外经贸局出台了《关于杭州市中小出口企业电子商务财政资助管理办法》(杭政办函〔2008〕259 号),每年拿出 1000 万元支持中小出口企业利用电子商务开展出口业务。市信息办出台了《关于进一步推进信息服务业发展的若干意见》(杭政〔2009〕2 号),每年拿出 2000 万元支持第三方电子商务平台的建设与运营。市委、市政府决定,每年由市财政支出 5000 万元支持电子商务的发展,其中,2000 万元主要扶持第三方电子商务平台的建设和升级,以项目投资形式和产业化形式给予资助;另外 3000 万元主要由经委和外经贸局负责,支持电子商务进企业。

2009 年 1 月,杭州市推进电子商务进企业工作领导小组办公室发布了《关于公布对

杭州市第三方电子商务企业实施优惠方案(第一批)的通知》(杭电商办〔2008〕3号),文件列举了阿里巴巴(中国)网络技术有限公司、浙江网盛生意宝股份有限公司、浙江盘石信息技术有限公司等16家第三方电子商务服务企业的55项收费会员服务,服务费将由服务企业、平台运行企业和政府按"三三"制原则分担,大大减轻了中小企业发展电子商务的成本。2009年3月,杭州市财政局和杭州市经济委员会联合发文《关于下达杭州市2009年第一批中小企业通过第三方电子商务平台开展电子商务应用财政资助资金的通知》(杭财企〔2009〕204号),政府投资391万元,支持1676个企业获得第三方电子商务平台的服务。2009年3月,杭州市政府转发了《关于下达杭州市2008年度企业建设独立电子商务应用平台财政资助资金的通知》(杭财企〔2009〕210号),共43个企业的建设电子商务应用平台项目,获得了市区(县)二级财政1770余万元的资金支持。

2009年3月,杭州市政府发布了《杭州市人民政府办公厅关于印发杭州市电子商务应用示范企业评选办法(试行)的通知》(杭政办函〔2009〕115号),每年评审杭州市电子商务应用示范企业,当选企业将由杭州市政府授予"杭州市电子商务应用示范企业"称号,颁发奖牌和证书,广泛宣传推广,并一次性奖励人民币10万元。

为加强互联经济发展的诚信环境建设,杭州市政府于2003年5月发布了《杭州市人民政府办公厅关于印发杭州市中小企业信用评价和管理办法的通知》(杭政办〔2003〕15号),并于2006年9月发布《杭州市信息化工作领导小组关于杭州市网络信任体系建设的实施意见》(杭信发〔2006〕13号)。

为推进网络全媒体服务业的发展,杭州市委和政府于2004年7月联合发布《中共杭州市委办公厅、杭州市人民政府办公厅关于全面推进我市有线电视数字化及发展数字电视产业的若干意见》(市委办〔2004〕8号)。

为支持现代物流业的发展,杭州市人民政府于2006年11月印发了《关于杭州市现代物流发展规划的实施意见》(杭政〔2006〕11号)。

为支持动漫和网游产业的发展,市政府相继发布了一系列重要文件。如,《杭州市人民政府办公厅关于鼓励和扶持动漫游戏产业发展的若干意见(试行)》(杭政办〔2005〕18号)、《杭州高新区关于鼓励和扶持动画产业发展的若干意见(试行)》、《杭州市动漫游戏产业发展规划(2006—2010)》等。杭州市每年投入5000万元专项资金用于扶持动漫产业发展,并建立了杭州高新开发区动画产业园和杭州数字娱乐产业园。

# 2

# 电子商务

## 2.1 电子商务概述

随着电子技术和互联网的发展,电子信息技术作为工具被引入传统的商贸活动中,电子商务应运而生。电子商务如今已使各类组织在机构、运营和管理等方面发生了根本性变革,已经并将继续深刻地改变全球商务活动和人们的生活方式。

### 2.1.1 电子商务的基本概念

电子商务可从"电子"和"商务"两方面进行考虑。"电子"即现代信息技术,指以各种实用电子技术为基础的通信方式;"商务"是将社会资源转换为产品和服务,并以赢利为目的向消费者进行销售的有组织的活动。

由于对"电子"和"商务"的不同理解,电子商务至今仍没有一个统一清晰的概念。许多有影响力的国际组织、政府、跨国公司、IT 行业和有关学者从各自的角度和对电子商务的参与程度和认识出发,给出了多种不同的表述。

大致来说,我们对电子商务的理解可归纳为两种类型:广义的电子商务和狭义的电子商务。广义的电子商务可以认为是电子事务,是指一切利用电子手段进行的所有商业活动(包括商务)。狭义的电子商务可理解为电子交易,是指利用互联网提供的通信手段在网上进行的商务活动。可以看出,电子商务活动正在改变着人们已经习惯的传统贸易模式和内容,并发展成为一种新型的生产力,推动社会的进步、经济的发展。

### 2.1.2 电子商务的影响

电子商务对企业、个人和社会经济都产生了巨大的影响,电子商务带来的影响首先在企业中发生。

(1)电子商务改变企业商务活动的方式。

传统的商务活动最典型的情景就是"推销员满天飞","采购员遍地跑","说破了嘴、跑断了腿";消费者在商场中筋疲力尽地寻找自己需要的商品。随着电子商务的发展,新技术、新产品日新月异,产品生命周期越来越短,全球客户和企业都在同一网络之中,市场竞争变得越来越激烈。在电子商务环境下,企业面对的客户将是世界各地亿万个各具个性的网络消费者,并且可以了解市场信息,即时地完成网上交易结算;同时,网络消费者也会应用现代化信息技术和手段,在全世界无数个企业和各种各样的产品中进行选择。

(2)电子商务改变企业的生产方式。

由于电子商务是一种快捷、方便的购物手段,消费者的个性化、特殊化需要可以完全通过网络展示在生产厂商面前,而且通过电子商务的订单系统,实现按"订单生产",减少企业的经营风险。

(3)电子商务对传统行业带来一场革命。

电子商务是在商务活动的全过程中,通过人与电子通信方式的结合,极大地提高商务活动的效率,减少不必要的中间环节。传统的制造业借此进入小批量、多品种的时代,"零库存"成为可能;传统的零售业和批发业开创了"无店铺""网上营销"的新模式;各种线上服务为传统服务业提供了全新的服务方式。

(4)电子商务改变企业的竞争方式。

与传统的商业结构相比,现代信息技术使企业的竞争方式发生了变化。信息技术与管理相结合发展的本质是实现高效率、自动化的流程管理,以信息流动代替物质和能量的流动,也就是通过技术帮助人们实现业务流程的优化,降低内耗,提高经营效率。

(5)电子商务发展对人们的思维、生活和工作方式产生很大的影响。

电子商务是以信息技术为基础的,它从根本上改变和影响了人的思维方式:①终身教育观念,不断学习成为这个信息更新飞速时代中工作和生存的必要条件;②消除了时间的间隙性和地域的局限性;③低成本扩张性,即电子商务基础下的高效低成本工作方式;④新的营销观,即强调在非面对面中保持良好信用。在生活方面,消费者可以在网上突破传统交易的局限进行网上商品和服务的享受;在工作方面,也打破了空间的局限,办公地点可以不局限于办公室,不仅节约时间还降低交通成本。

总而言之,作为一种商务活动过程,电子商务正带来一场史无前例的革命。它对社会经济的影响会远远超过商务的本身。除了上述影响外,它还对就业、法律制度以及文化教育等带来巨大的影响。电子商务将会把人类真正带入信息社会。

## 2.1.3 电子商务的基本模式分类

电子商务的商业模式非常多,对电子商务的商业模式分类的研究有助于更好地分析和研究电子商务的商业模式。早期对电子商务的商业模式研究较为深入的是Timmers 和 Rappa。

Timmers 从价值链整合的角度,将电子商务商业模式分为电子商店、电子采购、电子商城、电子拍卖、虚拟社区、协作平台、第三方市场、价值链整合商、价值链服务供应商、信息中介、信用服务和其他第三方服务等 11 类。

Rappa 将电子商务商业模式分为经纪商、广告商、信息中介商、销售商、制造商、合作附属商务模式、社区服务提供商、内容订阅服务提供商、效用服务提供商等 9 大类。

需要说明的是,电子商务的商务模式分类同电子商务的定义一样,并没有一种完全正确、全面、被所有人接受的标准。各个学者对此都有自己不同的理解,但主要方面的分类是一致的。

电子商务可以按照不同的标准划分为不同的类型,现在比较普遍的划分方法是按照参与交易的主体来进行划分。目前参与电子商务活动的交易主体主要有企业、个人消费者、政府和中介方,其中中介只是为电子商务的实施提供技术、服务和管理支持。因此电子商务的商业模式的划分不考虑中介方。据此,电子商务的商业模式可以划分为:企业对企业(Business to Business,B2B)电子商务模式、企业对消费者(Business to Consumer,B2C)电子商务模式和消费者对消费者(Consumer to Consumer,C2C)电子商务模式。

(1)B2B电子商务模式。

B2B电子商务即企业之间通过专用网络或Internet,以企业和企业为交易主体,以银行电子支付和结算为手段,进行数据信息的交换、传递,开展贸易活动的商业模式。它包括企业与其供应商之间采购事务的协调;物料计划人员与仓储、运输公司间的业务协调;销售机构与其产品批发商、零售商之间的协调;为合作伙伴及大宗客户提供的服务等。

(2)B2C电子商务模式。

B2C电子商务即企业对消费者的商务,指企业与消费者之间依托Internet等现代信息技术手段进行的商务活动,实现公众消费和提供服务,并保证与其相关的付款方式电子化的一种模式。它是随着万维网的出现而迅速发展的,简单地说,就是需求方和供给方在网络所构造的虚拟市场上开展的买卖活动,相当于电子版的零售。这是最为大众所熟悉的电子商务类型,也是最吸引媒体关注的电子商务形式。

(3)C2C电子商务模式。

C2C是消费者个人对消费者个人的电子商务模式。C2C模式的思想来源于传统的"跳蚤市场",即通过为个体买卖双方提供一个在线交易平台,使卖方可以在网上发布商品的拍卖消息,买方可以自行选择商品进行竞价,或是由想购买商品的个人在网上发布求购信息,由多个卖者竞卖,或与买者讨价还价,最终达成交易的电子商务模式。

## 2.2　国内外电子商务的发展现状

随着Internet的出现与大规模应用,电子商务正席卷全球,成为各行各业的热门话题和竞争的焦点。为积极应对经济全球化趋势,利用计算机技术、网络通信技术和Internet实现商务活动的国际化、网络化、信息化和无纸化,已成为各国商务发展的一大趋势。电子商务因此获得了非常迅速的发展。

### 2.2.1　国外电子商务的发展现状

从世界各国电子商务的发展来看,北美地区的电子商务发展起步较早,发展水平也最高,应用最为普及。美国早在1993年便有大量公司开始涉足电子商务。美国于1997年提出的《全球电子商务框架》明确了电子商务发展的方针与策略。进入21世纪,美国的电子商务发展更加迅猛,仅在 2004 年,美国 1/3 的家庭就已经使用网络银行服务;2005 年圣诞节购物旺季期间,美国市场为电子商务带来近 200 亿美元的商机。

2008 年,美国网络零售额为 1410 亿美元,涨幅为 13%,占整体零售额的 6%,2009 年该比例预计将达到 7%。调研机构 ForrestResearch 于 2009 年 1 月预计,2009 年美国网络零售额将增长 11%,达到 1560 亿美元。ForrestResearch 分析师称:"推动 2009 年网络零售额继续攀升的主要原因是传统零售店销售额将出现下滑,由于电子商务便于用户'货比三家',越来越多的消费者将采用网络购物形式。"

欧洲的电子商务比美国起步晚了 18 个月,但发展也很快。欧盟 1997 年提出了《欧盟电子商务行动方案》,1998 年起草了各种与电子商务有关的法律,规范了电子商务的市场环境。

2009 年 1 月,法国电子商务及远程销售联合会发表公报,2008 年法国网上销售增长了 29%,总销售额达到 200 亿欧元;超过 2200 万法国人在网上购物,占法国人口的 40%;2008 年法国新创建了 1.16 万个购物网站;62% 的网民表示对在线购物放心,并有 97% 的网民对所购买的商品满意。此外,法国互联网进一步普及,2008 年网民数量达到 3290 万,其中 70% 的网民曾在网上购物。法国电子商务及远程销售联合会总助理马克·罗利维埃表示,如果网民数量保持目前的增长速度,并且保持其购物水平,法国网上购物销售额将有望在 2009 年达到 250 亿欧元,并在 2010 年达到 300 亿欧元。

Visa 电子商务一项跟踪调查结果显示,亚太地区将近 80% 的互联网用户有网上购物的经历,他们在 2008 年用于网上购物的平均金额为 3000 美元。[1] 该调查结果显示:在互联网提供的数目繁多的商品和广泛的服务类别里,人们在网上花费最多的是旅行,人均支出 812 美元。

日本和韩国是亚太地区网上购物频率最高的国家,有过网购经历的比例分别是 99% 和 93%。澳大利亚是亚太地区最大的网上购物大国,用于网上购物的平均消费额高达 4160 美元。

在印度,最流行的个人电子商务模式是影音产品下载。有 76% 的受访者在过去 12 个月里购买过影音娱乐产品,位居亚太地区之首。

互联网也带来了越来越多的跨境交易,75% 的中国香港受访者表示在过去的 12 个月里曾从国外网站买过东西。

### 2.2.2　我国电子商务的发展现状

虽然 2008 年的全球经济危机给大多数行业带来了沉重的打击,但是,电子商务行业并没有因为全球经济危机的影响而衰败。与其他行业的萧条景象比起来,金融危机不但没有阻碍电子商务的发展,反倒给电子商务的发展带来了良好的机遇。其主要原因在于:对于个体用户来说,便捷性及价格优势是吸引消费者关注网络购物的主要原

---

〔1〕　本次调查是对新加坡、日本、韩国、澳大利亚、印度和中国香港等六个国家和地区的 18～49 岁的互联网用户进行的。

因,在金融危机时期,消费者就更倾向于网购了;对于企业来说,借助电子商务手段进行企业升级,通过网络购物等新兴渠道方式建立品牌、打开内贸市场正在成为很多企业特别是中小企业突破当前困境的主要对策之一。同时,电子商务还可以帮助企业打开国际市场,为企业提供更多的机遇。

2008年初至今,我国的电子商务行业取得了喜人的成绩,据商务部信息化司数据,2008年中国电子商务交易总额达3.1万亿元,比2007年增长了43%,主要表现如下。

### 1. B2B 行业电子商务

受全球金融危机的影响,很多中小企业面临生存困境。据艾瑞咨询公布的最新网商研究报告显示,使用电子商务平台进行网络贸易的中小企业通过降低交易成本,在2008年全球危机中的生存状况远远优于传统线下模式的企业,陷入困境的线下企业比例高达84.2%,而线上企业仅为16.8%,两者相差5倍。在经营信心指数方面,65%的线上中小企业有信心和能力度过经济难关;而线下的企业还不足10%。

因此,金融危机为B2B行业电子商务的发展带来了机遇。正是在经济危机下,越来越多的中小企业投向电子商务,通过互联网进行采购和买卖,以降低成本、寻找新客户及打入新市场。

根据易观国际发布的《2008年第3季度中国B2B市场季度监测》数据显示,2008年第3季度中国市场线上B2B电子商务市场交付价值达到人民币12.99亿元。其中线上B2B电子商务市场注册账户数为5801.1万个,环比增长10.1%;付费账户数为57.23万个,环比增长7.4%,如图2.1所示。

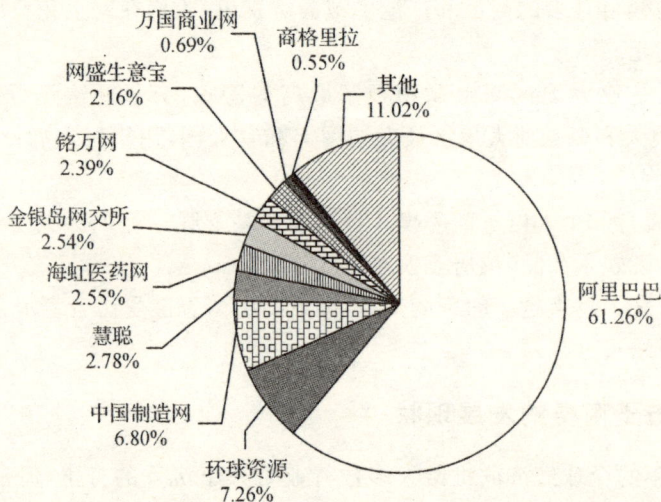

图 2.1　2008 年第 3 季度线上 B2B 电子商务市场厂商付费账户数排名[1]

---

〔1〕　数据来源:易观国际,www.analysys.com.cn

根据易观国际 Enfodesk 发布的《2009 年第 1 季度中国 B2B 市场季度监测》数据显示,2009 年第 1 季度中国线上 B2B 电子商务市场交付价值达到人民币 14.2 亿元,其中线上 B2B 电子商务市场注册账户数为 0.79 亿,环比增长 12％,付费账户数为 141.5 万,环比增长 5.4％,如图 2.2 所示。

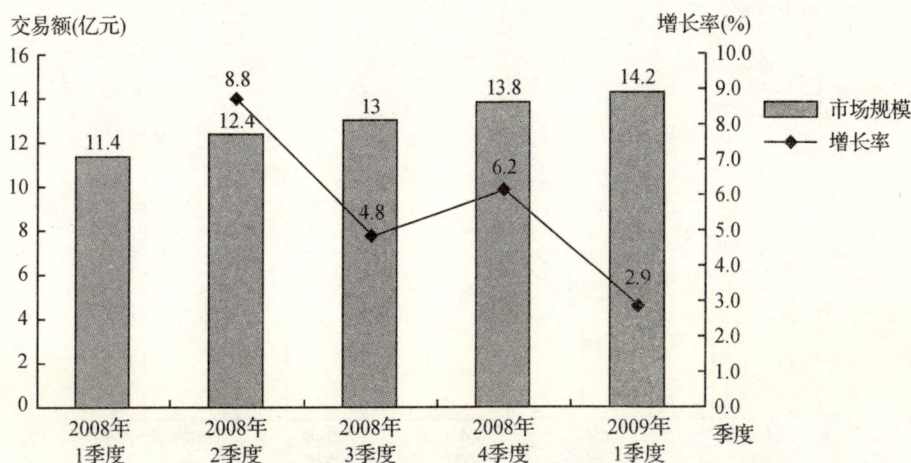

交易额(亿元) ... 增长率(%)

图中数据:
- 2008年1季度:11.4
- 2008年2季度:12.4,8.8
- 2008年3季度:13,4.8
- 2008年4季度:13.8,6.2
- 2009年1季度:14.2,2.9

市场规模 / 增长率

**图 2.2　2008 年第 1 季度－2009 年第 1 季度中国线上 B2B 市场规模[1]**

易观国际研究还发现,在厂商市场份额方面,阿里巴巴、环球资源、中国制造网继续领头于中国 B2B 电子商务市场第一梯队。其中阿里巴巴 2009 年第 1 季度交付价值规模为 8.28 亿元,环比增长 2.5％,市场份额达 62.9％。环球资源和中国制造网继续分列二、三位,分别以 0.93 亿和 0.89 亿的交付价值规模占据 7.31％和 6.46％的市场份额。

在厂商付费账户数方面,阿里巴巴、敦煌网、金银岛网交所继续领先市场。其中阿里巴巴 2009 年第 1 季度付费账户数为 47.15 万人,环比增长 9.2％,占据 33.3％的付费账户数份额。敦煌网本季度付费账户数为 44 万人次,以 31.1％的份额排名第二。金银岛网交所以 22.3％的付费账户数排名第三。

#### 2. 网络零售业

网络零售在中国的快速发展不仅为消费者提供了购物新选择,也为越来越多的创业者提供了一个新的平台。

受全球金融危机的影响,2008 年是网络购物爆发式增长的一年,网络购物成为网络经济中增长最快的行业之一。根据艾瑞咨询《2008－2009 年中国网络购物行业发展报告》研究显示,2008 年中国网络购物市场发展情况良好,交易规模突破千亿大关,达1282.8 亿元,比 2007 年增长 128.5％;从人均网购金额来看,人均网络购物金额 2007年突破了千元大关,2008 年超过了 1600 元,这个增长速度是相当快的。

从目前来看,网络购物的增长速度还没有放缓。据艾瑞咨询《2009 年第一季度中国网络购物市场监测报告》统计,2009 年第 1 季度网购交易规模达 467 亿元,环比 2008 年

〔1〕 数据来源:易观国际,www.enfodesk.com;www.analysys.com.cn

第 4 季度增长 15.5%,比 2008 年第 1 季度增长 96.7%,如图 2.3、2.4 所示。

从中长期来看,金融危机对网上购物市场会带来更多的正面影响,网络购物的增长态势在短期内不会改变。据专家预测,2009 年中国网购成交额将超过 2300 亿元,同比增长 80%。

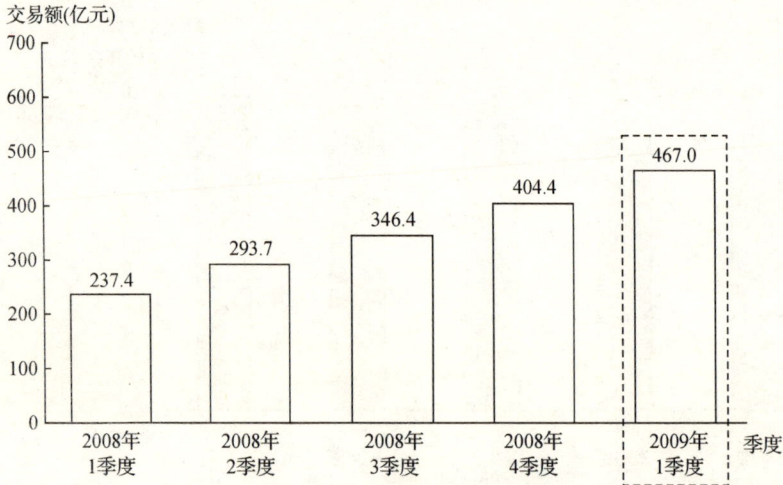

**图 2.3    2008 年第 1 季度一2009 年第 1 季度中国网络购物市场交易规模**[1]

注 1:C2C 电子商务市场规模以成交商品价值总额计算,B2C 电子商务市场规模以销售额计算,两者之和为网络购物市场规模,其中暂不包括付费数字产品下载、航空客票交易、网络代缴费等商品类别的交易规模。

注 2:从 2009Q1 起,C2C 平台推出的 B2C 商城(目前主要是淘宝商城和拍拍商城)交易量统计到 C2C 交易规模中。

注 3:2009Q1 数据为预估值。

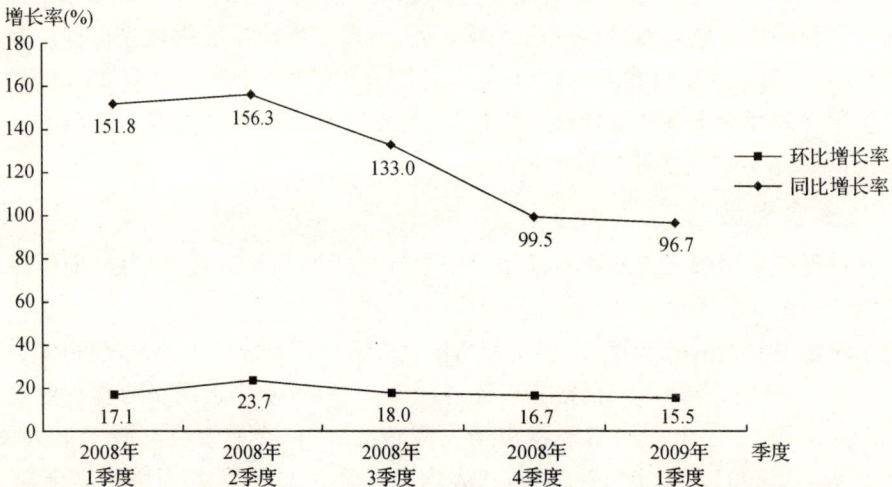

**图 2.4    2008 年第 1 季度一2009 年第 1 季度中国网络购物市场交易规模增长示意**[2]

注:2009Q1 数据为预估值

---

〔1〕 数据来源:iResearch Inc., www.iresearch.com.cn

〔2〕 数据来源:iResearch Inc., www.iresearch.com.cn

（1）C2C电子商务。

C2C电子商务公共平台中国主要有淘宝、拍拍网、百度有啊三家。

从网民对网购平台的选择方面看，C2C平台仍是网民购物首选。在2008年的网络购物交易总额中，超过93%的交易额是C2C贡献的。2008年，85.9%的网民在C2C平台购买过商品，70.6%的网民常在C2C购买商品。艾瑞分析认为，C2C平台相比其他类型的购物平台，无论是在商品种类、数量、价格、服务等各方面均存在明显优势，是当前国内网购市场的绝对主力。

根据易观国际相关数据显示，中国C2C网上零售市场2008年第3季度总体市场交易规模达到304.53亿元，比2008年第2季度增长18%；2008年第4季度总体规模达到371.67亿元，环比增长22%，与2007年同期相比增长144%，如图2.5所示。

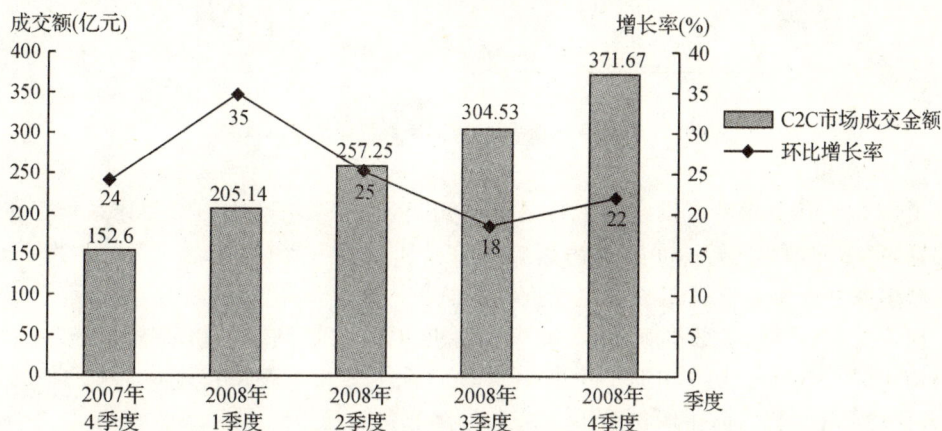

图 2.5  2007 年 4 季度－2008 年 4 季度中国 C2C 市场季度交易额[1]

百度有啊交易平台2008年10月正式上线，搜索引擎巨头正式进入网上零售市场，为市场格局的未来发展带来了变数；淘宝网和腾讯拍拍网也宣布了发展战略，其战略的差异性体现了自身核心竞争力的不同。

根据易观Enfodesk发布的《2009年第1季度中国C2C网上零售市场季度监测》数据显示，2009年第1季度中国C2C网上零售市场交易规模达到440.71亿元，环比增长19%，同比增长高达115%，连续第五个季度同比翻倍增长。

这个良好的增长势头还在继续，据易观国际《中国C2C市场趋势预测2008－2011》显示，2011年中国C2C市场规模将达3883亿元，如图2.6所示。

〔1〕 数据来源：易观国际 Enfodesk，www.enfodesk.com；www.analysys.com.cn

交易额(亿元)

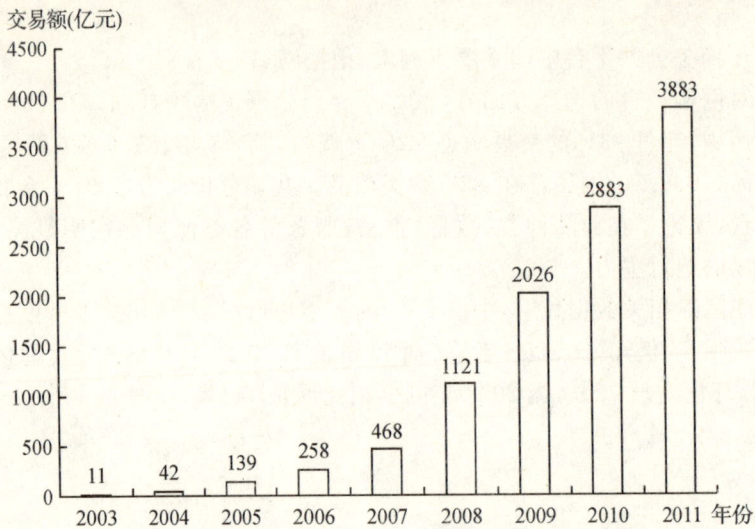

图 2.6    **2008—2011 年中国 C2C 网上零售市场交易规模预测**[1]

(2)B2C 电子商务。

虽然 C2C 仍是消费者网购的主要选择,但由于 C2C 网络购物的信用体系仍存在若干问题,很多网购用户转向了有品牌影响力以及质量更有保证的 B2C 商城购物平台。越来越多的企业参与到 B2C 企业电子商务的队伍中来。

根据易观国际相关数据显示,2008 第 3 季度中国 B2C 网络购物环比增长 20.6%,交易额达 24.2 亿元;2009 年第 1 季度中国 B2C 网上零售市场销售规模达到 34.96 亿元,环比增长 24.1%,同比增长高达 173%,如图 2.7 所示。

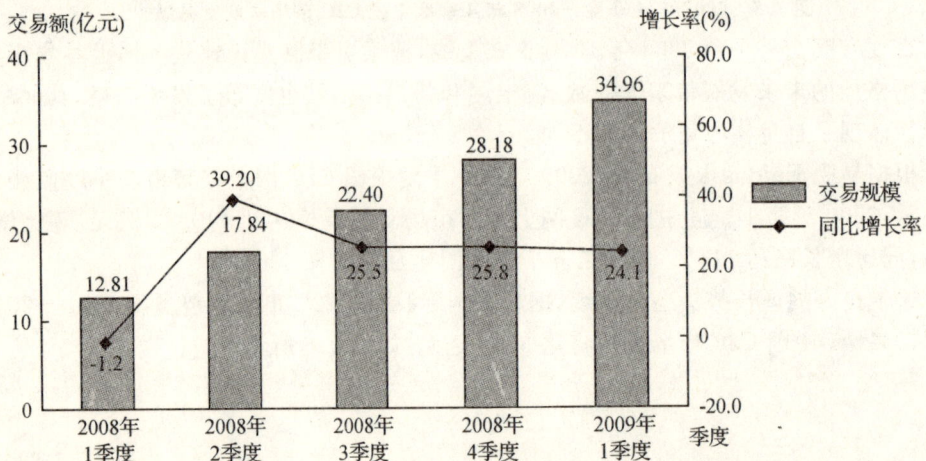

图 2.7    **2008 第 1 季度—2009 第 1 季度中国 B2C 网上零售市场规模**[2]

〔1〕 数据来源:易观国际 Enfodesk, www.enfodesk.com; www.analysys.com.cn

〔2〕 数据来源:易观国际 Enfodesk, www.enfodesk.com; www.analysys.com.cn

### 3. 旅游电子商务

根据艾瑞咨询《2009 年第一季度中国网上旅行预订市场季度监测报告》显示,2009年第 1 季度中国网上旅行预订市场规模为 6.97 亿元,环比下降 4.4%,季节性因素是造成环比下降的主要原因。而相比 2008 第 1 季度的 6.45 亿元,网上旅行预订市场仍然具有同比 8.1% 的增速,表明随着网上旅游厂商影响力的提升、预订的便利性以及价格的透明化给消费者带来了更佳的预订体验,更多的用户选择通过网络旅游厂商预订出行产品。艾瑞咨询预计 2009 第 2 季度中国网上旅行预订市场规模有望达到 7.8 亿元,环比增幅超过 10%,如图 2.8 所示。

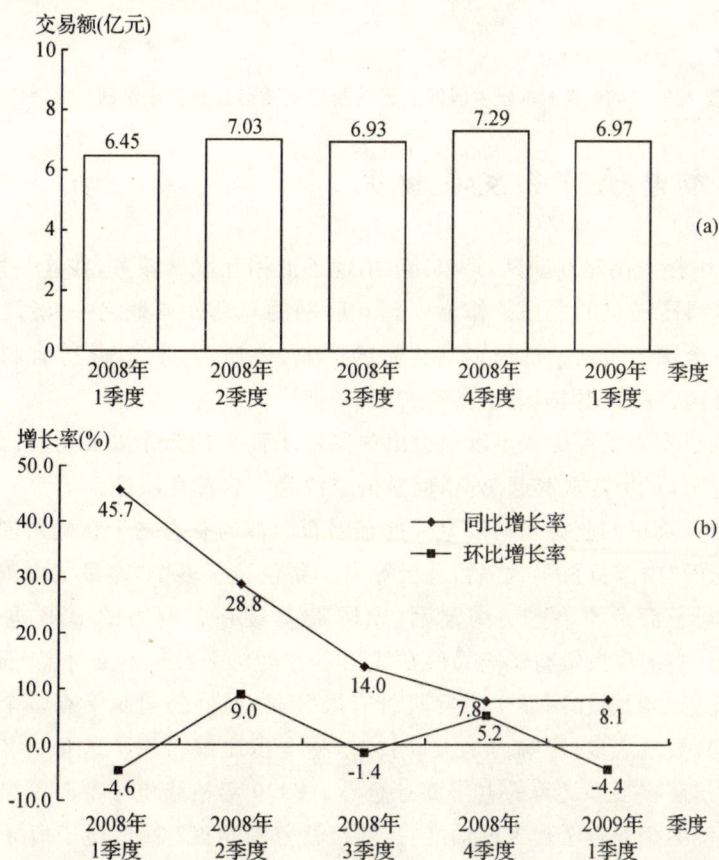

图 2.8  2008 第 1 季度—2009 第 1 季度中国网上旅游预订市场规模[1]

注:市场规模指旅行预订运营商佣金营收规模总和,即 OTA 规模。

从运营商营收来看,2009 第 1 季度携程、艺龙、芒果三家运营商仍然占据市场的第一阵营,具体数据如图 2.9 所示。

---

〔1〕 数据来源:iResearch Inc., www.iresearch.com.cn

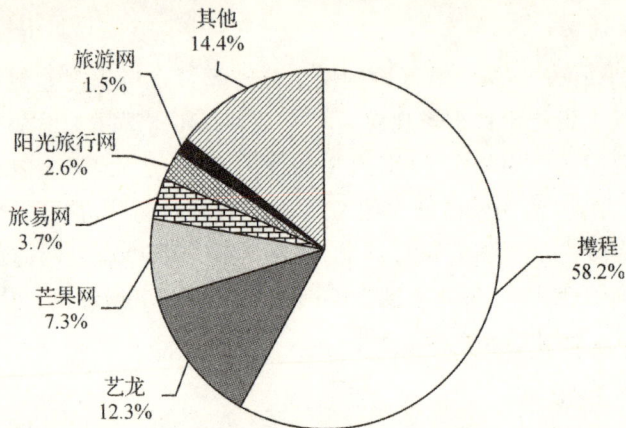

图2.9　2009第1季度中国网上旅游预订主要运营商营收份额[1]

## 2.3　杭州市电子商务发展概况

1994年,中国接入国际互联网,1995年,出现了商用互联网服务,在这一段时间里,中国的互联网获得了长足的发展。作为中国互联网的早期发源地之一,浙江省的互联网发展一直走在全国的前列。杭州因其优越的产业、市场、人才、文化等有利于发展电子商务的环境优势,成为全国的电子商务大市。

杭州市的电子商务发展历程足以辐射出中国电子商务的整个发展历程。杭州市的电子商务一路走来,经历几次起起落落,但总的来说是一直都在前进。

杭州电子商务真正的起源属马云等一批有创新精神的有志之士在杭州创办意在推广网络广告理念的"中国黄页"。之后,马云等人一路创造了多个"之最":中国最大最有影响力的C2C电子商务平台——淘宝网;中国最大最有影响力的B2B电子商务平台——阿里巴巴;中国最大最有影响力的在线第三方支付平台——支付宝。除此以外,杭州还有孙德良创办的浙江网盛生意宝股份有限公司,网盛公司旗下有多个全国性的B2B行业网站,其数量之多,影响力之大,同样堪称全国之最。除了这几个名号响当当的企业之外,杭州还有很多优秀的电子商务企业。2000年祐康电子商务网络有限公司成立,是杭州典型的企业电子商务网站之一,其经营范围涵盖96188电子商务、96188导购服务、96188便利连锁和96188物流配送四个部分。

2002年7月杭州电子商务协会正式成立。原信息产业部信息化推进司司长、中国电子商务协会理事长宋玲为名誉理事长。2003年,杭州市电子商务协会联合相关单位组织电子商务的培训,杭州乃至中国的电子商务都获得了飞速发展。

至今,杭州已举办了5届网络峰会和6届中国网商大会,表明了杭州的电子商务之都的地位得到了认可。

---

〔1〕　数据来源:iResearch Inc., www.iresearch.com.cn

　　2008 年 5 月 29 日,中国电子商务协会正式复函,授予杭州"中国电子商务之都"的称号。这是中国电子商务协会对杭州市发展电子商务的业绩的肯定。

　　2008 年,杭州全市电子商务企业近 200 家,具有一定规模的企业超过 100 家,其中在中国行业电子商务网站 TOP100 中有 31 家杭州企业入选。

　　2008 年,电子商务服务收入达到 40.02 亿元,同比增长 57.31%,实现利润 21.73 亿元,同比增长 57.46%。2009 年 1—5 月,杭州市电子商务服务收入 16.91 亿元,同比增长 30.03%。

## 2.3.1　杭州市电子商务发展环境

　　近几年,杭州市的电子商务发展非常迅速,得益于杭州良好的电子商务发展环境,具体归纳如下。

### 1. 政府的极力支持

　　在全球经济化的压力下,各个城市都在寻找突破现状的经济增长方式,或者说是寻找一种能够更好地为中小型企业服务的方式,促进中小型企业的生存和发展。

　　为了加快推进杭州市电子商务的发展,杭州市委、市政府研究决定,每年由市财政支出 5000 万元支持电子商务的发展。

　　杭州中小型企业云集,但其中大部分企业的市场只是面向中国、浙江,甚至有些只是面向杭州。考虑到中小型企业的这些具体情况,杭州市政府通过一系列的优惠扶持政策帮助一些新兴的有发展潜力的中小型企业发展电子商务。其中包括资助企业建立自己的企业电子商务平台,或者帮助这些企业使用电子商务公共平台。2008—2010 年,在整合原有专项资金的基础上,由杭州市财政每年新增安排 3000 万元资金,建立"电子商务进企业"专项资金。这些资金的主要用途是:①资助企业建设独立电子商务应用平台,具体实施办法是按项目当年实际投资额的 20% 给予资助,资助金额最高不超过 150 万元。②资助中小出口企业电子商务应用;③资助中小企业通过第三方电子商务企业开展电子商务应用,具体实施办法是按照财政、第三方电子商务企业和中小企业各承担三分之一的原则,对中小企业通过第三方电子商务企业开展电子商务应用的首期网络服务年费给予一次性资助,具体资助方式由市经委、市财政局根据上述原则与第三方电子商务企业商定;④奖励杭州市电子商务应用示范企业,具体实施办法是每年评选杭州市电子商务应用示范企业,并一次性奖励 10 万元。

　　2008 年,杭州市政府共出资 1772.87 万元帮助一些企业建立自己的电子商务平台,其中共有 43 家企业获得资助。各行政区资助金额如表 2.1 所示。

表 2.1　杭州市 2008 年度企业建设独立电子商务应用平台财政资助表

| | 资助额(万元) |
|---|---|
| 下城区 | 161.20 |
| 西湖区 | 180.31 |
| 江干区 | 218.84 |
| 拱墅区 | 229.9 |
| 高新区 | 810.68 |
| 开发区 | 73.88 |
| 萧山区 | 76.72 |
| 富阳 | 5.16 |
| 建德 | 11.81 |
| 淳安 | 4.37 |
| 总额 | 1772.87 |

除了帮助一些企业建设独立电子商务应用平台之外,政府还鼓励一些中小型企业使用第三方电子商务平台来扩展市场,如阿里巴巴、网盛、慧聪网、盘石、杭州新农门、海虹药通、汇农、志卓、比比西等电子商务平台。

这些政策对于帮助中小型企业扩大国内市场、开拓国际市场起着巨大的作用。同时,杭州市政府对于企业在电子商务人才培训方面的费用给予一定的优惠。

### 2.杭州有众多高校和优秀人才

杭州有浙江大学、浙江工业大学、浙江工商大学、杭州电子科技大学、浙江理工大学等一批优秀高等院校、科研院所,以及一些大专院校。据统计,在杭大学生有 40 万,并且毕业留杭和回杭的大学生近几年每年以约 8 万人递增,这是最宝贵的人才资源,是杭州未来的希望。并且,杭州十分注重海外高端人才的引进。目前杭州已有近 4000 名"海归"人才创办了高科技企业近 400 家,其中硅谷留学回国人员就有数百名。

### 3.杭州有大批优秀的高新技术企业作为支撑

作为国家的电子信息产业基地、国家关键产业基地,杭州的软件业发展迅猛,这为电子商务的发展提供了极大的支持。信雅达、新中大、恒生、浙大网新等在杭 IT 企业,都是国内一流的软件提供商。浙大网新科技股份有限公司先后与 10 余家国际著名企业建立了战略合作关系。自 2001 年 6 月创建以来,经过六年健康、快速的发展,以"高端定位、服务主导、国际路线"为竞争策略的浙大网新已崛起为具有相当影响力的中国领先的 IT 服务商与机电总包商。作为高科技上市企业的代表,浙大网新是少数同时入选上证 180 指数、深沪 300 统一指数样本股的科技型企业,旗下的网新兰德为香港联交所创业板的电信四强企业之一。

### 4.杭州有活跃的创投资本

杭州作为长三角的一个大城市,产业发展必须往高端走,创新"人才＋资本"的发展模式。杭州市政府设立了 5.4 亿的创投引导资金,主要采取阶段参股和跟进投资两种方式,加强与风投机构合作,以支持初创期高成长性企业和新商业模式的发展。目前在杭创投机构近 40 家,风投资本达 30 多亿元,一批合作项目已经启动,势头很好。杭州市正在研究出台创投风险补偿办法,建立创投退出机制。同时,杭州市筹建天使基金、债权基金、担保基金,帮助成长型企业解决资金瓶颈,实现新的商业模式;以私募为主设立产业投资基金,积极推进企业上市;筹建杭州产权交易所,争取非上市公司股权转让代办(OTC)试点;探索集合式企业债券等金融创新产品,努力发展多层次资本市场。

### 2.3.2 杭州市电子商务特色

#### 1. B2B 行业电子商务公共平台建设国内领先

杭州有 1300 多家电子商务网站,其中 B2B 行业电子商务发展最好,居全国前列。每年的中国行业电子商务网站 TOP100 名单中,杭州企业占大部分,这对于一个省会城市来说非常难得。互联网实验室网站的 2009 年行业网站 TOP150 名单中,11 家杭州网站榜上有名,分别为中国化工网、最佳东方、中国机械网、中华纺织网、中华书画网、中国医药网、全球五金网、全球纺织网、中国纺织网、中国化纤第一网和中国水稻信息网。

#### 2. 面向百姓生活的电子商务网站独具特色

杭州有如祐康、杭州三替购物网、杭州粮网等一批面向社区服务的 B2C 企业电子商务网站。这些网站都以销售日常消费品为主,除了可以在网站上直接订购产品之外,考虑到网站面向的用户群的特点,以及销售产品的特点,这些网站都还提供呼叫中心服务功能,即接受电话订购,及时送货上门或小区内自主提货。

#### 3. 依托旅游业大力发展旅游电子商务

杭州市是一个美丽的旅游城市,旅游资源相当丰富,有驰名中外的西湖、千岛湖、天目山、西溪湿地等自然景观,还有宋城、杭州乐园等人文景观。旅游业在杭州市国民经济中占有重要的地位,是杭州市的支柱产业之一。杭州已经成为国内外游客度假的首选城市之一,连续几年位列前三名。将信息技术应用到电子商务中来,可以提高旅游业的服务水平、经营水平。杭州市建立了多个旅游业的电子商务网站,如"998E 商务旅行网"、"杭州导游网"、"杭州旅游商务网"等。还有一些大型酒店也建立了电子商务网站,可以在酒店网站上预订住房等。目前大多数的旅游相关网站都还未实现在线交易功能。其中,杭州同人国际旅行社有限公司的同人网已实现了在线预订旅游路线等功能。杭州同人国际旅行社有限公司于 2008 年 8 月正式成立,是华东地区首家全新概念的新型旅行社企业。它突破了传统旅行社的运作模式,建立以 B2C 为销售对象的入境游新型产销合一模式,完全依托网络技术、自主开发的软件平台、先进的科学管理模型以及新型运作模式来构建旅游电子商务平台,发展旅游电子商务。

经过半年的运行,公司的新型旅行社电子商务平台系统已经初具规模,网站的月访问量突破 6 万人次,每个月能吸引 200 多名欧美散客的预订。公司网上采购额达到 240 万元,网上销售额超过 500 多万元,线上销售比例超过 80%,线上支付率达到 90%。

#### 4. 商业模式的创新

杭州的电子商务企业中有一些比较独特的商业模式。例如,杭州中香化学有限公司的商业模式——中国香料化学网电子商务平台,在平台上面向国际国内两个市场销售"中香"品牌的香料等。中香公司自己不生产产品,当客户下订单后,中香公司再去向行业中的传统企业下相应的订单,且要求产品必须符合中香公司提供的标准。中香公司最后将产品包装成"中香"品牌进行销售,赚取其中的差价。本质上,中香公司利用电子商务平台,打造了"中香"这个互联网品牌。中香电子商务平台靠低价及便捷的优势获得全球买家的订单,再靠中香品牌的影响力和营销优势获得中小制造商的生产能力。公司没有实体市场,没有实体工厂,只靠在互联网上打造中香品牌及中香电子商务平台。杭州还有很多其他独具特色的商业创新模式,如卡当网、四季青、19楼、哈购网等模式(参见本书案例篇)。

### 2.3.3　杭州电子商务典型模式及分类

电子商务平台根据是否属于企业自己单独使用划分为两大类:第三方电子商务平台和企业电子商务。

第三方电子商务公共平台根据交易主体可以划分为 B2B 电子商务公共平台和 C2C 电子商务公共平台;企业电子商务根据交易主体可以划分为 B2B 企业电子商务、B2C 企业电子商务,以及综合 B2C 企业电子商务和 B2B 企业电子商务特征的 B2ALL 企业电子商务,具体如表 2.2 所示。

**表 2.2　电子商务分类**

| 电子商务 | 第三方电子商务平台 | B2B 电子商务公共平台 |
|---|---|---|
| | | B2C 电子商务公共平台 |
| | 企业电子商务 | B2B 企业电子商务 |
| | | B2C 企业电子商务 |
| | | B2ALL 企业电子商务 |

### 1.第三方电子商务平台

(1)B2B 电子商务公共平台。

B2B 电子商务公共平台的交易主体双方都是企业,是企业和企业在这个第三方平台上进行数据信息的交换、传递,开展贸易活动的商业模式。

B2B 电子商务公共平台包括企业与其供应商之间采购事务的协调,物料计划人员与仓储、运输公司间的业务协调,销售机构与其产品批发商、零售商之间的协调,为合作伙伴及大宗客户提供的服务等。

传统的企业之间的交易方式往往要耗费大量的时间和资源。传统的企业之间的交易要经历找寻客户、货比三家、讨价还价、签约、交货等一系列的流程,而 B2B 电子商务的应用使得企业之间的交易减少了很多事务性的作业,并且可以大大地降低企业因出差而导致的一系列费用,从而提高企业的运营效率,降低企业的运营成本。另外,电子商务可以打破地域的限制,使企业可以接触到全球范围的企业,增加企业的市场机会。

B2B 电子商务公共平台的基本形式是网上中介型企业间电子商务,即通过网上电子商务交易平台,在虚拟网络市场进行的商品交易。在这种交易过程中,中介型网站为买卖双方创建一个信息发布和实现交易的平台,卖者和买者可以在此分享信息、发布广告、竞拍投标并进行交易。中介型网站涵盖不同的行业和领域,服务于不同的行业的从业者。

　　在电子商务的商业模式中,不管是从交易额还是从交易范围来看,B2B模式都有着举足轻重的地位。对于企业来说,实施B2B电子商务也是拓宽市场、增强自身竞争力的重要途径。近几年来,随着越来越多的企业认识到B2B电子商务对企业发展的益处,以及相关的技术的成熟完善,我国的B2B电子商务得到了巨大的发展。

　　据艾瑞咨询统计,2008年中国B2B电子商务运营商营收规模达56.72亿元,阿里巴巴占52.6%的营收份额,较2007年的52.3%有所上升。环球资源、中国制造网、聪慧网、中国化工网等的具体份额如图2.10所示。

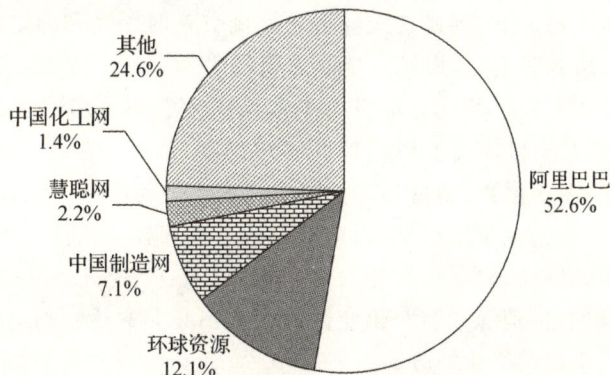

图2.10　2008年中国B2B电子商务运营商营收份额[1]

　　(2)C2C电子商务公共平台。

　　C2C电子商务公共平台的交易主体都为个人,即个体与个体通过网络进行交易。时下,这是一种主流的购物模式。其主要原因是:现阶段在中国,卖方无需为在C2C电子商务公共平台上销售的商品纳税,因此C2C平台上销售的商品比实体商铺甚至B2C企业电子商务平台上销售的商品价格优惠很多。但这种无需交纳税款的情况不可能长期存在。典型的例子有淘宝网。

　　淘宝网在中国网络零售市场处于明显的领先地位,其交易额占90%多的网络零售总额。刚起步时淘宝的主营业务是C2C电子商务平台,经过一段时间的营运之后,开始引入淘宝商城,即B2C业务。2008年7月,阿里巴巴集团宣布将对淘宝网追加20亿元投资。这笔投资将用于“技术、创新、人才引进、生态链建设”等方面。2008年10月,淘宝网宣布,未来5年阿里巴巴集团对淘宝网投资50亿人民币,并将继续沿用免费政策,以进一步推动中国内需消费市场的发展。统计数据显示,2008年,淘宝年交易额为999.6亿元,同比增长了131%,约占全国社会消费品零售总额1%。

## 2.企业电子商务

　　(1)B2B企业电子商务。

　　B2B企业电子商务也称网上直销型企业间电子商务,即企业改变传统的营销渠道,

---

〔1〕　数据来源:综合上市公司财报、企业及专家访谈,根据艾瑞统计预测模型核算及预估数据。iResearch Inc.,www.iresearch.com.cn

将 Internet 作为新兴的销售渠道实现企业间的交易。在这一模式中,企业通过自己的网站发布买卖、合作、招投标等商业信息。由于互联网可以打破时间和空间的限制,所以企业也可以方便地了解世界各地其他企业的买卖信息,同时也有随时被其他企业发现的可能。

网上直销型企业间电子商务的主要特点是:①利用 Internet 代替传统的中间商,如零售商和批发商;②有利于售后服务和个性化服务。一方面,信息技术的及时性可以提高企业对市场的反应速度,同时也可以减少企业的营销费用,特别是营销渠道费用,以更低廉的价格为客户提供更满意的服务。利用网上直销渠道,企业可以直接与客户建立企业间电子商务交易方式,突破传统经由中间商分销时所受到的时间和空间限制,企业服务的客户可以跨越时空,从而扩大企业的市场份额。另一方面,这种网上直销型企业间电子商务的模式克服了传统供应链的不足。因为它不再局限于企业内部,而是延伸到供应商和客户,甚至供应商的供应商和客户的客户,建立的是一种跨企业的协作,真正实现产品设计、需求预测、制造、分销、储运和客户服务的一体化。它运用的是供应链管理思想,整合企业的上下游产业,以中心制造厂商为核心,将产业上游供应商、产业下游经销商(客户)、物流运输商及服务商、零售商以及往来银行进行垂直整合,构成一个电子商务供应链网络,消除了整个供应链网络上不必要的运作和消耗,促进了供应链向动态化、虚拟化、全球网络化的方向发展。

企业要想实现网上直销型企业间电子商务,必须具备较雄厚的实力。同时,企业还必须能进行柔性化生产,并且企业的业务流程必须是客户导向的。因此,企业实现网上直销型企业间电子商务,主要目的是降低成本,扩大市场服务范围。

四季青服装网是被授予"中国服装第一街"称号的杭州四季青服装特色街区的官方网站,由四季青服装集团建设运营。四季青服装网现设有"批发站"与"商盟站"两个站点。

"批发站"是四季青服装网为广大采购商与供应商特别开通的服装在线批发交易的站点,也是全国首家由专业服装批发市场官方运营网上批发服务的交易型网站。该网站以网络为媒介,把在各市场上市的服装新款,同步更新到网上,让采购商,特别是受时间、地域、精力、成本限制的服装中小批发商(包括现实开店及网上开店的人群)通过网站就能完成对服装的选样、订购、支付,并享受送货上门的服务,感受到方便快捷,且有明显价格优势的网上服装批发服务。"批发站"已经成为广大服装采购商青睐的网上货源中心,原来经常要跑市场来采购的批发商如今已通过网上采购与实地采购相结合的形式来批发进货,越来越多的在网上开服装店的人群也来四季青服装网找货源。

(2)B2C 企业电子商务。

B2C 企业电子商务即企业对消费者的商务,指的是企业与消费者之间依托因特网等现代信息技术手段进行的商务活动,实现公众消费和提供服务的一种模式,它是随着万维网的出现而迅速发展的。简单地说,就是需求方和供给方在网络所构造的虚拟市场上开展的买卖活动,相当于电子版的零售。这是大众最为熟悉的一类电子商务类型,也是最吸引媒体关注的一种电子商务形式。

目前,互联网上有各种各样的 B2C 企业电子商务网站,提供了到从鲜花到食品,服饰以及各式各样的电子消费品等。这些电子商务网站大大地改变人们的生活和消费习惯。

网上商店的出现使消费者可以足不出户就能买到所需的产品;电子商务的跨地域性使得消费者购物的选择范围大大扩展了;并且 Internet 高速度、低费用的信息传递方式可以让消费者高效、便捷、低成本地完成网上购物过程。

对商家而言,建立网上商店,并规划好物流配送,可以打破原有的市场概念,将客户范围扩展到全国乃至全世界,形成了真正意义上的国际化市场,赢得前所未有的商机。在没有引入 B2C 企业电子商务之前,企业想拓展全球业务必须在全球各地都有子公司,或者任何形式的办事处。这对于一些中小型企业来说不现实,因为他们没有足够的资金以及相应的人才去完成上述任务。因此,B2C 企业电子商务的出现给企业,尤其是中小型企业,带来了发展的好机遇。另外,网上商店交易成本比传统实体店铺的销售成本小很多,可以节省大量的资源,带来经营成本的降低,从而使企业更加具有竞争力。

企业与消费者之间的电子商务引发了商品营销方式的重大变革,无论是企业还是消费者,都从中获益匪浅。由于 Internet 所具有的强大、直观、安全的交互式功能,这种交易模式可以大大地节省客户和企业双方的时间和空间,提高了交易效率,因而逐渐得到了人们的广泛认同。

虽然 C2C 目前仍是网上购物的主要方式,但是随着网购用户的成长及分流,B2C 商城等品牌影响力及质量保证更高的购物平台也开始吸引越来越多用户的关注。

杭州优邮电子商务有限公司是一家主营家居产品邮购业务的电子商务公司,旗下的优邮网是一家美妆、家居时尚购物馆,主营美容瘦身、香水、化妆品以及家居用品等数千种品牌化妆品及时尚家居日用百货。通过优邮网,消费者可以快速、低成本地找到自己需要的商品。商家可以得到优邮网提供的信息数据支持,获得第一手的市场反馈信息。

经过一年多的发展,优邮网已经发展了近 20 万注册用户,目前网站的日独立访问 IP 稳定在 1 万以上,Google PR 值也迅速增长为 5。优邮网在地域性电子商务网站中具有较高的知名度和美誉度。在业内,优邮网与多家优秀的异业电子商务网站结成了战略合作伙伴关系,在电子商务企业资源共享、互利互赢的具体模式上进行着积极、有效的探索。

(3)B2ALL 企业电子商务。

B2ALL 企业电子商务实质上是指企业电子商务中既有面对企业客户的业务,又有面对个体客户的业务,其典型代表为百大集团。

百大集团股份有限公司是一家集百货业、酒店业、旅游业、进出口贸易等为一体的综合性集团公司。

百大集团于 2004 年至 2006 年分阶段实施了浙江省"十五"服务业电子化工程试点示范项目——"大型零售企业综合电子商务与客户服务系统",将企业信息系统扩展到供应链管理(SCM)、电子商务与客户关系管理(CRM),全面实现了企业管理信息化。

为了进一步提升和完善对企业上游客户的服务,开发了百大 B2B 电子商务平台,实现了零售商与供应商之间端到端的管理,供应商与零售商可以共同分享销售、库存、结算等商业数据,共同进行品类分析和管理,帮助零售商和供应商提高周转效率,以更低的营运成本超越竞争对手,确保领先优势。电子商务平台提供了多种品类分析报表、市场分析功能,还实现了网上采购、对账、支付等强大功能。零售商与供应商通过应用供应链管理,形成有竞争力的供应链,以最小的成本和费用,最终达到共同提高企业的核心竞争力,实现零售商与供应商的双赢。

### 2.3.4 杭州市电子商务发展成果

近年来,杭州的电子商务取得了一定的发展。除了在经济效益方面取得了良好的成绩之外,在互联网人才培养方面也作出了巨大的贡献。2008年杭州市电子商务企业总投入2.5亿元的研发经费,培养了大量的电子商务高级人才。具体发展成果如下。

1.2009年网商城市竞争力排行TOP100中,杭州位居省会城市第一

互联网周刊开展的"2009年网商城市竞争力排行TOP100"榜单的主要调查对象为国内652个城市,主要的评价指标有5个,分别是电子商务交易量指数、电子商务渗透指数、创新指数、信息网络基础建设和产业环境优势指数。

其中,电子商务交易量指数根据各地电子商务年交易额加权计算所得。电子商务渗透指数根据各城市月网购频率、人均年度购物消费额、城市电子商务网站的域名注册数量三个分指标加权计算所得。创新指数是指利用电子商务手段与当地城市的特色经济结合起来,发挥强大辐射作用的能力。信息网络基础建设指数是指各地的网络基础设施建设效果以及信息技术的应用程度,分指标有支付流程、网络安全、物流条件、配套设施条件的考察。产业环境优势指数是指当地开展电子商务活动的外部产业优势,由资源优势、商业氛围、政府对电子商务的支持力度三个指标加权所得。

表2.3　2009年网商城市竞争力排行TOP100部分名单

| 排名 | 城市 | 行政级别 | 所属省 | 电子商务交易量指数 | 电子商务渗透指数 | 创新指数 | 信息网络基础建设指数 | 产业环境优势指数 | 总分 |
|---|---|---|---|---|---|---|---|---|---|
| 1 | 上海 | 直辖市 | 上海 | 19.7 | 19.3 | 18.6 | 19.5 | 19.4 | 96.5 |
| 2 | 杭州 | 省会城市 | 浙江 | 18.4 | 19.5 | 19.7 | 18.9 | 19.7 | 96.2 |
| 3 | 广州 | 省会城市 | 广东 | 19.8 | 19.2 | 18.5 | 19.2 | 19.4 | 96.1 |
| 4 | 北京 | 直辖市 | 北京 | 19.3 | 19.3 | 18.2 | 19.4 | 19.2 | 95.4 |

上海、杭州、广州名列前三,它们得益于先天性的地理位置、资源优势,以及后天努力所打下的坚实的经济基础和政策推动。这三个城市挑起了"网商城市"的领军大旗。

2004年初,马云提出了"网商"的概念,标志着网商时代的开启。以电子商务为天然土壤的杭州,因网商这一特殊群体而焕发新的活力。杭州是国内网商集聚的中心。数据显示,浙江电子商务专业网站数量近全国的1/4,杭州集聚了全省70%以上的电子商务网站。阿里巴巴、网盛等电子商务企业扎根在杭州的一个很重要的原因是:杭州环境适合创业,杭州市政府是一个真正的服务型政府。杭州出台了一系列针对网商的税费减免以及现金奖励等扶持政策,为网商的发展营造良好的发展环境。

杭州从 2004 年起,每年以东道主的身份举办网商大会。世界各地的商人齐聚杭州,共同探索电子商务的发展之路。杭州这座催生了"网商"群体的城市,日益成为全球瞩目的电子商务之都。

**2. 杭州 B2B 行业电子商务网站数量超过全国的 1/6,位居全国第一**

杭州市的行业电子商务网站在全国排名位居前列。阿里巴巴和网盛科技分别在香港联交所和深圳证交所上市,成为国内为数不多的上市网络公司。阿里巴巴 B2B 平台 2008 年的总营业收入为 30.01 亿元,较 2007 年增长 39％;净利润较 2007 年上升 25％,为 12.05 亿元,若扣除 2007 年因首次公开发售股份所得的超额认购款项而产生的非经常性利息,2008 年的净利润实际较 2007 年增长 95％。阿里巴巴国际交易市场和中国交易市场共增加了 1050 万名注册用户及 170 万个企业商铺,这体现了在经济不景气时期,全球各地的企业更多地利用电子商务来降低成本及提高效益。国际交易市场的会员数目于 2008 年增加 350 万,年度增长达 80％。在 2008 年第 3 季度以及第 4 季度,国际交易市场的新增注册用户数目均超过了 100 万,这是阿里巴巴自成立以来最大的季度增长。

两个交易市场的付费会员总数上升超过 12.6 万名,超越了过往任何一年的付费会员增长数目。2008 年 11 月,在中国出口七年以来第一次出现负增长的严峻形势下,"Gold Supplier"产品的升级和"Gold Supplier 出口通版"的推出造就了"Gold Supplier"会员在第 4 季度的增长创历史新高,达 1.22 万名。

2008 年,阿里巴巴的中国交易市场占总收入的比重由 2007 年的 28％上升至 36％。

截至 2008 年 12 月 31 日,两个交易市场共有 3810 万名注册用户,较 2007 年增长 38％。2008 年第 4 季度,国际交易市场增加了 100 万名注册用户,中国交易市场增加了 140 万名注册用户。两个交易市场的企业商铺总数达到 460 万,较 2007 年增长 56％,国际交易市场及中国交易市场分别拥有 97 万和 360 万个企业商铺。两个交易市场的付费会员总数增加至 43.2 万名,较 2007 年增长 41％。具体数据如图 2.11 所示。

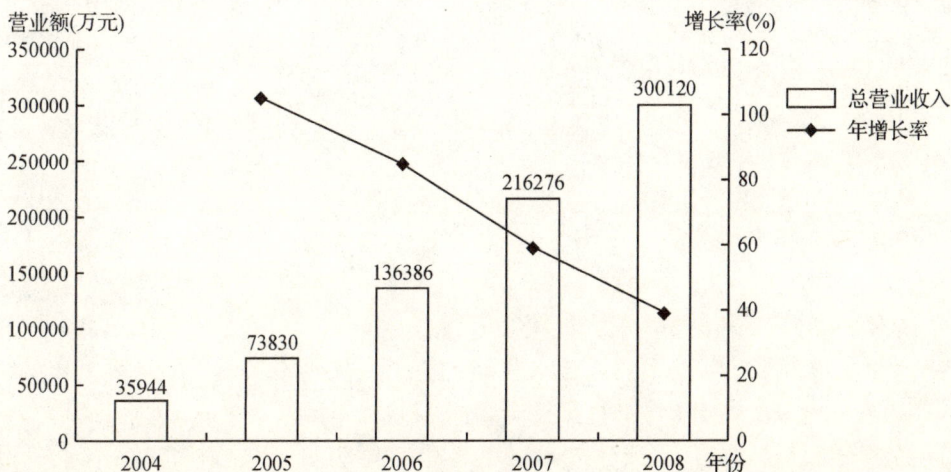

图 2.11　2004－2008 年阿里巴巴网络有限公司营业收入情况

### 3. C2C 电子商务交易额再度攀升

2008 年淘宝网的交易额为 999.6 亿元,同比增长了 131%,约占全国社会消费品零售总额 1%。除了取得了巨大的经济收益之外,淘宝网还提供了 57 万个直接就业岗位,间接提供了 100 万个就业岗位。

截至 2008 年底,淘宝共有 0.98 亿会员,巨大的会员数使淘宝占据了大部分的 C2C 网购市场,2009 年第 1 季度的 C2C 网络购物交易份额如图 2.12 所示。

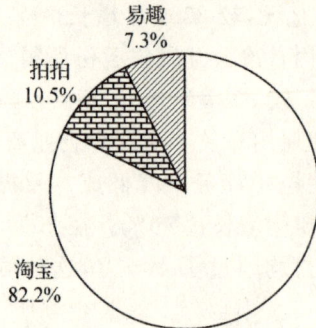

**图 2.12  2009 年第 1 季度中国 C2C 网络购物交易额市场份额**[1]

### 4. 互联网购物渐成杭州家庭消费时尚

杭州市统计局 2008 年 11 月抽样调查显示,随着市区城镇居民家庭互联网通信系统普及率提高,网上购物已逐渐成为居民家庭的消费时尚。据杭州市统计局城镇住户调查处介绍,2005 年,杭州市区人均通过互联网购买商品或服务支出为 7.5 元,2007 年上升到 13 元,2008 年 1—10 月达到 33 元,比上年同期增长 2.3 倍,为 2007 年全年的 2.5 倍。尤其是 20% 的最高收入家庭,2008 年 1—10 月人均通过互联网购买商品或服务支出为 117 元。

〔1〕  数据来源:iResearch Inc., www.iresearch.com.cn

# 3

# 网游和动漫

## 3.1 网游和动漫概述

网络游戏,也称为在线游戏,是指多人同时参与,基于互联网进行的游戏,通过玩家之间的信息交流和互动达到娱乐、休闲的目的。动漫是动画与漫画的合称。动漫是通过人工创作,将一些有或无生命的东西拟人化、夸张化、赋予其人类的感情、动作的艺术表达形式,它展示了人类的文化、文明与精神。

### 3.1.1 网游概述

从目前网络游戏的形式和市场占有率来看,大致可以将其分为大型多人在线角色扮演类网络游戏(Massive Multiplayer Online Role Playing Game, MMORPG)、休闲类网络游戏、竞技类网络游戏和网页游戏四类。

大型多人在线角色扮演游戏是当前国内最主要的网络游戏的类型,其收益在各类网络游戏中占据首位。这类游戏构建了一个虚拟的世界,玩家可以在此虚拟世界中创建自己的角色,通过各种技能的学习和游戏任务的完成获得角色的成长,玩家在游戏中可以进行互动交流,模拟现实世界的人际沟通和社会活动如建立好友、成立公会等。市场上《魔兽世界》、《传奇》、《大唐风云》等都属于这一类型。

休闲类网络游戏主要包括休闲动作类游戏和棋牌类游戏两类。休闲动作类游戏与角色扮演类游戏的区别在于它没有复杂的剧情,且游戏按局数进行,《跑跑卡丁车》是这一类游戏的典型代表。棋牌类游戏是将现实世界中的棋牌游戏及其他一些益智型游戏搬到网络上进行,联众和腾讯的部分 QQ 游戏就属于这类游戏。

竞技类网络游戏有很大一部分是从单机或局域网竞技发展而来的,内容多以电子竞技项目为主,有第一人称射击游戏,典型代表为《反恐精英》,也有即时战略游戏,典型代表为《魔兽争霸》。

网页游戏是 2008 年以来兴起的网络游戏,它与传统型网络游戏的最大区别在于不需要专门下载庞大的客户端来安装游戏,直接通过浏览器打开网页就能玩。网页游戏的巨大优势是无需下载客户端、数据包,对计算机的硬件要求不高,因此吸引了大量的玩家。一些大型的社区网站也引入了网页游戏这一元素,在网页上推出虚拟游戏,如知名大学生社区网站"校内网"推出的"开心农场"等。

目前,网络游戏的运营模式主要有代理模式、自主研发并运营模式两种。收益模式主要分为按时长收费、按道具收费、游戏内置广告收费和混合式收费四种方式。

### 3.1.2　动漫概述

按照专业研究机构对动漫的分析,认为动漫有形象、剧情、场景、道具、文字、色彩、声音、乐曲等八个内容要素,同时还有功能性、价值性、体验性和娱乐性等四个非内容要素。

漫画的绘画内容丰富,画面精致,风格各异,通过一幅幅绘画的情节连续性来表达一个完整故事。漫画通常是以书刊形式与大家见面,它轻松幽默、易阅读、读者年龄广,是各式出版品中商业性最强的,根据漫画衍生而出的周边产品也能创造相当大的利润。随着现代信息技术的发展,电子书籍的形式广为发展,因此漫画作品也出现了许多电子书籍的形式。动画是由许多帧静止的画面连续播放形成的。动画和漫画之间联系紧密,现代的动画作品通常以漫画为基础,将漫画作为蓝本来进行动画的创作和修改。按照制作目的和传播途径,动画通常可分为四类:为在电影院播放而制作的剧场版动画、以录像带或DVD形式直接发售的动画作品(原创动画录影带)、在电视上以连续剧形式进行播放的TV动画和通过网络传播的动画。

动漫经过长期的发展,在世界各国都已形成了大小不一的创收产业,依据《国务院办公厅转发财政部等部门〈关于推动我国动漫产业发展的若干意见〉的通知》(国办发〔2006〕32号文件)对动漫产业的界定,动漫产业是指以"创意"为核心,以动画、漫画为表现形式,包含动漫图书、报刊、电影、电视、音像制品、舞台剧和基于现代信息传播技术手段的动漫新品种等动漫直接产品的开发、生产、出版、播出、演出和销售,以及与动漫形象有关的服装、玩具、电子游戏等衍生产品的生产和经营的产业。目前比较流行的动漫产业的商业模式是:动漫生产—动画片播出—衍生产品开发—衍生产品销售—收益—再生产。

## 3.2　网游和动漫产业的国内外发展现状

### 3.2.1　网游产业的国内外发展现状

#### 1.网络游戏产业的国际发展现状

美国是全球游戏产业的发源地,20世纪90年代中后期,美国游戏市场开始以极快的速度不断膨胀,如今已经成长为全球最大的游戏市场。网络游戏同样起源于美国,从70年代末的MUD开始,经过图形MUD时代,于1996年进入大型多人在线游戏的时代。

2008年美国网络游戏市场的收入约占全球29％的份额,排名第一,中国以27％排名第二,韩国以21％排名第三。从三个国家的收入构成来看,美国的收入主要来自于游戏出口,韩国是出口和国内运营齐头并进,中国的绝大部分收入来自于国内的运营收入,其中,美国和韩国的收入中有很大一部分来自中国市场。通过游戏出口取得的授权收入是美国网游产业最主要的收入,如美国暴雪娱乐公司依靠旗下网游产品《魔兽世界》进军全球网游市场,取得了骄人成绩。

根据美国 eMarketer 近期公布的数据整理显示,2007 年美国游戏产业的广告总收入为 5.02 亿美元,其中游戏内置广告的收入为 2.95 亿美元,广告游戏收入 2.07 亿美元。在游戏内置广告和广告游戏都良好发展的情况下,预计 2012 年美国游戏产业广告收入将达 10 亿美元。2007 年美国游戏市场软、硬件销售总额为 158 亿美元,在随后的四年间,软、硬件销售额增长率将逐步放缓,预计到 2012 年,增长率仅为 2.4%,销售收入将达到 210 亿美元。根据 comScore 发布的数据显示,2008 年 12 月,美国网络游戏用户同比增长 27%,总数量达 8598 万人。在热门游戏网站 TOP10 中,排在首位的 Yahoo! Games 的用户数量为 1947 万,同比增长 20%。排在末位的 Spil Games 用户数量为 672 万,同比增长率高达 269%。

近年来,韩国在网游市场独树一帜,不仅独霸本国市场,还以东南亚为主要出口方向在亚洲各国不断拓展市场,成为亚洲网络游戏产业的代表。韩国政府的扶持和宽带的普及促成了韩国网游产业的繁荣,网游超越了韩国任何一个产业而跃居第一。在数字内容产业的发展中,韩国非常侧重游戏等文化内容,在亚洲的国家和地区中,韩国投入的资源最为充沛。以政府主导为特色的韩国网络游戏产业现已处于世界领先地位。即使在单机领域实力庞大的美国 EA 公司及 Value 公司也通过与韩国网游企业的合作,将自身的知名单机游戏《FIFA》及《反恐精英》网络化。据统计,2008 年韩国国内的游戏制作及经营企业已达到 1500 多家、网吧等游戏场所 4.69 万个,有 8 个包括韩国政府部门下属的韩国尖端游戏产业协会 KESA、韩国游戏支援中心 KGPC 在内的游戏协会,政府指定赞助的 10 家游戏大学及研究院、6 家包括 On Game Net、GameTV 在内的有线电视和卫星广播专业游戏频道等组成的庞大的游戏产业群体。

日本一直都是电子游戏的开发大国。从任天堂率先在游戏业上获得巨大成功以来,日本一直都在游戏开发上处于领先地位。特别是电视游戏,直到今天,日本的电视游戏产业仍然在全世界居于不可动摇的领先地位。在网络游戏开发上,日本的优势不是那么明显,比美国和韩国的网游开发要落后许多。随着日本对网络游戏的日益重视,Square-Enix、光荣以及 KONAMI、CAPCOM 这些在游戏界举足轻重的大公司,都逐渐增加了网络游戏的开发力度。未来几年,相信日本的网络游戏产业将会得到一定的成长。

## 2.网络游戏产业的国内发展现状

据中国互联网络信息中心的《中国互联网络发展状况统计报告(2009 年 1 月)》显示,网络游戏在各个网络应用中排名第六,在中小学生的网络应用中排名第三。2008 年网络游戏用户规模继续保持增长的态势,用户使用比例从 2007 年的 59.3% 升至 2008 年的 62.8%。与此同时,网络游戏的产值巨大且增长趋势十分强劲。据艾瑞咨询 2003 —2008 年中国网络经济细分行业市场份额数据显示,2008 年网络游戏和网络广告依然是网络经济营收的主要来源,两者共占网络经济营收的 70.5%,其中网络游戏市场份额为 37.8%,与 2007 年基本持平。2009 年新闻出版总署公布的数据显示,即使是在全球经济受到金融危机的冲击下,2008 年我国网络游戏出版产业逆势增长,实际销售收入达到 183.8 亿元人民币,比 2007 年增长 76.6%,并且为其他行业带来 478.4 亿元的收入。2009 年,网络游戏及网络广告仍旧会唱主角,网络游戏也将继续蝉联网络经济版图的冠军位置,占据近半的市场份额。

从具体市场来看,随着国内网络游戏研发力量的迅速发展,许多游戏企业如巨人网络、完美时空等已经自主研发并运营了一批非常优秀的网络游戏。2005 年,盛大、网易与九城三家企业所占网络游戏市场的份额高达 82.2%,而 2008 年,盛大、网易与九城的市场份额已经降到了 30.6%。网络游戏市场集中在两三家运营商手中的情况已经不再存在,逐渐朝着向其他企业扩散的方向发展。

从单一游戏品牌来看,网易延续西游系列游戏,并推出《大话西游 2》,在庞大用户基数的支持下,《大话西游 2》占据了榜首位置。取得最大突破的是巨人网络的《征途》,而《魔兽世界》继续保持了探花的位置。休闲网络游戏《跑跑卡丁车》也取得了优异的表现。

表 3.1 为 2009 年 01 期赛迪顾问给出的 2008 年国内网络游戏的综合排名的前十位。纵观这十款游戏产品,没有一款产自浙江或杭州,因此浙江的企业仍需加大发展步伐以扩大浙江网游产业的影响力。由表 3.1 可得,没有一家网络游戏运营商能独自占有两个以上的席位,这和前几年盛大、网易及九城旗下游戏占据前十名中数个名额的情况形成了强烈的对比。这一方面体现了国内网游市场的游戏数量和质量得到了很大的提高;另一方面,处于前十的网络游戏,不仅有大型多人在线角色扮演类游戏,也有为数不少的休闲类网络游戏,这表明中国网络游戏玩家群体正在细分,玩家的消费行为趋于多样化。

表 3.1    2008 年中国网络游戏综合排名

| 排名 | 游戏名称 | 运营商 |
| --- | --- | --- |
| 1 | 大话西游 2 | 网易 |
| 2 | 征途 | 巨人网络 |
| 3 | 魔兽世界 | 九城 |
| 4 | 劲舞团 | 久游 |
| 5 | 跑跑卡丁车 | 世纪天成 |
| 6 | 热血传奇 | 盛大 |
| 7 | 天龙八部 | 搜狐 |
| 8 | 诛仙 | 完美时空 |
| 9 | 魔域 | 网龙 |
| 10 | 街头篮球 | 天联世纪 |

尽管遭遇了全球经济危机,我国的网络游戏产业还是逆势而上,取得了不俗的市场成绩。随着游戏产业的逐步发展与调整,国内网络游戏市场形成了以下几个特点。

(1)国产网络游戏比例上升。

网络游戏发展初期,国内的游戏市场一直被日本、韩国和欧美开发的游戏占据。近几年中央和地方政府大力提倡自主创新,建立自主知识产权,摆脱对国外核心开发技术的依赖。网络游戏市场领域的发展也正体现了这一点。大量的国内企业研发出了自己的游戏产品,并成功地推向了市场,取得了不错的成绩。据赛迪顾问所做的网游调查显示,从2007年开始,中国自主研发的网络游戏成为游戏产业支柱,约有65%的市场占有率。2008年自主研发游戏市场继续保持高速增长,在排名前10位的网络游戏中,自主研发的游戏有6个,市场规模达到108.4亿元,市场占有率为59%。自主研发的网络游戏实现了市场价值和用户人数双向突破。

(2)大型多人在线角色扮演游戏依然主导。

国内网络游戏产业收益最大的仍然是MMORPG,该类游戏同时拥有最大的用户规模。MMORPG市场成为中国网络游戏产业快速增长的主要驱动力。2008年,大型角色扮演类网络游戏市场的实际销售收入145.2亿元,同比增长82.6%。《天龙八部》、《征途》、《问道》及《诛仙》等主打游戏的玩家数量不断攀升,进入游戏生命周期的黄金时期,而免费模式也大幅提升了游戏用户的ARPU(每用户平均收入)值,因此MMORPG市场在2008年全面爆发,市场占有率达到79%。

MMORPG能主导国内游戏市场的主要原因是由其游戏特点决定的,其对游戏用户有高强度的吸引力,用户的游戏角色需要花费大量的时间才能得到成长,因此玩家在游戏里的投入无疑会比其他类型游戏多得多。另外值得注意的是,休闲类网络游戏也得到了一定程度的发展,如《跑跑卡丁车》、《劲舞团》等休闲游戏的受欢迎程度名列前茅。这说明网络游戏的用户越来越多样化,"休闲"、"低投入"的游戏类型开始拥有一定的市场。

(3)网页游戏兴起。

网页游戏成为2008年网络游戏市场的一股新生力量。它具有开发周期短、开发模式和技术相对于传统有端网络游戏更简单、进入门槛低的特点,从而吸引了众多的游戏开发商和运营商,投入运营的游戏产品的数量呈现飙升的情形。由于各个运营商铺天盖地的宣传,再加上网页游戏的"无需客户端"、"无硬件要求"、"适合上班族的时间特点"等优点的吸引,网页游戏已经聚集了一大批用户。

由于网页游戏的方便性,网页游戏联合运营的模式能够充分发挥拥有众多用户网站的平台优势,因此目前有相当多的网页游戏的联合运营平台。比较典型的有"91wan网页游戏平台"、"GAME2网页游戏平台"等。网页游戏由于发展时期短,需要一定的时期来培养用户的消费习惯,形成更成熟的赢利模式。

(4)国内网络游戏向海外扩展。

在中国政府实施"中国自主研发网络游戏出版工程"等一系列鼓励和推动国产民族原创游戏出版措施的带动下,以代理国外游戏为主的中国网络游戏运营商开始自主研发游戏产品。在国内国产网游比例上升的同时,一些优秀网络游戏产品开始向海外扩展。有关数据显示,2007年,我国有28款自主研发的产品进入海外市场,总收入达5500万美元;2008年,在实体产业出口紧缩的形势下,我国15家企业自主研发的33款游戏产品进入海外市场,实现销售收入7074万美元,较2007年增长28.6%。我国网游企业出口地区包括北美、欧洲、日本、韩国和东南亚。业内人士预计,2009年中国网游海外出口规模将超过1亿美元,中国网络游戏产业将成为金融危机环境下中国经济发展的"新亮点"。

### 3.2.2　动漫产业的国内外发展现状

#### 1.动漫产业国际发展现状

全球的动漫产业以欧洲、美国、日本和韩国为主要,其中美国与日本是全球动漫产业的主导者。美国是动漫产业的发源地,从20世纪初动画电影在美国面世,到形成产业,至50—60年代进入了繁荣时期,这一时期也正是美国经济进入工业化时期。美国动漫产业依托强大的经济力量、雄厚的创作和技术力量、完备的市场化组织力量,始终处于世界领先地位,并保持了强劲的发展势头。美国动漫产业的出口仅次于计算机产业,并且连续多年超过好莱坞电影业,成为全美最大的娱乐产业。美国动漫产业在发展中形成了几大动漫垄断企业集团,如迪斯尼、梦工厂、皮克斯等。这些集团对动漫产品进行大投入、大制作、大产出、大运作,形成了独立开发和市场独立运营、比较单一的原创产业结构、国内外并举的市场结构,其产品在国际社会中处于强势输出地位,并主导国际动漫产业的发展。美国动漫产业的特色是强调每部作品的质量,因此,美国动漫产业中诞生了众多动画明星,贴着它们形象的产品成为动漫衍生产品中的重要收入来源。

20世纪70年代,日本承接了美国的动画加工,为日本动漫行业储备了大量人才。80年代,日本经济开始腾飞,本土原创动漫得到迅速发展。目前,日本动漫已成为日本民族的象征,已形成动漫内容以原创为主、外包为辅的产业结构,国际化和市场化并举的市场结构。日本动画市场结构完整,具备完备的产业链。由于多数动画是将漫画做成动画,因此在市场具备规模的前提下,选择受欢迎的题材保障了动画制作的庞大投入能够成功。由于市场结构完整,因此日本多数以内容输出为主,相较邻近亚洲国家,在动画产业上具备强大优势。日本动画协会的调查显示,2007年动画业界销售推算额为2396.745亿日元。日本政府附属机构日本贸易振兴会(JETRO)2009年3月发布的《2008—2009年度北美市场内容市场状况》白皮书中显示2007年日本动漫产品北美地区的市场产值达到28.29亿美元,其中形象产品创造25.12亿美元,DVD创造3.16亿美元。

韩国动漫产业是在承接日本动漫产业服务外包的基础上发展起来的,在动漫产业发展中逐步形成了本民族的创作风格。近几年,韩国已经成为继美国、日本之后的第三大动漫强国,动漫产业的产值已成为其国家经济体中的第六大支柱。2006年韩国动漫产业的规模就达到6亿美元,在2007年达到7.6亿美元,到2008年突破9亿美元。这跟韩国将包括动漫产业在内的文化产业作为21世纪发展国家经济的战略性支柱产业的决策是分不开的。在此期间,韩国政府出台了《21世纪文化产业的设想》,制定了《文化产业发展五年计划》和《文化产业发展推进计划》等许多产业规划。2003年,韩国文化观光部制定了《漫画产业发展中长期计划(2003—2007年)》。2006年1月韩国文化观光部又发表了《动画产业中期增长战略》,提出了新的目标:将当时每年只有3000亿韩元的韩国动画市场规模在 2010 年之前提高到 1 万亿韩元。为此,韩国政府将在 2006—2010 年间投资 764 亿韩元(约 7.36 亿元人民币)。当前,韩国的主要目标市场仍以亚洲地区为主。

加拿大以及欧洲一些国家的动漫产业的发展形势同样良好。加拿大 20 世纪 80 年代开始承接美国动画加工,90 年代开始发展动漫原创,与美国和一些欧洲经济发达国家进行合作制片,很好地开拓了国际市场。在欧洲,英、法、德的动漫产业较为成熟,东欧主要承接动画加工,由于各国政府实行的鼓励政策和电视台的支持,动漫产业同样获得了巨大的收益。英国动漫产业的产值占 GDP 的 7.9%,成为该国的第一大产业。

### 2. 动漫产业的国内发展现状

中国的动漫产业起步较晚,而且在产业链的完整性和人才上都有所欠缺,导致中国动漫市场 80% 以上的赢利流向了日美等国。仅史努比、米老鼠、Kitty 猫、皮卡丘和机器猫这 5 个卡通形象,每年就从中国市场赚走 6 亿元。但是近几年,我国的动漫产业已步入迅速发展的轨道,将我国动漫产业推向快速发展的正是政府的决策。进入 21 世纪以来,中国政府更加重视文化创意产业的发展,出台了一系列规范性政策和鼓励性措施。动漫产业作为文化创意产业的重要组成部分同样得到了政府相当大的政策扶植。自 2006 年财政部、教育部、科技部、信息产业部、文化部等十部门提出的《关于推动我国动漫产业发展的若干意见》之后,我国动漫产业一直保持快速的发展势头。广电总局发展研究中心编写的《2009 年中国广播电影电视发展报告》(广电蓝皮书)指出,中国动画产业集群带已经初步形成,其中包括长三角地区、华南地区、华北地区、东北地区、西南地区以及中部地区等若干个动画产业集群带。

1994—2004 年,我国的动漫产量总共仅 4 万分钟。2004—2008 年,动漫年产量 10 万分钟以上。2008 年全国制作完成国产电视动画片 249 部,13.1 万分钟,比 2007 年增长 28%。全国共有 20 个省份以及中央电视台生产制作国产电视动画片。湖南、江苏、浙江、广东、北京分列全国动画片创作生产数量前五。2008 年,国务院以及各地政府出台的国产动漫产业优惠扶持政策收效显著,一些主要城市动画片生产积极性持续增长。国产动画片创作生产数量位居前列的十大城市分别是:长沙、杭州、广州、无锡、北京、上海、南京、常州、西安、重庆。根据相关资料显示,目前全国有 78 个动漫基地和园区,动漫企业多达 6400 余家。动漫生产数量排在全国前列的动漫基地分别是国家动画产业基地杭州高新技术区动漫产业园、湖南金鹰卡通基地、南方动画节目联合制作中心、三辰卡通集团和中央电视台中国国际电视总公司。

从广电总局发展研究中心编写的《2009 年中国广播电影电视发展报告》中可以看出全国几个动漫大省 2008 年的发展情况。2008 年湖南动漫产业年度生产动画时长达 2.6 万分钟,占国产电视动画市场总量的 1/5,稳居全国第一,宏梦、三辰两家公司更是名列全国十大动漫企业第一、第二位。江苏地区动画产业链渐显雏形,原创影视动画质量、数量快速增长,2008 年全省发行电视动画片 49 部 2.2 万分钟,居全国第二,增幅居全国第一。浙江省国产电视动画片产量为 28 部 1.8 万分钟,比 2007 年增长 80% 以上,排名由全国第五升至第三。杭州漫齐妙动漫制作公司和浙江中南集团卡通影视有限公司分列全国动画生产十大机构第三和第六位。2008 年北京动画片保持较快发展,通过审批的动画片有 12 部 7380 分钟,比上一年有较大增长。2008 年重庆市着力打造的动漫公共服务平台共计投资 1000 万元,初期主要用于动漫技术的开发与研究,2009 年开始面向动画生产。该平台目前已完成与比利时公司开发的动画电影《RATES》的合成制作,正着手准备 2009 年重庆卫视新三维主持人的形象制作和推广工作。

在电视动画发展迅速的同时,我国的动画电影也取得了可喜的突破。《风云诀》播映两周票房达到了 1200 万元,2009 年春节上映的《喜洋洋与灰太狼》创造了票房收入近亿元的好成绩,超过了好莱坞制作的《功夫熊猫》。江苏地区动画电影呈现可喜的发展势头,2009 年制作完成或正在制作的动画电影达 14 部。同时,国家广电总局为了促进动画电影的发展,设立了儿童题材电影专题资金和动画电影专项资金,每年共计 1600 万元。

伴随着我国动漫产业的发展,国内出现了名目繁多的动漫节、动漫展、动漫赛事等各种形式的动漫展示活动,举办地点一般在杭州、长沙、广州、上海、香港、北京等动漫产业发达的城市,合肥、武汉、宁波这样的动漫产业新兴城市也逐渐加入。动漫活动的内容从最初的简单、小规模转向内容丰富、规模庞大和国际化的方向。最典型的有"动漫之都"杭州举办的中国国际动漫节和北京国际动漫游戏博览会等,这些动漫节和动漫展都取得了相当好的成效,一方面加强了与国外及国内各动漫厂商的交流,促成了许多动漫合作项目,另一方面也向国内动漫爱好者提供了众多的动漫盛宴。

总体来看,中国动画产业将进入新一轮高速发展期,动漫产业会逐渐从政策支持、政府推进的方式,转向企业自主经营发展,市场整合资源配置,从而使产业链条逐步完善,赢利模式趋于成熟,动漫的品牌打造和衍生品的开发呈良性发展趋势。

## 3.3 杭州网游和动漫产业发展概况

### 3.3.1 杭州网游产业发展概况

#### 1.发展现状

杭州市的网络游戏产业从 2004 年开始迅速发展起来,从事网络游戏的研发企业和运营企业纷纷成立并大多取得了很好的成绩。这跟以下几方面的优势是分不开的。

(1)政府大力扶持以及给予许多优惠政策。杭州市将动漫游戏产业作为一个新的经济增长点进行重点扶持,为网络游戏产业提供了强有力的后盾。

(2)良好的人才资源。杭州许多高校或职业学校都设置了动漫游戏等相关专业,并作为重点课程进行建设,为网络游戏产业的发展提供了充足的人才储备。

(3)软件园区丰富。杭州市大力发展软件园区,将一大批优秀企业集中起来,为网络游戏产业的发展提供了良好的环境氛围。杭州高新开发区动画产业园、杭州西湖数字娱乐产业园更是杭州的网络游戏企业的聚集地。

(4)资本充足。杭州是东部沿海城市,经济发展迅速,投入网络游戏产业的资本充裕。据统计,2008年杭州市网络游戏产业总值超过1.62亿元。根据对杭州市网络游戏产业中发展形势前几位的企业所作的调查,2008年杭州市排名前几位的网络游戏企业营业收入总和过亿。例如2008年杭州渡口网络科技有限公司营业收入4700万元,杭州顺网技术有限公司营业收入3406万元,杭州乐港科技有限公司营业收入为698.61万元,杭州火雨网络科技有限公司营业收入为500万元。目前,杭州市还有一批游戏企业的产品处于开发或者是测试中,包括浙江缔顺科技有限公司、杭州五花马网络科技有限公司、杭州百游数码科技有限公司等。相信等到这些企业的产品成功推向市场后,杭州市的网络游戏产业的产值又将得到一定程度的提升。

当前,杭州市网络游戏企业的规模大致可以分为三段。①是企业员工人数在200人以上,企业发展良好,并且还有持续增长规模的趋势,这一类企业很少,比较典型的是杭州顺网,至2009年4月已拥有280名员工。②企业员工人数为100~200人,如渡口网络、乐港科技、火雨网络、缔顺科技等。这些企业有些已经有很好的成绩,其中有些在网络游戏的开发和运营方面逐渐成熟,因此这一段的企业将会为杭州未来的网络游戏产业提供很大的助力。③企业员工规模在100人以下,处于这一段的游戏企业大多是新近成立的公司,刚投入网络游戏的研发和运营不久,这部分企业占杭州市网络游戏企业的半数以上,拥有很大的成长空间。

从游戏企业发展的角度来看,无论是大型多人在线角色扮演游戏、棋牌类休闲游戏,还是网页游戏的开发和运营都有许多成功的企业。2004年3月成立的杭州久易科技有限公司是浙江首家网络游戏运营公司。久易与台湾公司联合打造无负面教育、健康而可爱的网络游戏产品,首期游戏产品《数码精灵OnLine》一经推出即受到广大游戏用户的欢迎,在国内网络游戏的市场中占据一席之地。《数码精灵OnLine》同时也是第二届中国网络文化博览会举办全国网络游戏大赛以及中国第七届艺术节举办网络游戏大赛的官方合作游戏,为杭州市网络游戏产业的发展书写了漂亮的开端。中国专业网络棋牌游戏运营商之一的杭州边锋网络技术有限公司,由2004年8月整合入盛大网络旗下的边锋游戏和2005年12月整合入盛大网络旗下的游戏茶苑两家中国领先的棋牌游戏公司合并运营而成。边锋游戏以浙江为起点,用户辐射到东三省、四川、福建等全国各地。2005年1月,杭州天畅网络科技有限公司成立,成为内地网游企业的新势力。天畅科技兼备研发和运营实力,拥有优秀的开发团队,成功研发出3D网络游戏引擎——"天机"3D网络游戏引擎,填补了国内游戏业界在3D引擎开发上的空白。运用该引擎,天畅科技先后推出《大唐风云》、《大唐》及《三国传奇》三款自主研发的MMORPG游戏产品,并通过《大唐风云》与其他行业的企业合作开启了全新的游戏产品联合模式。

2005年3月与7月,杭州渡口网络科技有限公司和杭州顺网信息技术有限公司相继成立,进一步壮大了杭州市网络游戏产业的力量。渡口网络致力于中国互联网游戏及数字娱乐产品的研发和运营,经过几年的发展已成为国内知名的游戏研发商与运营商。目前在运营的游戏有《魔神争霸》、《天羽传奇》、《神将》、《石器世界》、《KO堂》等。此外渡口网络自主研发的网络游戏《天机online》、《魔神争霸》已在我国的台湾、香港、澳门地区,泰国,马来西亚,印尼等国家进行商业化运营。这成为杭州本地游戏企业向海外进军的优秀典范,也为今后杭州游戏产业的发展提供了一个很好的方向。杭州顺网致力于网维行业的发展,迅速成为中国领先的网吧平台运营商。顺网科技在网维行业取得辉煌成绩的同时,推出了游戏运营业务,展开对上游游戏厂商、下游加盟商的多元化业务和服务,为用户提供更卓越的应用体验。2006年,杭州众全网络科技有限公司成立,该公司是一家专业从事网络游戏运营、电子商务服务及互联网应用的公司。众全先后成功运营了《凤舞天骄》、《傲世OL》、《天骄2活力版》以及新《魔界》四款游戏,成为网络游戏运营商中的佼佼者。众全现已转向休闲类网络游戏的研发与运营,开发了优秀的自主创新研发的平台网游产品。

2008年,网页游戏作为新兴的一种网络游戏类型,在国内风生水起,既在网络游戏行业里赚足了眼光,也获得了不少的收益。杭州有一批从事网页游戏开发和运营的企业,其中,杭州乐港科技有限公司和杭州泛城科技有限公司便是杰出代表。杭州乐港科技自主研发了国内领先的Flash网游开发引擎PowerFlex,并成功推出了国内第一批图形化战略网页游戏《热血三国》。目前该游戏注册用户数已经突破300万,同时在线人数超过30万,被1.72万主流游戏门户玩家评选为最受欢迎的网页游戏,也是中国单款游戏用户数最多的网页游戏之一,得到了众多玩家与业内人士的认可和好评。杭州泛城科技有限公司在3D虚拟社区引擎开发技术、3D娱乐社区运营都曾有过非凡建树,凭借这些经验,泛城科技完美实现了向无端网游领域的战略挺进。首款推出的网页游戏《魔力学堂》受到了广大玩家的欢迎和追捧,目前建立了自己的运营平台,同时运营两款自主研发的网页游戏。

由此可以看出,杭州网游产业这几年的发展成果是非常喜人的。杭州是中国信息化试点城市,众多的软件园区、众多优秀的研发团队都为杭州游戏产业的健康快速发展打下了很好的基础。杭州还是"动漫之都",已经连续举办了几届全国动漫节,形成了良好的动漫和游戏产业环境,这是杭州的游戏企业需要把握的重大优势。

杭州网络游戏产业处于快速发展的阶段,在杭游戏开发企业和运营企业也经历了市场的磨炼,几年来逐渐形成了自己的一些特点。

(1)自主研发成为杭州企业的主流选择。网络游戏产业高速发展,国外游戏开发商越发认识到了中国网络游戏市场的巨大潜力,进而大大提高了网络游戏的代理费用,这无疑给国内企业带来了巨大的经济压力。中国政府也大力提倡企业拥有自主知识产权,提高本身的创新能力,并且给予了强大的政策支持,如积极参与网络游戏开发的国内企业可以享受税收优惠和资金支持等。随着杭州游戏企业的自身研发技术力量的增强,已经有越来越多的杭州企业采取自行开发游戏的方式。这样,企业既能运营自主研发的游戏产品,又可以选择将游戏产品的代理权出让来获取收益。企业运营自主研发的游戏,在维护和运营方面都要比代理其他开发商的游戏来得容易。

(2)杭州的网络游戏运营商主要采取按道具收费的模式来获得收益。国内运营的网络游戏数量逐年上升,市场竞争日趋激烈,采取按时长收费的模式已经很难取得成功。当前杭州的网游运营商如乐港科技、渡口网络等运营商都采取"免费模式"运营游戏,即通过向游戏用户销售虚拟道具来实现收益。有一部分最初采用按时长收费模式运营游戏的运营商现在也转向推广"免费模式"。例如,在 MMORPG 类游戏领域中,天畅科技发布的《大唐风云》当时获得中国游戏业界的最高荣誉——被国家新闻出版总署评为"中国民族网络游戏出版工程"。《大唐风云》初期采用计点收费、包周和包月三种收费模式,到 2007 年也转向按道具收费的模式进行运营。棋牌类休闲游戏和休闲竞技游戏一直都采用按道具收费的模式。2008 年,大量杭州网络游戏企业进入网页游戏(无端网游)领域,所采取的收费模式也都是按道具收费。

(3)休闲类游戏和网页游戏占多数。从全国来看,大型多人在线角色扮演游戏占据主导地位,因为此类游戏的用户花的时间多,投入游戏的费用巨大,运营商可以获得高额收益。在杭州,这种 MMORPG 类型的游戏并没有占据主导地位,而是休闲类游戏和网页游戏的开发商和运营商居多。这有两方面的原因,一是大型网络游戏的研发和运营门槛较高,需要大量的资金和较高的技术力量的支撑;二是大型网游的市场竞争激烈,开发商面临较大的销售风险,运营商也需要承担没有用户使用游戏的风险。因此许多游戏开发商和运营商选择休闲类的网络游戏和网页游戏作为突破口,以期取得较好的市场效果。另外,一部分本来从事大型网络游戏运营的杭州企业也已经转向休闲网游和网页游戏领域。

### 2.发展趋势

经过 2008 年的逆势发展,杭州市网络游戏产业进一步走向了成熟。随着政府支持政策的进一步完善和游戏企业的逐步成长,2009 年杭州市网络游戏产业必将迈向新一轮快速健康发展的时期。在这个阶段,预计将会体现以下 4 方面的趋势。

(1)政府加强支持力度。网络游戏产业作为一个新型的经济增长点,受金融危机的影响较小,是政府非常重视的促进经济发展的一个方面。为贯彻落实杭州市委、市政府《关于加快推进高新技术产业由"点"到"面"发展的若干意见》,营造高新技术产业发展的良好氛围,2009 年杭州市组织开展了"杭州市科技创新十佳科技型初创企业"等市科技创新"十佳"单位评选活动,顺网以第二名入选"杭州市科技创新十佳科技型初创企业"。这种政府的鼓励和支持将极大地促进科技创新资源向杭州集聚,推动网络游戏产业的发展。同时,政府也在大力推进企业的人才培养进程,为需要资金支持的优秀企业规划贷款政策。

(2)从事网络游戏产业的企业数量和规模大幅增加。2008 年网络游戏取得了很好的成绩,其高增长与高利润的特点势必吸引更多的企业进入该市场淘金。杭州市目前发展态势良好的游戏企业非常有可能获得风险巨额投资,借以扩大自身规模和优化企业内部结构,形成更为强大的开发和运营团队。网页游戏的低技术门槛和良好的收益前景也会促使更多的企业进入这一领域。

(3)民族网游持续发展。中国有五千年的文化底蕴,杭州是著名的历史文化名城,拥有众多的历史文化遗产,这些都是民族网游开发非常积极的因素。杭州市的游戏企业有着很好的发展民族网络游戏的历史,不少网游企业,坚定地走着一条核心技术创新和作品民族原创的道路,成为杭州网游产业的一面旗帜。如《大唐风云》和《热血三国》。

这些成功的民族网游开发和运营的经验为游戏产业打下了很好的基础。因此,这些游戏企业必定会吸取成功的经验,持续推出更具创新特色的民族网游,也会吸引到一批游戏企业进入民族网游的研发与运营中来。

(4)异业合作的程度进一步提高。由于现在网络游戏大多"免费",游戏内置广告发展越来越成熟,得到广大广告业主的认同,成为运营商的一个很好的运营策略。同时加强虚拟游戏与现实产品的结合,加强游戏周边产品的开发都会是未来游戏企业需要与其他行业合作的地方。杭州游戏企业在激烈的市场竞争中,面对日益紧张的市场份额,要提升企业收益,势必会大步向异业合作的方向迈进。尤其是网页游戏增多,网页游戏投放广告的优势会得到放大,这为游戏运营商与其他行业进行合作提供了良好的发展条件。《大唐风云》开创的虚拟游戏与现实产品的链接也为杭州网络游戏行业的异业合作提供了示范。相信在未来几年,杭州市网络游戏的开发商和运营商将大力加强与其他行业的合作。

总的看来,杭州市网络游戏产业未来发展的前景是良好的。杭州又是"动漫之都",拥有其他城市所不具备的区域环境优势,拥有丰富的游戏开发历史,因此杭州市的网络游戏产业在 2009 年势必会继续快速发展。

### 3.3.2 杭州动漫产业发展概况

#### 1.发展现状

杭州动漫产业的发展已取得了辉煌的成绩,其发展之迅速首先来源于政府的政策推动。2005 年以来,杭州在全国率先出台了动漫产业政策和发展规划,包括《杭州市人民政府办公厅关于鼓励和扶持动漫游戏产业发展的若干意见(试行)》(杭政办〔2005〕18号)、《杭州高新区关于鼓励和扶持动画产业发展的若干意见(试行)》和《杭州市动漫游戏产业发展规划(2006—2010)》以下简称《规划》等,并每年将 5000 万元专项资金用于动漫产业发展。其中《规划》确立用 5 年左右的时间初步培育和完善动漫游戏产业链,并以杭州高新开发区动画产业园和杭州数字娱乐产业园等基地为核心形成产业聚集,从而带动杭州市动漫游戏产业以及相应消费市场的快速发展。《规划》明确提出,到2010 年,杭州市动画作品制作时间达到年产 3 万分钟;动漫游戏产业产值年均增长率前3 年达到 60%,后两年达到 50%;实现动漫游戏产业产值 18 亿元,带动相关产业收入180 亿元。

《浙江省推动文化大发展大繁荣纲要(2008—2012)》中提出,动漫业将制订全省动漫产业发展中长期规划,出台相关扶持政策,提高浙江动漫、网络游戏产品质量,打响浙江动漫品牌。以杭州为龙头,集聚全省各种要素,探索动漫产业集约化、现代化的发展模式,把浙江建成集教学、研发、制作、生产、销售于一体的动漫产业强省。抓好杭州高新区国家动画产业基地和浙江大学、中国美术学院、浙江传媒学院等动漫教学研究基地建设。2008 年,杭州正式提出了打造全国文化创意产业中心的战略目标,并对动漫游戏产业等八大门类文化创意产业进行重点扶持。2008 年,杭州通过政府引导相关金融机构推出了首个文化创意产业债权信托产业,搭建动漫企业融资服务平台,鼓励金融机构为中小型动漫企业提供融资服务，改善动漫企业的生存和发展环境。2009 年 5 月 31 日，浙江动漫文化与动漫产业发展论坛成功闭幕，我国第一家以动漫产业为研究对象的省级学术性社团——浙江省动漫产业学会成立。

　　2008 年，浙江省国产电视动画片产量为 28 部 1.84 万分钟，比 2007 年增长 80% 以上，排名升至全国第三。杭州共生产动画片 27 部 1.74 万分钟，原创动画片产量位居全国第二。在国家广电总局 2008 年度推荐的国产优秀动画片中，杭州产的《劲爆战士》、《中国古代科学家故事》等 6 部作品被推荐为优秀国产动画片，与湖南省并列第二。2008 年 9 月，文化部首次启动"原创动漫扶持计划"，共下拨 700 万元扶持原创漫画、原创动漫演出、原创网络动漫（手机动漫）和原创人才。浙江省有 8 部作品、5 个创作团队（个人）被列入扶持计划名单，获得 105 万元扶持资金。2009 年 1—4 月，在全球金融危机的背景之下，杭州动漫产业依旧呈现出逆势上扬的良好态势。位于滨江区的国家动画产业基地原创动画片产量超过 6000 分钟，同比增长 66.7%。西湖国家数字娱乐产业基地创税 1344.09 万元，同比增长 97%。在国家广电总局 2009 年度第一批推荐的 10 部国产优秀动画片中，浙江中南卡通集团的《天眼神牛》和《郑和下西洋》，浙江华人卡通集团的《绿树林的故事》榜上有名，杭州获推荐的动画片数量位居全国第一。

　　目前，杭州共拥有 2 个国家级动漫产业基地和 3 个国家级动画教学研究基地，国家级的基地数量处于全国领先水平。这 5 个国家级基地和全市 135 家动漫企业，通过产业聚集效应，正在逐步形成产业体系相对完整、结构布局日趋合理、整体技术水平先进、市场导向作用明显的杭州动漫产业格局。

　　杭州高新开发区动画产业园是国家广电总局命名的全国首批国家动画产业基地之一，是首批唯一以科技园区命名的动画产业基地。杭州高新区（滨江）的动画产业园制订了诸多优厚的扶持政策。杭州高新区动画产业园基地目前已聚集动漫、游戏及相关企业近 80 家，基地内中南卡通等 5 家影视动画企业的生产规模都达到每年 2000 分钟以上，居于全国前列。中南卡通、渡口网络等企业被商务部等国家有关部委命名为中国文化产品重点出口企业。目前基地已聚集动漫游戏从业人员 3000 余人，其中知名漫画家、编剧、导演等中高端人才近 300 人。2005—2007 年，基地企业共完成原创影视动画作品 2.4 万多分钟，占全省总产量的 95% 以上，居于全国前列。2008 年，杭州国家动画产业基地以 24 部 1.69 万分钟的总产量跃居全国各国家级动画产业基地第一，占全市 90.8%；研制完成游戏作品 236 款。在省内，基地作品垄断了浙江省影视动画奖的所有奖项。目前，已有 20 余部作品被广电总局推荐为优秀动画片，《争霸天下》等 5 款大型网络游戏作品入选国家新闻出版总署颁发的"中国民族网络游戏出版工程"。

　　杭州动漫龙头企业——中南卡通连续五年参加法国戛纳电视节，作品先后进入了 63 个国家和地区，签订销售合同额超过 300 万美元，占全国动漫企业自行出口交易额的 80%，位居全国动漫企业之首。2009 年 1—3 月，中南卡通销售额以同比 40% 的增速强劲成长，前 4 个月仅授权经营收入就达 2000 多万元，与 2008 年全年授权收入持平。2008 年中南卡通在 2007 年首度赢利的基础上，销售收入达到近 7500 万元，利润达到 3400 多万元。中南卡通在短短 5 年时间内原创了 10 大题材、14 部精品动画片，获得国际、国内奖项 41 项,为中南卡通品牌化、产业化运营打下了基础。

### 2.中国国际动漫节——杭州市动漫产业发展的侧面

杭州市为扩大杭州动漫在国际国内的知名度、影响力,近年来相继举办了"首届杭州国际动漫嘉年华"、"杭州市首届卡通动漫节"、"2004 杭州首届国际动漫交流展"、"2005 年首届中国国际动漫节"等大型动漫展览、交流、交易展示会,在国内外动漫行业和广大青少年中产生了强烈的反响。其中从 2005 举办至今的中国国际动漫节是中国最具影响力的国际性动漫节,从一个侧面展现了杭州动漫产业发展走过的轨迹。

中国国际动漫节以推动中国动漫产业的发展为目标,集中汇聚中外最新动漫原创作品、动漫衍生产品,推介中外最新动漫理念理论、动漫高新技术,推出各种动漫相关的娱乐活动和服务,以展示和推介我国原创动漫产品为主,突出重点,创新品牌,务求实效,着重构建发展动漫产业交易平台,促成中国动漫产业国际化、专业化,振兴中国动漫产业国际影响力。中国国际动漫节已成为目前国内规格最高、规模最大、参与最广、人气最旺,在海内外享有广泛影响力和知名度的动漫节,是中国唯一一个国家级的动漫节。以下为杭州市举办中国国际动漫节的发展历程。

2004 年 12 月,杭州在与北京、广州、深圳、长沙、无锡等城市的竞争中,凭借其经济、文化、地域的综合优势,获得"2005 年首届中国国际动漫节"举办权。

2005 年 6 月,首届中国国际动漫节在杭州市和平会展中心成功举办,展会总面积 2 万余平方米,展位总数 780 多个,参观人数达 20 余万。参加此次动漫节动漫产业高峰论坛的国内外嘉宾共 114 位,其中有来自美国、英国、德国、新加坡等的具有一定影响力和号召力的嘉宾 33 位,20 多名内地知名漫画家到现场签售。这次动漫节是中国举办的第一个国家级、国际性的动漫产业大展,是近年来亚洲规模最大、最成功的动漫展之一。首届中国国际动漫节现场销售额 1370 万元,达成合同(意向书)成交额 30 亿元,成交额在 5000 万元以上的有 21 家,其中上亿元的有 9 家,达成的合作交易项目有 500 余项,成果显著。

2006 年 4 月,第二届中国国际动漫节在杭州国际会展中心举行,展会面积 4.6 万平方米,展位数 2500 个,参展企业、媒体、基地、院校 380 余家,参观总人数达到 28 万,比首届增长 1.33 倍。第二届中国国际动漫节吸引了美国、英国、日本、韩国等 24 个国家和地区,组织了盛大精致的开幕式晚会、规模空前的产业博览会、首届"美猴奖"动漫专业大赛、国内顶级的卡通巡游、具有历史意义的"十国动漫节组委会峰会"等 10 多项影响大、效果好的活动项目。在项目签约仪式上,共签约 48 个项目,总金额 21.6348 亿元人民币(包括 9906 万美元),签约项目包括形象授权、合作办学、网络游戏开发、动漫人才培训、代理发行授权等。其中,浙江中南集团卡通影视有限公司与美国 DMM 发展好莱坞有限公司签约天眼世界主题公园项目,投资总额达 10 亿元人民币;中视鸿运视听制作有限公司与泰国 vithita 公司卡通人物大眼睛邦邦形象授权、开发衍生产品项目,签约资金达 5000 万元。

2006 年 8 月,国家广电总局致函给杭州市委、市政府,确定将中国国际动漫节固定在杭州举办。随后,《国家"十一五"时期文化发展规划纲要》将杭州中国国际动漫节列入国家重点支持文化会展项目。

2007年4月28日,第三届中国国际动漫节在杭开幕,共举办动漫产业博览会、"美猴奖"大赛、动漫产业高峰论坛和开幕式暨动漫狂欢巡游这四大项目活动,成为2007年规模最大人气最旺的节目之一。在举办的产业博览会会展中心里,每天都有将近300户商家在展示,280余家动漫企业与机构参展,展位1700个,展位面积近1.7万平方米,参观人数达43万人次,场内总成交额为6亿元人民币。第三届动漫节吸引了美国、加拿大、意大利、英国、瑞士、德国、韩国、日本等23个国家和地区的300多名专家和学者。第三届动漫节在动画片制作、漫画出版、形象授权、技术交流、设施建设等项目进行了广泛的交流合作。在动漫产业项目发布暨签约仪式上,共达成签约项目60项,总金额为40.8亿元人民币。

2008年4月,第四届中国国际动漫节在杭州休博园湖畔广场开幕。动漫节共吸引了37个国家和地区的嘉宾参与,近300家中外动漫企业参展,总共67.2万人次参加了动漫节各项活动,仅产业博览会参观人数就达40.3万人次。此外,动漫节上签约项目34个,总金额为48.85亿元人民币和2371万美金。这是杭州市政府提出打造全国文化创意产业中心的战略目标后的第一届动漫节,并首次尝试将动漫与主题公园结合。中国国际动漫节举办4年来,杭州高新开发区动画产业基地的企业通过动漫节签约总金额已达77.5亿元。

2009年4月,第五届中国国际动漫节在中国杭州休闲博览园举行,78万人次参加了包括动漫产业博览会、动画片交易大会、动漫高峰论坛、"美猴奖"大赛、动漫人才招聘会等20多项活动。据统计,本届动漫节参展的中外企业322家,累计成交金额超过65.3亿元人民币,签约项目35个,成交额55.3亿元人民币,现场成交额近10亿元人民币。在新增的国际动画片交易会上,达成意向的动画片超过了12万分钟,占2008年中国原创动画片产量的92%以上。中共中央宣传部副部长、国家广电总局局长王太华对动漫节给予高度评价,他说:"中国国际动漫节已经成为世界上规模最大、人气最旺的动漫盛会,已经成为展示动漫成果、扩大中外文化交流、增加相互合作的广阔舞台,在促进国产原创动画发展等方面发挥越来越重要的作用,为我国动漫产业的繁荣发展作出了积极的贡献。"

根据杭州市委、市政府打造"全国文化创意产业中心"的总体要求,杭州高新区动画产业园正在南部区块的白马湖区域规划建设一座占地约20平方公里的生态创意城,构建新一轮发展平台。2009年4月,浙江省委常委、杭州市委书记王国平来到白马湖生态创意城,亲手启动了中国国际动漫广场主场馆落成的倒计时牌,这意味着从2010年起,动漫节将永久落户杭州白马湖生态创意城。目前,创意城十大重点项目正在加紧推进中,并成功引进了中国美术学院创意发展公司等首批25家创意团队。

### 3. 发展趋势

目前,杭州的动漫产业通过政府的扶持和企业自身的艰苦创业,已在正确的道路上飞速地发展。根据当前的发展状况,可以看出未来杭州动漫产业的几大发展趋势。

(1)动漫产业链进一步成熟,呈现高度的市场化。当前杭州已经逐渐形成一条动漫产业链,有不少企业如中南卡通、漫齐妙等通过与其他上下游企业的合作获得了巨大利润。还有一部分动漫企业处于资本投入阶段,赢利模式还不明显,随着这部分企业的逐渐发展成熟,将进一步完善杭州市的动漫产业链。未来几年,杭州动漫产业将达到高度的市场化,动画电影和电视、音像产品和漫画、各种动漫衍生产品和授权经营业务三个产业链的层面都会迅速、健康地增长。由于动漫产业通过播放动画电影和电视得到的回报只占整个产业链的一小部分,而各种衍生产品的开发是动漫产业最重要的收入来源,因此可以判断,动漫衍生产品的研究和开发将是未来杭州动漫企业发展的一个重心所在。

(2)注重动漫产品的品牌建设。动漫产品的品牌是一种无形的资产,可以产生巨大的效益。美国的迪斯尼、华纳、梦工厂和皮克斯等动漫企业便是树立动漫品牌的典范,他们塑造的米老鼠、唐老鸭等动漫形象已经深入人心,这些形象给其公司带来了各种经济收益。不言而喻,杭州动漫业要想引领全国动漫,走向世界市场,动漫品牌的建设是一个必不可少的过程。动漫品牌将会成为支撑杭州动漫产业链的关键性力量,为动漫周边衍生商品提供良好的市场基础。

(3)加大对举办中国国际动漫节的投入。动漫节已成为杭州动漫产业的一个对外展示和交流的窗口。杭州通过举办中国国际动漫节,有效地向国内外同行展示了杭州的动漫产业,也通过动漫节签约了许多项目,达成了多项合作项目,获得了良好的收益。为了继续推动杭州动漫产业的发展,必定需要对中国国际动漫节的举办投入更多的力量,以求吸引更多的国际国内动漫厂商和投资商参会,为杭州动漫产业注入新的活力,展示出杭州动漫的影响力。

(4)加强对所有动漫企业的知识产权的保护。动漫产业最核心的价值就是动画形象,要保障动画形象的价值得到开发和利用,就必须建立公平、公正和法制的产业环境,尤其要解决好盗版问题。有效的知识产权保护体系是动漫产业健康、有序发展的保护神。目前,杭州高新区动画产业园已被浙江省、市新闻出版局命名为"版权保护示范基地",中南卡通、小骑兵卡通影视、玄机科技等企业也率先成为首批"浙江省版权保护示范企业"。随着杭州动漫产业的进一步壮大,版权保护问题日趋重要,政府将会大力加强对正版动漫产品的保护,以确保动漫产业朝良性循环的方向发展。

# 4

# 搜索引擎与网络广告

## 4.1 搜索引擎

### 1.搜索引擎的含义

搜索引擎(Search engine)是指根据一定的策略、运用特定的计算机程序搜集互联网上的信息,在对信息进行组织和处理后,将处理后的信息显示给用户,是为用户提供检索服务的系统。搜索引擎主要有两大类,①通用搜索引擎,如 Google、Baidu、Yahoo、Bing 等;②面向特定领域的专用搜索引擎,也称垂直搜索引擎,如"找工作"(www.deepdo.com),MACD 金融网(www.macd.cn)。搜索引擎已成为人们发现和寻找信息的基本渠道。

### 2.搜索引擎广告

搜索引擎对网站访问量的影响越来越大,已经成为一种新兴的网络营销手段,它具有越来越重要的广告效应,并且已经发展成为一个有效的广告宣传手段。搜索引擎的魅力源于其本身巨大的优势特点。

(1)具有极强的针对性。在搜索的时候,客户只需要输入关键字,搜索引擎就可以根据客户需求给出相应结果,因此广告投放完全是精确匹配,直接针对有需要的客户。

(2)可跟踪的广告效果。好的搜索引擎可以提供广告的数据资料,由此生成完整的报告,方便掌握广告投放效果,及时调整相应的营销战略。

(3)受众广泛。CNNIC统计显示:网民搜索引擎使用率,仅次于电子邮件。通过搜索引擎,网民能够接触并访问新网站,从而带动该网站上投放广告的点击率。这对于广告主而言无疑具备极大的商业价值。

(4)具有排他性。由于广告形式的限制,相同位置的广告位只有一个,某一厂商抢先占用了,竞争对手就失去了这一宝贵的机会。

### 3.搜索引擎广告的表现形式

(1)区域广告。区域性的搜索,通过在搜索栏中输入相应的关键词,如城市(州)名称,街道地址,邮政编码等相关的词汇以获得需要的地区的某类商业信息,包括赞助商信息。这是搜索引擎独有的个性化服务之一。对于广告客户来说,区域搜索的付费方式是按点击付费,即按效果付费,以赞助商形式出现在搜索结果上,由广告客户选择计价的关键词,每次点击的出价越高,在赞助商中的排名越靠前。

(2)关键词广告。关键词广告可以说是搜索引擎广告最主要、最普及的模式。关键词广告也称"关键词检索",简单来说就是在搜索引擎的搜索结果中发布广告的一种方式,与一般网络广告不同之处仅仅在于:关键词广告出现的位置不是固定在某些页面,而是当有用户检索到你所购买的关键词时,才会出现在搜索结果页面的显著位置。不同的搜索引擎有不同的关键词广告显示,有的将付费关键词检索结果出现在搜索结果列表最前面,也有出现在搜索结果页面的专用位置,如Google的右侧广告。

(3)竞价广告。这种广告模式是指客户根据推广需求来设置自己的广告名称、描述、推广的位置;通过竞价来调整每次点击的价格,决定自己的广告排名,并且按点击次数计费。它的一个特点是广告的费用支出完全由广告主自己决定。竞价广告还提供了不同的表现形式来供用户选择,可以分为频道竞价广告、类目竞价广告和关键词竞价广告。

4.杭州市搜索引擎广告概况

2008年杭州搜索引擎广告市场规模首次突破亿元大关,达到1.03亿,比2007年增长20%。由于金融危机的影响,预计2009年,杭州搜索引擎广告市场增长速度将放慢,规模将达到1.1亿元左右。到目前为止,杭州的搜索引擎广告市场基本被百度和谷歌垄断,其中百度搜索引擎广告占了杭州市场的60%,谷歌搜索引擎广告占了35%,剩余市场份额被一些小的搜索引擎(如搜狗)瓜分。几乎所有的杭州主流大型公司都通过搜索引擎宣传自己的产品。以杭州为中心的杭嘉湖经济发达地区有着超过40万的中小企业,除了通过阿里巴巴B2B第三方电子商务平台进行网络推广外,很多中小企业也开始进行利用搜索引擎关键字广告进行产品推广。到目前为止,大约有10%的企业真正实施了搜索引擎关键字广告的推广,到2010年,这个比例预计将到达20%,平均每家企业的投入金额也将大幅度增长。

在行业垂直搜索引擎领域,杭州垂直互动科技有限公司旗下的网站——垂直搜索(www.sou365.cn),汇集了2257个优选B2B/B2C/C2C/Web 2.0网站,是国内机械行业中资源最多的垂直搜索引擎。但目前该网站还处于服务该公司其他业务的阶段,未实现赢利。

另外,由于浙江省经济的区域特征非常明显(如永康是著名的五金城),很多县级的中小企业具有非常强烈的抱团意识,在进行网络推广上采取一致的行为和步调,以期形成规模效益。这造成的结果是,很多地区的中小企业主们都只信任一个搜索引擎广告(百度或谷歌),造成未被信任的搜索引擎很难打开该地区的搜索引擎广告市场。

## 4.2 网络广告概述

### 4.2.1 网络广告的定义

随着市场经济的不断发展和市场竞争的日益激烈,广告已成为现代企业拓展市场不可缺少的工具和手段。随着网络应用的迅速普及和发展,网络广告这一新兴的传播媒体已形成自己的优势和特点,成为发达国家广告业最热门的广告形式。作为新兴的"第四类媒体",网络广告(Web Ad)是一种新兴的广告形式,是确定的广告主以付费方式运用互联网媒体对公众进行劝说的一种信息传播活动。其目的在于影响人们对所做广告的商品或劳务的态度,进而诱发其行动而使广告主得到利益的活动。企业可以利用网络广告来宣传推广自己的网站,建立和维护公司的形象,介绍自己产品的特色,引起消费者的注意,促使其产生使用、购买等一系列直接反应,从而增加公司的赢利。

网络广告的表现形式有横幅式广告(旗帜广告)、通栏式广告、弹出式广告、按钮式广告、电子邮件广告、赞助式广告、文字链接广告和富媒体广告等。

网络广告常见的计费方式包括 CPM(每千人成本)、CPC(每点击成本)、CPA(每行动成本)、固定收费模式等。

## 4.2.2　网络广告的特点

### 1. 优势

德意志银行(Deutsche Bank)于 2006 年 6 月发表报告称,网络广告的投资效益在所有广告渠道中排名第一,其投资效益是第二名(报纸)的近三倍。

(1)网络广告传播的广泛性。网络广告传播不受时间和空间的限制,能通过互联网把广告信息全天候不间断地传播到世界各地。只要具备上网条件,任何人在任何时候都可以浏览这些广告。

(2)网络传播信息的非强迫性和交互性。报纸、杂志、电视、广播等传统媒体在传播信息时,具有很大的强迫性,强迫观众接受它们所传播的信息;网络传播的过程是完全开放、自愿的,这一点与传统媒体有着本质的不同。从人性化的角度看,网络传播的开放性是一个非常受网络受众欢迎的优点。最能体现网络传播交互性的是电子商务网站,这类网站对商品分类详细,层次清楚,可以直接在网上进行交易和在线支付。

(3)网络广告是多维广告,信息传播感官性更强。网络广告的载体基本上是多媒体、超文本格式文件,广告受众可以对其感兴趣的产品信息进行更详细的了解,使消费者能亲身体验产品、服务与品牌。这种图、文、声、像相结合的广告形式,会大大增强网络广告的实效。它可以使消费者全方位亲身"体验"产品、服务与品牌,顾客还可以在网上进行预订、交易和结算,这些都是传统媒体所无法实现的。

(4)网络广告的投放更具有针对性,受众关注度较高。网络广告的目标群体是目前社会上层次较高、收入较高、消费能力较高的最具活力的消费群体,网站可以针对互联网用户消费群体的特殊性,通过提供多样化的免费服务,建立完整的用户数据库,记录用户的地域分布、年龄、性别、收入、职业、爱好等个人信息。这些资料可以帮助广告主分析市场需求与形式,根据目标受众的特点,有针对性地投放广告,并根据用户特点做定点投放和跟踪分析,对广告效果做出客观正确的评价。另外,网络广告还可以提供有针对性的内容环境,即不同的网站或同一网站不同的频道所提供的服务是不同的,这就为密切迎合广告目标受众的兴趣提供了可能。

(5)网络传播灵活的实时性。网络广告制作周期短,可以根据用户的需求很快制作完成,并及时调整与完善。传统广告制作成本高、投放周期固定,一旦发布后很难更改,即使可以更改也要付出很大的经济代价。

(6)准确跟踪和衡量广告效果。传统的广告形式只能通过收视率、发行量等统计投放的受众数量,因此很难精确统计有多少人接收到广告信息;网络广告可以精确统计访问量,以及用户查阅的时间分布与地域分布,在线广告商通过监视广告的浏览量、点击率等指标能够精确统计出广告的效果。因此,较其他任何广告,网络广告可使广告主更好地跟踪广告受众的反应,及时了解用户和潜在用户的情况。

(7)网络广告具有价格优势。从价格方面考虑,与报纸杂志或电视广告相比,目前网络广告的费用还是较为低廉的。虽然中国的互联网起步较晚,但是经过这几年的发展,网络广告已经成为中国互联网站最主要的收入形式。网络广告正逐渐成为企业推广市场的有效途径。

### 2. 网络广告发展中存在的问题

(1)对网络受众的研究不够深入。由中国互联网络信息中心的统计数据可以看出,经常浏览网络广告的网民数量在减少,而很少浏览或从不浏览的网民数量在增加。导致这一结果的最为基本的因素有三个:①网民对网络广告的信任度低;②网民非常厌烦强制性广告;③广告没有创新性。这些因素都将阻碍网络广告的迅速发展。这不得不使人思考背后的原因。网民的心理、兴趣、个人爱好等个人信息都值得分析,并从中得出有价值的信息。而这一方面恰恰是目前各个企业的薄弱环节。

(2)网站与广告商之间的合作不够顺畅。顺畅主要表现在两个方面:①网站与发布广告的企业之间的关系更为紧密和深入,网站在广告管理方面投入了大量的人力和财力,设计出更多满足广告商需要的形式、位置和时段;②网站与广告代理公司之间的合作将会是主要的合作形式。由于网络广告客户越来越多样化和复杂化,网站与每一位客户直接接触逐渐成为不可能,由此催生了越来越多的广告代理公司,批量处理、使谈判的代价相应降低、合作更为流畅就成了客观的要求。

(3)有关网络广告的法律体系和有效的规章制度尚不健全。网络传播中的隐形广告越来越多,主要形式就是以新闻形式发布的广告以及在 BBS 上发布的广告。虚假广告和广告欺诈的出现对相关部门管理在线广告提出了挑战。对在线广告而言,法律不能预先穷尽规则,这就需要行业规则在法律正式出台前的空白期进行调控和规范。

## 4.3　网络广告的经济活动

网络广告在进入 21 世纪后开始飞速发展,2001 年中国网络广告市场达到 4.6 亿元,2008 年市场规模已经达到 172.2 亿元,相当于 2001 年的 38 倍;这期间,市场规模几乎以翻倍的速度扩大。

随着市场规模的飞速扩大,越来越多的企业开始进入网络广告市场,其中不仅包括原来传统的广告公司、广告代理(中介),还有一些中小型网站、个人博客,同时,还产生了如网络广告联盟、网络广告第三方监测和评价机构等类型的企业。这些企业之间的合作与竞争使得中国网络广告朝着更加健康、更加完善的方向发展。

在网络广告行业中,存在着以下主要经济活动形式:门户网站广告、网络广告代理、网络广告联盟和网络广告检测。

### 4.3.1 门户网站广告

所谓门户网站,从狭义来讲,是指通向某类综合性互联网信息资源并提供有关信息服务的应用系统。门户网站最初提供搜索引擎和网络接入服务,后来由于市场竞争日益激烈,不得不快速地拓展各种新的业务类型,希望通过门类众多的业务来吸引和留住互联网用户,因此目前门户网站的业务包罗万象,成为网络世界的"百货商场"或"网络超市"。在我国,典型的门户网站有新浪网、网易和搜狐网等。从广义来讲,门户网站是一个应用框架,它将各种应用系统、数据资源和互联网资源集成到一个信息管理平台之上,并以统一的用户界面提供给用户,使企业可以快速地建立企业对客户、企业对内部员工和企业对企业的信息通道,使企业能够释放存储在企业内部和外部的各种信息。本书提到的门户网站是指广义上的门户网站,不仅包括大型的综合类门户网站,还包括一些行业的资讯门户。

门户网站的广告位广告的经济活动形式是指门户网站把其网站页面上的一些位置作为网络广告位,并出租给广告用户获取收入。门户网站的广告位广告是网络广告行业中最重要、也是市场份额最大的经济形式,门户网站的收入大部分来源于其网站广告位的出租,例如,国内著名的门户网站——新浪,其 2008 年第 3 季度净营收 1.054 亿美元,广告营收 7620 万美元,广告收入占全部收入的 72.3%。门户网站广告位广告具有以下特点。

(1)门户网站广告位广告最受网民信任。万瑞数据发布的《网络广告受众分析报告》显示,目前可投放网络广告的网站及形式都非常多样,但从网民信任角度考虑,门户网站信任度达到 85.3%,广告位广告的信任度为 64%,门户网站的广告位广告仍是最有效的网络广告形式。网民对门户网站的高信任度来自高认知和忠诚度。以网易为例,其首页页面浏览量中直接来源始终保持在 60% 以上,这表明多数用户通过收藏、地址栏等方式直接访问网易,从而形成较高的依赖性。

(2)门户网站广告投放效果好。门户网站的用户访问量非常庞大,以搜狐为例,日访问量为 1131 万 IP 和 13119.6 万 PV,广告受众基数庞大,覆盖范围广,投放力度强劲,短期内的广告效果非常明显。

(3)门户网站广告位广告价格费用高。门户网站广告位广告由于投放效果比较好,使得其投放的价格费用相对其他类型的网络广告来说要高很多,例如:2007 年第 3 季度新浪首页要闻区左侧三轮按钮的广告价格为:3 万元/(条·天)。

(4)门户网站广告的价格随位置、类型不同变化幅度大。从位置上来讲,门户网站的主页是广告价格最贵的,其次是一些频道的"主页",最便宜的是一些最底层的页面;同一页面中,最贵的是页面顶端的广告,随着页面位置的下移,广告费用不断递减。从类型上来讲,全屏广告价格最贵,通栏广告和浮动广告等其次,最便宜的是文字链接广告。不同位置、不同类型的广告价格差别很大,以新浪广告为例:首页上的750像素×450像素的全屏广告每小时的投放价格是20万元,而七级频道上的通栏广告一天的投放价格是4万元。随着门户网站广告市场的发展壮大,会出现更多的广告位置和形式,价格差异度会更大,更利于广告主根据自己的预算进行广告投放。

根据调查小组回收的调查问卷反馈资料的统计显示,2008年杭州市门户网站广告市场规模达到8000万人民币,比2007年增长了30%。杭州本土的门户网站大约有30个左右,其中比较大的有5个:钱塘在线、杭州网、浙江都市网、浙江在线、大杭州网。本土行业(专业)资讯门户网站有杭州租房网、杭州人才网、杭州房产网。面向全国的行业(专业)资讯门户网站属杭州阿拉丁信息科技股份有限公司旗下的网站——E都市规模最大。

阿拉丁公司不仅是全球三维地图的首创者和引领者,而且已经成为全球市场上最大的城市三维地图制作商。利用三维地图这个平台,E都市网站(www.edushi.com)成功地实现了利用楼宇作为网络广告位而出租广告位的商业赢利模式,即基于位置的广告服务(Location Based Service,LBS),这个模式也是全球首创。2008年,E都市网站已经拥有上百个中国大中城市的三维数据,年收入为1264万。

比较特殊的一个网站是淘宝网(www.taobao.com),其本身属于C2C类型的电子商务网站,但由于其在中国电子商务的影响力大,注册会员数量和日访问量也在国内网站中名列前茅,甚至可以比拟一些大型门户网站,所以淘宝网的网络广告规模也非常可观,是其实现赢利的重要因素。

### 4.3.2　网络广告代理

网络广告代理是指网络广告主将广告业务交付网络广告代理公司设计、制作与发布。与传统的广告一样,网络上大部分大型广告大多都是通过网络广告代理公司实施的,即由广告主委托广告公司实施各项具体的网络广告业务。

(1)网络广告代理基本关系。网络广告代理活动中有卖方(网站出版商)、买方(广告主)和网络广告代理商三方参与。网络广告代理商就是卖方和买方直接的沟通桥梁。

(2)网络广告代理商的来源。网络广告代理商主要有网站、传统的广告代理商等。由网站发展而来的代理商又称网络服务商,有较强的技术背景,他们通过创立网站积累技术力量,发展市场影响和广告技巧,拥有提供全方位服务的强大能力。他们随着网络的出现而出现,发展时间较短,因此不是很完善,尚不具备承揽全部网络广告业务的能力。传统的广告代理商虽然对网络媒介不是很了解,但熟悉相关广告业务,能提供相应的广告服务,是网络服务商的强劲竞争对手。

(3)网络广告业务的形式。

• 与网络服务商合作。广告主将其全部广告业务(网络广告与非网络广告)委托给网络服务商,由其制订、执行广告计划,并完成广告的创意、制作,最后交由各个媒体发布。由于网络服务商对整体广告业务的运作并不熟悉,因此采取这种汇总方式的不多。

 •与传统广告代理商合作。广告主将其全部广告委托给传统广告代理商。这里又可以分为两种情况。一种是传统的代理商内设机构或子公司进行网络广告业务,第二种是传统广告代理商自己只运作传统广告业务,将网络广告外包给网络服务商,由网络服务商制订、执行网络广告计划,然后再交由某个网络媒体发布。

 •全面服务型网络广告代理商的业务。全面服务型网络广告代理商的业务大致可以分为四个阶段:网络广告调研阶段、网络广告决策服务阶段、网络广告执行阶段与网络广告评估阶段。

 (4)杭州市网络广告代理概况。

 杭州市本土的大型网络广告代理公司主要有浙江盘石、网通互联、创业互联。这三家公司几乎占据了杭州网络广告代理市场的绝大部分。

 浙江盘石信息技术有限公司是一家以精准、定向网络营销分析技术为基础的企业网络营销服务提供商,主要代理百度的网络广告业务,在杭州市的竞价营销中,几乎占有了整个杭州市场,是百度的杭嘉湖地区总代理。盘石致力于企业网络营销全面解决方案,通过精准、定向的网络传媒或者整合传媒,帮助企业将其广告准确地传播给目标客户群。2008年,盘石营业收入达到了7547万,同比增长87%,年底企业员工251人,同比增长116%。它被评为"浙江省科技创新先进整体"单位,杭州市科技创新"十佳"科技型初创企业。

 杭州网通互联科技有限公司,是致力于中小企业信息化与互联网应用及网络营销服务的国有高新技术企业。该公司于2006年3月和Google达成正式合作,致力于为杭州地区的企业提供Google Adwords广告的本地化专业服务,帮助杭州地区中小企业提升网络营销价值,有效地将本地中小企业产品推向全球。该公司2008年企业产值已达到2000万左右并以年增长120%的速度稳健发展,预计在2011年成为产值超亿元的网络广告公司。

## 4.3.3　网络广告联盟

### 1.网络广告联盟的定义

 网络广告联盟又称联盟营销,指集合中小网络媒体资源(又称联盟会员,如中小网站、个人网站、WAP站点等)组成联盟,通过联盟平台帮助广告主实现广告投放,并进行广告投放数据监测统计,广告主按照网络广告的实际效果向联盟会员支付广告费用的网络广告组织投放形式。

 网络广告联盟的三要素为广告主、联盟会员和广告联盟平台,涉及的内容有广告与联盟会员网站匹配、联盟广告数据监测和统计、联盟广告付费方式、联盟分成模式等。

 网络广告联盟广告主:指通过网络广告联盟投放广告,并按照网络广告的实际效果(如销售额、引导数、点击数和展示次数等)支付广告费用的广告主。相较网络广告代理而言,通过广告联盟投放广告的广告主多为中小型企业或互联网网站,品牌广告主投放的广告费用还相对较少。通过广告联盟投放广告能节约营销开支,提高营销质量,同时节约大量的网络广告销售费用。

• 网络广告联盟会员:注册加入网络广告联盟平台并通过审核,并至少投放过一次联盟广告并获得收益的站点。

• 网络广告联盟平台:联结上游广告主和下游加入联盟的中小网站,通过自身的广告匹配方式为广告主提供高效的网络营销推广,同时为众多中小站点提供广告收入的平台。本书所指的网络广告联盟平台指拥有中小站点(网站或 WAP 站点)资源的联盟平台。

### 2. 网络广告联盟的分类

网络广告联盟涉及的内容和参与者较多,有不同的分类标准。以下介绍三类分类标准。

(1)根据广告联盟的广告主与联盟平台关系分类。

自建型广告联盟:指以推广自己的产品为主的广告联盟,如金山联盟、MOP 联盟、QIHOO 联盟和当当联盟等。此类联盟建立的目的比较明确,即为了扩大市场占有率或提升销售额。

综合型广告联盟:联盟拥有自身的产品,不仅推广自身的品牌和产品而且还推广其他广告主的品牌和产品或通过其他联盟推广自身的品牌和产品,如百度、新浪、搜狐、雅虎等。

(2)根据网络广告联盟的广告媒体形式分类。

互联网平台广告联盟:基于传统互联网平台通过用户完成点击或付费的广告联盟组织形式,整合各中小网站资源并打包吸引广告主,依据流量投放广告,产生点击或者订购关系,获得的广告收入在联盟成员中分配。

WAP 广告联盟:基于无线互联网通过手机完成点击或付费的广告联盟组织形式,汇集各中小 WAP 流量并打包吸引广告主,依据流量投放广告,产生订购关系,获得的广告收入在联盟成员中分配。

(3)根据网络广告联盟的平台性质分类。

搜索竞价联盟:指以搜索引擎应用为核心广告联盟,联盟的组织者为搜索引擎服务商,搜索联盟是伴随 Google、百度等搜索引擎网站的发展而成立的,主要以 CPC 支付给加盟网站一定比例的分成费用。

电子商务网络广告联盟:以电子商务广告主为主的广告联盟,联盟的付费方式以 CPS 为主的广告联盟,如易购网、唯一联盟等。

综合网络广告联盟:聚集中小站点资源,以综合付费形式 CPM、CPC、CPA 为依托联盟平台为主的广告联盟,有自身的广告主资源也兼营网络广告分销业务,如阿里妈妈、智易营销、亿起发、黑马帮和软告网等。

### 3. 网络广告联盟的特点

网络广告联盟不仅拥有网络广告的优势,还具有精准营销和效果营销等特点。

(1)实现有针对性的投放,依靠联盟数据积累和优化,并根据联盟会员特点和级别,进行广告匹配和投放指导。

（2）广告投放策略灵活多变，广告主能根据自身预算和广告需求，制订符合自身要求的灵活的投放组合。

（3）多样化的广告表现形式和组织购买形式，可自由选择和采用多种广告形式、付费方式，实现广告主和网站媒体的双向选择，保证各方利益最大化。

（4）管理成本较低，聚合实现网络广告长尾价值，参与各方只需负责自身的投放和管理工作。

（5）拥有独立的投放监测系统，能有效提高网络广告投放和管理效率，保证各方利益。

（6）迅速实现投放，性价比高，拓宽了广告信息传播范围，提高了传播效率。

**4. 杭州市网络广告联盟概况**

2008年杭州网络广告联盟市场总体规模为5000万元，较2007年的4100万元增长了约20％。预计2009年杭州网络广告联盟市场的总体规模将达到5500万元，2010年整体广告联盟市场规模将达到7000万元。

杭州本土的网络广告联盟主要有阿里妈妈、杭州九赢、杭州弈天等网络广告联盟。阿里妈妈作为中国最大的网络广告交易平台，已拥有40万用户注册量，而现在还在投放阿里妈妈广告牌的站点占50％左右。阿里妈妈官方资料显示，日展示为18亿次数，涵盖了21个大分类、110个子分类，共计40万个中小站点，超过90万个广告位。像卖商品一样卖广告位的阿里妈妈，将国内网络广告带入交易新时代。

弈天广告联盟（www.unionsky.cn）是网络广告和线上营销方案提供商，主要为广告主、网站主、软件主提供公平、公正的交易平台，使双方的营销资源利用最大化。弈天广告联盟（网站）于2004年1月正式开通，是具有领导地位的非官方网站联盟，在Alexa世界排名长期保持在一百强左右，日均页面访问量达1亿，固定IP 2000万，拥有会员上万家，并以每天100名等待审核的网站会员速度不断增长。它成功地为一些知名企业进行了品牌塑造与市场开拓，其中通过与淘宝网的合作，使淘宝网的知名度和世界排名得到大幅度的提高。

## 4.3.4　网络广告投放效果测评

广告投放效果就是广告对其接受者所产生的影响及由于人际传播所达到的综合效果。比如新产品广告，通过广告活动促使消费者了解本品牌优点，从而改变已有品牌的消费习惯。网络广告效果贯穿于整个网络广告活动的全过程，无论是对宏观经济效益和微观经济效益的提高，还是对网络广告自身效益的促进，都有重要的意义。网络广告投放效果测评主要是测量上网者对网络广告产生的反应。比如对于通栏广告来说，上网者有没注意、浏览但不点击、点击三种选择。网络广告效果测评在收集以上数据的基础上，再综合上网者的其他变量，从而得出一系列指标，作为衡量网络广告效果好坏的标准。

传统媒体的广告投放效果测评往往并未引起广告主的真正注意，所以大量的广告预算在媒体的自吹自擂中淹没掉了。实现了的广告测评也是以沟通效果和销售效果的调查研究为主,评定结果往往和真实情况相距甚远。计算机本身的数字编码能力,为测评网络广告传播效果提供了现实的基础,与传统广告测评相比,网络广告的效果测评的特点就越发明显地表现出来了。

通常情况下,大型的门户网站和网络广告代理公司都能提供网络广告投放效果测评功能和服务,而且大部分都是免费提供的。杭州市的互联网公司中,提供网络广告效果测评功能和服务的企业大约有 10 家左右,包括浙江盘石信息技术有限公司、杭州网通互联科技有限公司、弈天网络技术有限公司和杭州垂直互动科技有限公司等。其中,浙江盘石信息技术有限公司的"盘点"软件工具,提供网络广告第三方效果分析技术和服务,统计模块丰富齐全,统计内容详细精确,实现实时分析流量数据,并拥有精心设计的企业客户管理平台。盘石为高端客户策划的网络广告精准、定向,它提供强大的技术支持,为客户做投放效果的评测分析,力求为每位高端客户配备一个专业的服务团队。

## 4.4 杭州市网络广告发展现状

从互联网行业的角度来说,网络广告在近些年仍然是互联网企业赢利的最成功、最核心商业模式。2008 年第 3 季度,中国网络广告市场规模为 33.44 亿元(不计渠道收入),环比增长 19.1%。其中,关键字广告为 14.64 亿元,环比上升 19.3%,占网络广告市场的 43.8%;广告位广告为 16.96 亿元,环比上升 18.9%,占网络广告市场的50.7%。中国四大门户网站 2008 年第 3 季度广告在奥运经济的刺激下也大幅成长,广告总收入达到 1.08 亿美元。

杭州作为中国唯一的"电子商务之都",网络广告发展也走在国内前列,市场发展迅速,从业企业较多,杭州市市政府对网络广告的发展也给予了大力支持。2008 年杭州市网络广告的市场规模大约为 2.35 亿人民币,比 2007 年增长了 20%。2008 年 9 月,由中国电子商务协会、杭州市人民政府联合主办的"2008 中国首届中国网络广告行业大会"在杭州顺利举行。这次大会作为中国杭州西湖国际博览会的支持项目,进一步总结和推广了中国网络广告发展的成功经验,改善网络广告发展环境,促进网络广告行业和谐、健康、持续、快速发展。中国电子商务协会网络广告行业委员会也落户杭州,将为进一步加快和促进杭州电子商务和网络广告发展、打造"世界电子商务之都"、起到了强有力的推动作用。

"2008 中国首届中国网络广告行业大会"是中国网络广告领域的首次行业盛会,举行了主题演讲、网络广告行业巅峰对话、网络广告行业颁奖盛典等重大活动。本次大会除了政府及相关部门领导出席之外,吸引了来自搜索引擎、门户网站、行业网站、网络游戏、即时通信等不同类型的网络广告企业巨头,以及专业市场调研机构、知名网络广告服务商和企业广告主的代表,他们在大会上谈了国内外网络广告产业的发展概况,分析国内外网络广告行业的现状,网络广告市场的投资潜力和存在风险,探讨网络广告行业发展的未来前景。作为网络广告领域的最大"黑马",杭州市的本土互联网企业浙江盘石信息技术有限公司一举摘得了 2007－2008 年度中国最佳网络营销策划奖、最佳网络广告第三方评测机构奖两项大奖。

这次网络广告行业大会的召开,通过政府、行业和企业的有效整合和互动,必将加快和推动杭州网络广告行业健康、有序地发展。

2009 年 4 月,杭州举行了"2009 春回燕归·精英峰会",会议的主题是"转型升级,智汇钱江",共话互联网的新挑战和新机遇,促进互联网行业转型升级。这是政府鼓励网络广告企业实现转型,同时做强做大的一个积极信号。

### 4.4.1　杭州市网络广告企业

截至 2008 年末,杭州市涉及网络广告业务的互联网公司为 80 家左右。其中规模较大的有浙江盘石、网通互联、创业互联、杭州弈天、杭州网络传媒有限公司(杭州网)、钱塘在线(中国电信杭州分公司)、阿拉丁、杭州都快网络、阿里妈妈(淘宝网旗下子公司)等公司,这些企业可以分为以下四类。

(1)网络广告代理公司。

网络广告代理公司是杭州本土涉及网络企业中公司规模最大的一类,主要有浙江盘石、网通互联和创业互联。代理的网络广告以百度和谷歌的搜索关键字广告为主。这类公司的网络广告业务规模最大,占公司业务的比例也最高,一般都超过 50%(这类公司一般都提供建站、网站托管等技术服务)。

(2)网络广告联盟公司。

杭州规模较大的网络广告联盟有阿里妈妈、九赢广告网、弈天广告联盟三家。其中,弈天联盟目前覆盖 3 亿 PV,1000 多万 IP,是一直保持全国前三名的广告联盟。阿里妈妈以"广告就是商品"的全新理念和"广告买卖"的创新赢利模式开创了浙江中小企业广告主的"蓝海"。九赢广告网在 2006 年成功收购了多家广告联盟,目前已为上百家广告商客户提供优质的网络广告宣传服务。

(3)门户网站公司。

这里的门户网站不仅包括传统的门户网站,如大杭州、钱塘在线、杭州都市网等,还包括一些行业资讯网站,如浙江博艺网络文化有限公司旗下博艺网(中国最大的艺术门户网站)、杭州昌海广告策划有限公司旗下的"乡旅中国"网、风雅颂扬文化传播集团(杭州)有限公司旗下的宝藏网等。传统的门户网站广告位数量、形式多,价位也较高,广告收入占公司营业收入的 70% 以上。行业资讯网站的广告位相对来说数量少些,以图片广告为主,价位较低,广告收入占公司营业收入的一半左右(另外一半是会员收费)。比较特殊的是杭州阿拉丁信息科技股份有限公司——"E 都市",目前已经拥有上百个中国大中城市的三维数据。该公司的广告位建立在三维地图的建筑物的基础上,是网络广告形式的又一次重大创新。

(4)电子商务平台公司。

调查发现几乎所有的电子商务平台网站都有网络广告业务,占涉及网络广告公司的80%以上。这类公司又可以分两种:①主要赢利模式是会员收费和交易佣金,网络广告为次要收入来源,如阿里巴巴旗下的淘宝网、网盛生意宝旗下的网站。②垂直电子商务平台公司,其网站赢利收入中很大一部分是出租网站广告位,如杭州昌海广告策划有限公司旗下的"乡旅中国"网、杭州鼎好科技有限公司旗下的多个网站、杭州垂直互动科技有限公司旗下的中华机械网等。其中,中华机械网2008年的网络广告业务收入为250万人民币,占全部业务收入的65%。

(5)其他。

其他涉及网络广告业务的公司包括一些行业垂直搜索、网络社区、论坛,音视频等网站的公司。其中,在行业垂直搜索中,杭州垂直互动旗下的垂直搜索网汇集了中华机械网、汽配在线、中华机床网等行业网站,是国内机械行业中资源最多的垂直搜索引擎。在网络社区、论坛中,杭州最知名的是杭州都快网络传媒有限公司旗下的19楼互动空间(www.19lou.com),提供快速、贴心、有效的城市生活服务的新媒体平台和网上家园。截至2009年3月,19楼拥有290万注册用户,日均页面访问量达1000万,每日独立访问用户达65万人次。19楼正以爆炸式的速度向前发展,每月的访问量增长均保持在10%以上。杭州坤石网络科技有限公司旗下的看房网是浙江省第一个视频看房类型网站,基本上以网络广告赢利为主。

### 4.4.2　杭州市网络广告产业的优势和发展趋势

#### 1.杭州市网络广告产业的优势

(1)网络基础设施与应用建设领先。杭州市信息基础设施在国内处于领先地位,杭州是全国率先基本解决"最后一公里"的城市,达到了中等发达国家大中城市的水平。光纤通信、数字微波、智能网、数据通信与多媒体通信等技术得到广泛应用,实现了光纤到小区、到楼幢,每500米范围内都设有光节点;实现了"千兆到小区、百兆到楼幢、十兆到家庭";实现了同城同网、全程宽带接入。2008年末,杭州市互联网用户达到200万左右,比上年增长25%,占全市人口的1/3。按照40%的较高的活跃情况比例,杭州全市每天上网的人数大约为80万。

(2)潜在市场规模巨大。杭州市乃至杭嘉湖、金华地区的中小企业都是杭州市网络广告的客户和潜在客户。这个地区拥有大约40万家中小型企业,大多是民营企业,且以制造业为主。这个地区的企业外向型特征明显,产品以出口为主。2008年经济危机后,出口贸易锐减,企业面临着严峻的经营困难,需要进行从"出口"到"内销"的转型。在转型过程中,企业先需要在国内市场上进行企业和产品的推广,但是基于成本的考虑,传统的广告推广方式大多数企业承受不了,选择网络推广可以说是企业主最经济、最实在的推广方式。据调研所得数据表明,只有大约10%的中小企业已经进行了互联网营销,还有绝大部分的中小企业主还未参与进来,但他们的潜在需求非常旺盛。如果再有10％的企业投入网络广告推广,以一年5000元的保守推广费用计算,潜在的市场规模在2亿左右。

(3)政府扶持力度大。杭州市经济委员会面向杭州中小企业推出了"三三三"的政策。这个政策的推出让杭州市网络广告企业和杭州的中小企业主即潜在的广告主都得到很大的优惠。一方面,中小企业在网络推广初期的费用减少了三分之二,提高了企业主进行网络推广的积极性和主动性;另一方面,网络广告企业在短期内将大量潜在的客户转化为现实的客户,客户数量大大提高。这又对网络广告企业提出了新的课题,他们需要付出更多的努力去留住那些因为政策优惠而带来的客户群,使客户的网络推广投入产生明显的效益,愿意继续在网络推广上持续投入更多的资金。

(4)人才优势。2008年9月,杭州高新区出台了《关于进一步鼓励和扶持产业发展的若干意见》,该《意见》在原有杭高新〔2004〕222号文件基础上进一步修订完善,40条新政策突出为两大条:一是重奖突出贡献人才,二是加大产业发展扶持力度,在企业发展的各个阶段都给予一定的扶持。这个政策使得上海、北京等一些网络广告业的高端人才开始青睐杭州。在经济危机的背景下,杭州市提供的优厚的工作、生活条件让一些人才愿意在杭州开创自己的网络广告事业。

### 2. 杭州市网络广告发展趋势

2008年9月的"2008中国首届中国网络广告行业大会"以"精准、定向、未来"圈定了网络广告行业发展的元素,这也是未来杭州市网络广告的发展趋势。2009年对于杭州市网络广告、网络推广产业来说是至关重要的一年。这一年内,随着杭嘉湖地区的中小企业大规模进行互联网推广,杭州市网络广告市场的规模将大幅度扩大,网络广告企业格局将发生变化:大型企业将持续高速发展,通过产品和服务创新形成企业的核心竞争力;中小型企业数量增长,一些中小型企业将逐渐壮大、规范化,而相当一部分中小型企业将在竞争中被淘汰。从业人数也会有明显的增长,大型企业将大量招收销售人员、客户服务人员以及研发人员来满足产业规模的扩大和产品、服务的升级转型。政府将出台更多的政策和法律法规来支持、引导和规范杭州市网络广告市场健康、持续、快速地发展。下面具体介绍杭州市网络广告行业的发展趋势。

(1)网络广告向整合、精准、互动发展。网络广告从发展趋势上突出表现为整合、精准、互动等几个特点。整合,就是网络广告不再局限于一种形式,网络广告企业将各种广告整合在一起,使得作为网络广告主的杭州中小企业将拥有更加宽广和丰富的广告类型和投放渠道,而不是以前单纯只投搜索引擎广告或广告位广告,这样不仅提高了网络广告投放效果,也减少了投放费用。精准,通俗地讲就是网络广告要努力做到"因人而异,有的放矢",例如,通过分析上网用户的习惯爱好与广告组的内容,由系统对两者进行自动匹配,针对用户发送最适合的网络广告。这能大大降低互联网用户对网络广告盲目投放带来的厌恶感,也能提高网络广告受众对网络广告的认知度。互动,就是网络广告可以在媒体(互联网)和受众之间互动,彻底改变那种只从媒体单向传达到受众的压迫式沟通方式,使得受众能主动参与到广告里,在潜移默化中了解产品和服务,或者接受广告发布方的一些理念，这是一般的广告所不能达到的。"整合、精准、互动"这三个网络广告的发展趋势正好符合杭州市网络广告主的现实需求——投入低、见效快。另外，网络广告的付费模式也会从以 CPM 和 CPC 以及固定成本为主发展成多元化的付费模式，如 CPA、CPS 等新生广告网页付费模式被门户、垂直网站、流量联盟等所应用，成为网络媒体和广告主都能够接受的流行付费模式。其中，CPA 标准中包括形成一次交易、获得一个注册用户等。

（2）大型网络广告企业做强做大。给客户带来精准投放效果的网络广告理念与技术，已成为各家网络广告公司的核心竞争力之一。各大网络广告公司已经或者开始尝试提供精准广告投放的服务和产品，并提供先进的网络广告效果分析服务。大型网络广告企业在接下来的几年内将进一步扩展自己在杭嘉湖地区的业务范围，扩大活跃客户群体的数量，提高在中小型企业主中的影响力。另外，大型网络广告企业还将持续加大在产品研发上的投入。在调查中发现，在杭几家大的网络广告公司都明确表示将营业利润的 3%～5% 的资金用于研发，并在今后几年不断提高这个比例。这将推动企业的产品和服务升级，进而增强其在市场上的竞争力。

（3）中小型网络广告企业百花齐放。目前，杭州网络广告市场上的中小型广告企业数量偏少，竞争力偏弱。预计在今后几年，杭州将冒出更多的中小型网络广告企业，提供功能、内容更丰富的产品，形成百花齐放的市场局面。这些企业提供的产品和服务将具有自己的特色和竞争力，并以此来吸引杭嘉湖地区的广告主。其次，越来越多的中小型企业将逐步规范自己的业务模式，提高市场推广人员和销售人员的素质和水平，改变现在低水平竞争的局面。另外，中小型网络广告企业还可能联合一些大的网络广告企业，提高自己的市场知名度。

（4）广告主数量增加，对待广告投放更加理性。首先，网络广告的广告主数量将进一步扩大，这是由两个因素推动的：一个是企业外销转内销需要进行网络推广，二是政府政策的支持。广告主数量将从现在的 4 万个快速翻一番。其次，越来越多的作为网络广告主的杭嘉湖中小企业主开始重视广告效果，对网络营销的认识逐步加深。广告主对网络广告不再像以前一样，只选择某一种网络广告推广形式，争抢某些强势网络媒体的单一位置，会更加重视网络广告公司的产品和服务，希望能通过网络广告效果分析的手段增加对广告投放效果的了解，调整广告投放的资金投入。这就可能导致广告主对于网络广告公司的选择将更加理性和灵活，而不是一味地注重网络广告公司的名气和规模，因此更加有利于杭州网络广告市场的健康发展。

（5）第三方有偿网络广告投放效果测评服务开始出现。随着杭州市网络广告市场不断扩大，中小企业主对于网络广告、网络推广的投入也日益增长，同时对广告投放效果也越来越关注。传统的网络广告投放效果测评往往是由门户网站、网络广告联盟或者是网络广告代理公司作为一项附加的服务免费提供，由于利益的关系，很难保证测评结果的准确性和客观性。这就催生了第三方有偿网络广告投放效果测评服务。但是第三方有偿网络广告投放效果测评平台必须有能力构建良好的诚信体系，以及有过硬的技术实力为广告主和网站架起信任的桥梁,为广告主和网站广告费用结算提供一杆公平秤。预计在相关技术问题解决后,杭州会出现以提供这种服务的企业,为中小企业主提供网络广告投放的"定心丸",并开创网络广告市场一片新的蓝海。

(6)政策和法律法规对网络广告扶持力度进一步加大。2009年《杭州市电子商务进企业专项资金管理方法》明确规定:2008—2010年,在整合原有专项资金的基础上,由市财政每年新增安排3000万元资金,建立"电子商务进企业"专项资金,用于对中小企业通过第三方电子商务企业开展电子商务应用的资助。这项资金成为杭州网络广告业很大的发展动力。目前,杭州市的网络广告市场仍旧处于一个发展的初级阶段,政府并没有出台具体针对网络广告市场的法律法规,相信随着市场的扩大和发展,市场参与者会越来越希望政府出台相应的法律法规来规范市场主体和市场行为。

另外,大型B2B网站也开始更多地涉足网络广告,一方面是为了更好地利用起网站的空间,另一方面也是使企业在B2B这个平台上创造更多的价值。例如网盛生意宝推出巨幅广告,借此涉水庞大的互联网品牌广告市场,以此帮助公司增加赢利模式,并且未来可能加大在网络广告方面的拓展力度。

# 5

# 数字电视全媒体

近年来中国传媒业在自下而上的创新突破和自上而下的规范调整中博弈。娱乐选秀带动的创新高潮、电视剧独播引发的资源竞争、冲破条块分割的媒体聚合……新的节目形态、新的编播策略、新的评估体系、新的营销方法和新的运营机制，无不体现着中国传媒业在面临日渐焦灼的本土竞争和迅速放开的市场环境时"不破不立"的勇气和果决。在自下而上的创新突破旧有秩序的同时，政府相关主管部门不失时机地推出一系列政策和法规，在新的竞合态势中自上而下地重构"规矩方圆"。创新是打破旧秩序的动力，规范是建立新秩序的保证，在创新和规范的上下联动中，中国的传媒产业呈现出健康有序的整体发展态势。

## 5.1　数字电视与互联网

### 5.1.1　数字电视全媒体概述

目前国内外对传统媒体和新媒体互动，同时开展线上、线下的统一宣传，对多渠道、多终端集中宣传和展示都进行了不同的尝试。

在国内，2008 年奥运会结束后，为了迅速拉动网站经营，以青岛新闻网为主打造了青岛国际啤酒节最大的一个啤酒广场——"醉爱青岛"啤酒广场。青岛新闻网将活动信息在旗下全媒体平台大规模地宣传，对上班族主要通过网站发布消息，对普通市民，通过 LED 屏进行宣传，同时还使用楼宇广告、社区公告板等多种发布形式宣传。2008 年，青岛新闻网将重点采访和率先发现的新闻，除在网站上刊登外，还在第一时间通过手机报、信息屏对外发布，并不断地联合其他报刊、电视，共同对新闻事件予以报道，起到了全媒体宣传发布、线上线下协同工作的效果。

《沈阳日报》也在近期上线了全流程、全媒体数字报刊平台系统，实现了信息内容从采集、生产制作、发布、交换、反馈到经营的一体化的全流程。在内容表现形式方面，全媒体数字报刊不仅能真实展示传统报刊的原版原式，更增加视频、动画、音频等各种多媒体元素，极大地丰富了读者的阅读，对于告别纸印刷、培育年轻网民具有重要意义。同时，制作后的内容也便于在手机、互联网、论坛、博客上发布，实现多渠道的媒体营销效果。

华数一直致力于交互数字电视相关技术的研究、开发和创新应用。在已有互动电视平台和相关研发项目的基础上，以全媒体平台建设任务为契机，全面加快了融合互动、广义通信、融合增值业务等平台项目，通过与互联网和通信网的互通，充分发挥广播与交互融合的技术优势，拓展互动电视增值服务的深度和广度，开创数字电视用户到用户的全新互动方式。

数字电视全媒体发展的总体目标是充分利用数字电视终端的高普及度和低使用门槛，结合数字电视广播、交互数字电视、互联网、通信网的最新技术进展和各自的技术优势，实现融合的媒体传播渠道，打造全新的媒体形态，使数字电视成为全媒体发展的主载体和主平台。

数字电视全媒体平台的定位是：①全新的跨媒体服务平台，可提供文字、图片、音频、视频、视频监控等多种媒体信息服务；②信息技术的综合应用平台，利用数字电视、互动电视、互联网、通信网等最新的信息技术，充分实现技术的融合应用；③最普及和便利的上网平台，数字电视通过对全媒体的支持，成为最普及、最简单、最便利的上网平台。

### 5.1.2　国内外数字电视发展现状

随着互联网时代的到来，报纸等传统媒体在互联网大潮的冲击下，开始探索如何应对减少用户群的流失，有效吸引 80 后等热衷使用互联网的新生代消费群体等课题。电视向互动、双向发展以后，运营商们也在思考，传统的"我播你看"、分发式、货架式的内容发布方式如何演进，如何利用媒体的特性，对互动电视的表现形式加以改造，使之具备媒体的属性，将媒体的精准投放和互动电视的增值业务在形式和内容上密切契合，而不单单在形式上表现为"热点"、"栏目"等，还要有媒体营销、热点推送的概念。随着互联网和 3G 的发展，传统媒体和新媒体都在思索怎样利用传统媒体和新媒体的综合优势，利用有线、无线、移动和固定终端开展全方位、多层次内容展现，最终实现同类内容在不同传播介质的强化、反射和共振，最终实现基于多平台多终端的融合互动，达到媒体叠加 1+1>2 的宣传和营销目的。

## 5.2　杭州数字电视发展现状

杭州市是国家广电总局确定的首批有线电视数字化整体转换试点城市之一。

根据杭州市委、市政府有关组建华数数字电视的指导意见，华数数字电视有限公司于 2003 年 11 月完成组建工作并投入运行。

华数数字电视有限公司利用杭州市有线广播电视网络（HFC）和杭州网通信息港有限公司拥有的宽带城域网络，在杭州市行政区域范围内开展数字电视的经营业务，并承担杭州市有线电视数字化整体转换任务。

华数数字电视秉承创新意识和市场经营理念，立足整体转换，放眼长远发展，在深入分析市场需求和行业发展趋势后，大胆决策，在国内率先创立了"广播加交互"的数字电视发展新模式，为全国有线电视数字化及数字电视整体转换工作提供了崭新的模式。

华数数字电视充分发挥数字电视平台的开放性，在提供数字电视节目的同时，积极开展信息服务等多种增值业务，如为政府提供电子政务平台、为学校提供教育培训平台、为文化部门提供文化信息共享平台、为百姓提供生活信息服务平台、为工商界提供商务平台等。利用丰富的频道资源,在提供公共服务类节目的同时,提供大量的个性化、专业化、多样化的节目内容。及时推出了在线点播 VOD、在线游戏、短信互动等娱乐服务和电子商务、电子政务和电子社区服务。在满足普遍服务的同时,根据不同的目标客户需求及时推出不同版本的节目内容包,如宾馆版(包括中文版、英语版、日语版、德语版、法语版等节目内容)等,满足个性化服务需求。

整体转换后的杭州数字电视平台,已成为城市信息化的重要基础设施之一。

华数数字电视公司目前服务市区及二区五县市共 200 万用户,提供有线数字电视、无线宽带 IP 城域网、无线移动电视等各类业务,2008 年主营业务收入 8.88 亿元。

### 5.2.1　杭州数字电视发展的特色

#### 1. 立足科技创新

有线电视数字化整体转换是一个庞大的系统工程,热点多、难点多、困难大。面对困难,必须用创新的思维统领、贯穿整个过程,以科技创新破解工作中的难题,打造具有杭州特色的数字电视整体转换模式。

杭州具有两个可运营的网络:适合开办广播式业务的 HFC 网络和适合交互式应用的 IP 宽带网络。杭州数字电视的发展模式充分体现了"交互式应用"的特点和优势,充分利用杭州独有的网络资源优势,立足增值业务,为企事业单位和个人提供了丰富多彩的交互式业务服务。通过增值业务的开发和应用,为数字电视的发展找到了一个切实可行的产业化发展思路,使产业链上的各个环节良性互动,步入良性循环的发展轨道,形成具有杭州特色的、在国内独树一帜的有线电视数字化整体转换模式。

经国家广电总局批准,华数数字电视建立了联合开放实验室,在杭州数字电视整体转换的基础之上,积极探索下一代有线电视网络的发展方向和先进技术。关注的领域有 NGN、3G 通信、IPTV、ITV、FTTH、HDTV、Cable 双向接入、WIMAX、WIFI、智能终端等。

华数数字电视在推进整体转换过程中积极探索新技术,力争走在产业和行业发展的先进行列。目前合作开发的互动电视系统、统一 Loader 管理系统、增强交互型机顶盒等科技成果,有效解决了运营及业务开展中的技术难题,保持了业内技术领先的优势,获得了行业内外的广泛认可。期间,华数曾获得杭州市级科技创新一等奖一项、浙江省级科技创新一等奖两项,并成功申请相关国家发明专利一件。

在有线电视数字化整体转换中,无论是平台建设、终端研发,还是网络改造、内容整合,杭州华数数字电视有限公司都积极引进先进技术,注重新技术、新设备的应用与推广,使系统稳定、运行优质,确保整体转换工作顺利实施。

#### 2. 标准化、集约化建设

在遵循国家、行业技术标准的前提下,华数数字电视逐步建立起了完善的企业技术规范体系,对系统建设及业务开发过程中各个环节的技术实现细节进行了规范约定,在保障整体转换及后续发展中起到了重要作用,也为公司积累了大量技术成果。

有线电视数字化整体转换投入大、受众范围广、时间短、要求高,势必需要投入大量的人力物力。如何充分利用现有网络、整合固有资源是数字电视公司面临的一大问题。在数字电视整体转换工作启动后,数字电视公司一方面采用 IP&HFC 网络构架,充分发挥已有网络平台建设成果,另一方面进行规范化建设,基于自身企业技术规范体系,吸引众多设备制造商前来广泛合作,充分竞争,既提高了产品质量,又大大降低了产品价格。通过规模采购和定制,节约了大量资金投入和人力资源成本。

### 3. 安全播出、可靠运营

有线电视数字化整体转换涉及千家万户,事关老百姓的切身利益。要十分重视系统的稳定性和可靠性,在系统方案设计中充分体现符合运营级要求的理念,建设中充分考虑设备冗余和必要的备份,使系统的自我诊断和自愈功能的不断完善,确保系统安全可靠不间断运行。

确保节目安全播出是数字化整体转换工作中必须确保的重点目标之一。要将这一原则贯穿于整体转换工作,无论是系统建设、网络改造还是终端研发,都要将确保广播电视安全播出摆到重要位置。根据数字化整体转换后的新情况,进一步完善安全播出监播技术体系,配置必要的在线测试设备和实时预警系统,将"技防"工作落到实处。

根据国家广电总局对有线电视数字化整体转换试点城市的统一要求,杭州数字电视平台完成了与总局监管平台的对接(包括 SMS、CAS、EPG、PMS 等)向上开放相关的数据,有效保障了系统的安全性。

### 4. 为市场化运作打造可赢利的产业模式

有线电视数字化整体转换是有线广播电视行业的一次革命。如果通过整体转换只是将模拟传输改成了数字传输,向用户发放了机顶盒,增加了一些电视频道,那么整体转换工作就失去了积极的意义,广电行业就失去了一次发展的机遇。整体转换的任务是要开发适合市场化运作的产品,并建立可赢利的产业模式,使有线电视在实现数字化整体转换的同时,找到一条新的发展道路和新的商业运营模式。

数字电视公司采用基本服务+增值业务的发展模式,在有线网络上通过广播业务满足大众对文化娱乐的基本要求。通过大量增值业务的开发,打造新一代家庭信息化终端,构筑城市信息化平台,将气象、医疗、教育、娱乐等多功能、全方位的资讯集中展示,为数字电视的产业化发展提供了崭新的样板。

高效的市场推广和业务运营离不开高效的后台业务支撑系统,华数数字电视在 IT 系统建设方面投入了大量人力和资金。目前已建成支持全业务运营管理的 OSS 系统、统一的增值业务管理系统、完善的呼叫中心及客服系统。基于目前的内容存储管理系统等,更加完善的媒体资产管理系统正在建设过程中。

## 5.2.2 杭州数字电视服务内容及发展规模

数字电视业务的范围不局限于娱乐,而应有更充实的信息和应用,数字电视的实质也不只是技术平台和内容,而是一种全新的、综合性的媒体形式,需要大量的业务开发及内容建设工作来实现。

　　数字电视所有的业务通过综合服务平台的统一 TV 门户(TV Portal)提供导航和引导,TV 门户如图 5.1 所示。

**图 5.1　数字电视综合服务平台 TV 门户**

　　TV 门户将数字电视综合服务平台节目和内容导航统一推送给用户,布局设计上动静结合,中间嵌入广播节目频道,提供视频导播、节目预告等服务和增值应用的窗口,TV 门户将广播电视、点播、信息化应用、游戏等应用直接向用户进行推广。已开发的业务如下。

　　(1)电视政务、公共信息、小区信息化。采集和发布政府公告、政策、及与老百姓生活密切相关的城市公共信息,供数字电视用户浏览、查询。配合小区信息化,制作专门频道。

　　(2)电视游戏节目。可提供单向和双方的游戏节目,暂以简单、平面式游戏为主。

　　(3)电视信函。通过前端控制,将信函发往指定的机顶盒,并在电视画面上显示信函标志,需要时可打开。

　　(4)电视卡拉 OK。为有线数字电视用户提供大量歌曲和音乐,满足用户的娱乐要求。

　　(5)远程教学。和教育部门合作,利用有线数字电视网开展各种学位、文凭教育或各种职业技能教育。

　　杭州数字电视收视内容由广播式数字电视内容、交互式数字电视内容和杭州城市信息化内容三部分组成。

(1)广播式数字电视内容。

基本服务：中央台、浙江、杭州加上其他地方卫视等 57 个频道和 18 个数字广播节目。

订购服务：家庭影院、电视剧场、城市体育、足球、京剧经典、音乐时尚等央视节目。

测试服务：数字电视公司用于技术测试而播放的特殊节目。

(2)交互式数字电视内容。

基本服务：生活点点通、教育充电馆、财经直通车、游乐任逍遥、政府阳光行、社区是我家。

点播服务：家庭电影院、强档电视剧、新闻天天看、娱乐全接触、体育最前线、栏目大拼盘。

(3)城市信息化内容。

为配合杭州市政府信息化发展的要求，把杭州数字电视建设成为集公共传播、信息服务、文化娱乐、通信服务、交流互动于一体的多媒体信息终端，满足人民群众多种精神文化的需求，推动家庭、城市和社会的信息化，推动文化体制改革和文化产业发展，在原数字电视提供的内容上增加丰富的城市信息化内容。

具体目前已发布的信息化内容如下。

- 电视政务：政府公文发布，政府公开会议的直播（录播），办事指南（在线受理）。
- 城市信息：分主要商家的"购物打折"信息，杭城各院线"电影演出"信息，城市"停水停电"信息，市民"常用电话"号码查询，彩票公告。
- 电视导播：杭州市区能接收的主要电视频道的导播内容。
- 电视购物：一些日常用品及小家电的电视订货服务。
- 我爱旅游：发布杭州当地旅行社旅行线路及国内各景区景点的信息。
- 美食地图：发布杭州餐饮酒店、特色菜式的信息。
- 住在杭州：杭州楼市的综合信息，含开发商、楼盘资讯等信息。
- 人车生活：杭州车市的相关信息。
- 健康在线：杭州各名医名院的相关信息。
- 交通资讯：杭州交通信息，含公交、汽车、火车、飞机。
- 杭州人才：和人事局合作发布的人才招聘信息。
- 文化教育：文化教育资讯，教育、培训的视频课件，学校、文化单位的宣传。

### 5.2.3　杭州数字电视全媒体的产业影响

不同的社会人群的工作生活各有不同的特点，一种形态的媒体很难覆盖全部人群。而且，不少人群获取信息的渠道都有自己独特的习惯：有的老年人只看报纸和电视，有的白领只看网络，有的司机和家庭主妇只看户外媒体。不同的人群之间也存在着互相影响的可能，一个人通过一个渠道看到一条信息，其家人亲朋通过另一个渠道看到信息，彼此在谈话交流中若提及此条信息，会互相认同，进而产生话题和引导行为。

针对杭州在信息服务产业上的领先优势，尤其是依托华数数字电视公司成功创立的双向交互数字电视"杭州模式"，应利用互动电视这一占领家庭的智能化终端作为全媒体全新的展示平台，使全媒体平台成为在数字电视上集合当今互联网、IT 多种应用的综合应用平台,成为本地主要政府网站和新闻网站在数字电视上的电视门户网站。同时,让电视机成为市民上网最普及和便捷的终端,充分利用数字电视终端的高普及度和低使用门槛,结合数字电视广播、交互数字电视、互联网、通信网的最新技术进展和各自的技术优势,实现融合的媒体传播渠道,打造全新的媒体形态,使数字电视成为全媒体发展的主载体和主平台。

杭州市在本地数字电视运营商华数数字电视的产业带动下,围绕数字电视相关产品的生产、检测、加工、运营形成了完整的产业链条,拥有杭州国芯、杭州摩托罗拉、华数数字电视、杭州华数等国内知名的相关厂家。杭州市在依托信息化,尤其是互动电视为平台的信息化,以信息化带动工业化方面一直走在全国前列。杭州市以全媒体平台建设任务为契机,全面加快融合互动、广义通信、融合增值业务等业务运营平台的建设,通过与互联网和通信网的互通,提升交互数字电视的价值,开创全新的媒体应用。拓展互动电视增值服务的深度和广度,开创数字电视用户到用户的全新互动方式。

为适应新时期宣传思想工作新特点,践行宣传思想工作的"三贴近"原则,应进一步加大理论教育与宣传力度,尝试开拓第六宣传媒体,利用数字交互电视这一覆盖杭州城乡的基础网络,推出"全媒体宣传平台",通过该平台与互联网和通信网互通,拓展全新的宣传阵地,极大地提升宣传的空间,通过机顶盒这一家庭信息化终端和城市信息化主平台,结合数字电视广播、交互数字电视、互联网、通信网的最新技术进展和各自的技术优势,实现融合的媒体宣传渠道。

## 5.3　杭州数字电视的发展趋势

在多年研发成果积累的基础上,华数规划了数字电视全媒体平台的框架体系,并制作了功能性的展示页面。但这距离真正的商业运营仍有不小的差距,下一步华数将在杭州市委、市政府的指导下完成以下工作。

(1)完整构建全媒体门户网站。完整地构建全媒体的电视门户网站,包括栏目规划、软件开发、展现模板建设、数据库构建、服务系统建设等。

(2)全媒体业务支撑系统的建设。建设支持全媒体的消息递送系统、信息订阅、交换系统、管理系统、计费系统等。

(3)全媒体内容支撑系统的构建。构建支持全媒体内容检索、转码、聚合、发布的支撑系统。

(4)全媒体内容整合系统的构建。构建支持全媒体内容自动抓取、筛选、数据库收录的内容整合系统。

(5)机顶盒软件的升级。对现有机顶盒软件进行升级,以支持全媒体功能。

数字电视全媒体是继互动电视后数字电视服务的又一大创新,也是传统媒体传播渠道的一次巨大变革,华数将在杭州市委、市政府的领导和支持下,抢抓机遇,迎接挑战,通过体制创新、模式创新、业务创新、技术创新,率先在杭州开创全球数字电视全媒体服务的新局面。

# 6

# 移动商务

移动商务不仅是技术的创新，也是一种企业管理模式的创新。手机、个人数字助理（PDA）和笔记本电脑等移动通信设备与企业后台连接，通过无线通信技术进行网上商务活动，使移动通信网和互联网有机结合，突破了传统互联网的局限，更加高效、直接地进行信息互动，扩张电子商务的领域，节省人力成本，使企业及时把握市场动态和动向。移动商务充分运用其移动性消除了时间和地域的限制，为电子商务活动提供便捷，使随时随地地进行信息传输和商业交易成为可能。因此移动商务是利用各种移动设备和移动通信技术，随时随地存储、传输和交流各种商业信息，进行商业活动的创新业务模式。

## 6.1 移动商务概述

移动商务由于具有先进的移动通信技术、不受时间和地点的限制、可识别、可定位、易定制化等优势，目前已经在 B2M(Business to Mobile)和 M2M(Machine to Machine)市场得到一定程度的应用。

### 6.1.1 移动商务的概念及应用

移动商务是一个内容丰富的概念，是指通过移动通信网络进行数据传输，并且利用手机、PDA 等移动终端开展各种商业经营活动的一种新电子商务模式。

如果说 2003—2008 年是移动商务的起始和第一次繁荣发展阶段，那么 2009 年的中国 3G 元年，必将是移动商务广泛应用发展的第二次春天。移动商务从最初的短信、彩信，发展到了 3G 时代的 WAP、定制终端、移动客户端等形式，服务行业也不仅仅只限于信息服务业，同时广泛涉足流通业、金融业和政府部门等。

目前，移动电子商务根据发生对象主要分为 M2M、B2B、B2C、C2C，最主要的实现方式是短信、WAP、无线射频技术等。虽然源自电子商务，但从移动互联网角度评判，却非简单的"互联网业务移动化"，因为现代科技催生的新技术使移动电子商务具备了更广阔的空间，如 RFID 技术对 M2M 意义重大。

### 6.1.2 移动商务的优势

移动电子商务与传统电子商务相比其有以下优势。

(1)商务活动随时随地，支付方便快捷。与传统的电子商务相比，移动电子商务的最大特点是"随时随地"和"个性化"。移动商务可以让人们随时随地购买彩票、炒股或者购物,感受独特的商务体验。支付方便快捷,用户可以根据不同情况通过多种方式进行付费——可直接转入银行、用户电话账单或者实时在专用预付账户上借记。

(2)商务泛在性。到2008年底,我国互联网用户已达到2.98亿,普及率达到22.6%。2008年我国移动电话用户已突破6亿,手机普及率已超过50%。显然,从普及程度来看,移动电话远远超过了互联网。而从用户群体来看,手机用户基本覆盖了消费市场中的中高端用户,相对于传统上网用户以缺乏支付能力的年轻人为主的情况,以移动电话为载体的移动电子商务不论在用户规模上,还是在用户消费能力上,都优于传统的电子商务。

(3)有较好的身份认证基础。对传统的电子商务而言,用户的消费信用问题是影响其发展的一大"瓶颈",而移动电子商务在这方面显然拥有一定的优势。由于手机号码的唯一性,可以确定一个用户的身份,因此对于移动商务而言,就有了信用认证的基础。此外,与西方国家相比,目前我国银行卡的使用率不高,商业信用体系尚不健全,个人信用体系缺位,这给移动电子商务发展提供了机遇。一些专家认为,在我国,以移动终端为载体的移动小额支付,有可能代替信用卡弥补整个社会消费信用制度的缺位,成为人们较为容易接受的新型电子支付方式。

(4)服务基于位置。移动电子商务基于移动通信网,能获取和提供移动终端的位置信息,与位置相关的商务应用成为移动电子商务的一大亮点。

(5)能够有效规避传统电子商务出现的泡沫。电子商务曾跌入低谷,一些电子商务网站之所以在上一轮网络泡沫中倒下,关键是传统的电子商务缺乏现实的用户基础,没有良好的赢利模式。与传统的电子商务不同的是,在手机钱包、手机银行等移动电子商务发展进程中,移动运营商发挥着十分重要的作用。移动运营商不仅拥有庞大的用户群,而且拥有稳定的收费关系及收费渠道。更为重要的是,近几年来,国内移动运营商已经构建起了成熟的移动数据业务发展产业价值链以及与SP(短信服务商)进行利润分成的商业运作模式,这为移动电子商务业务的发展创造了良好的条件。此外,移动电子商务发展初期将主要面向大众市场,这使得移动商务的发展从一开始就有了现实的支点。因此,在一定意义上说,移动商务可以避免传统电子商务出现的泡沫和波折。

庞大的终端用户群、有利的政策导向、电信基础设施的升级、无线互联网的蓬勃发展,都促使包括电信运营商、软件服务商、终端厂商、银行等产业链上众多成员开始涉足移动电子商务领域,产业链的各环节纷纷布局,已经形成移动电子商务加快普及应用的良好态势。特别是近期以来,全球金融危机促使电子商务在拯救企业中大放异彩,内有政府主管部门与行业主体主动加大应用推广和技术研发力度,移动电子商务将进入广泛应用期。

## 6.2　国内外移动商务的发展现状

### 6.2.1　国际上移动商务的发展现状

目前,国际上移动商务市场为数字内容所统治,除了传统的移动增值服务如铃声、游戏、墙纸、博彩、音乐下载等外,其应用领域还扩展到了票务与零售。

在欧洲和日本,用户已经对手机购票产生了一定兴趣,停车场、公交车、电影院和剧院是手机购票的主要领域。移动条形码和把 FRID 集成到手机设备中等创新技术以及消费者对使用方便的应用的需求都在推动移动门票和移动零售业务的应用。移动条形码的应用使人们购买和存储门票的方式发生了革命性的变化。

据市场研究公司 JuniperResearch 预测,到 2009 年,全球移动商务的收入将达到880 亿美元。移动门票和移动零售等行业将推动全球移动商务市场。那些熟悉购买铃声和移动游戏、配备智能手机的并且通过高速移动数据网络访问互联网的手机用户将越来越多地将其手机用于移动商务。

据该公司的预测数据显示,手机购票在 2009 年的收入将达到 390 亿美元;到 2010年,32%的日本移动用户将使用手机购买门票;到 2010 年,8700 万欧洲移动用户(占移动用户总数的 15%)将使用手机购票。全球移动支付收入在 2010 年将超过 100 亿美元。

### 6.2.2　国内移动商务的发展现状

中国是手机用户大国。据《中国手机上网行为研究报告》显示,截至 2008 年年底,中国手机用户已经超过 6.4 亿,而通过手机上网的用户数量已超过 1.176 亿,成为全球最大的移动通信市场。

和互联网其他应用的发展不同,在移动商务领域内,尤其在应用领域,中国与欧美的差距不是很大。目前移动商务的应用领域涉及移动广告、移动搜索引擎和移动钱包。

(1)移动广告。从理论上说,移动广告具有一般网络广告类似的特点,它具有很好的交互作用、可测量和可跟踪特性。同时,移动广告还可以提供特定地理区域的直接的、个性化的广告定向发布。所以,移动广告具有许多新的网络直销方式和创收方式。移动广告可以提供非常有针对性的广告服务。撰写精彩的移动广告软文可以给用户带来丰富的知识和极大的乐趣。

(2)移动搜索引擎。作为互联网应用中最有发展潜力的搜索引擎,在造就了 Google这样的商业神话后,目前正在向移动通信蔓延,Google、雅虎、微软、百度等搜索巨头先后推出了各自的移动搜索业务,再加上一些早就看好这块市场的移动增值服务商,搜索引擎的重心正在逐渐从 Web 浏览走向移动终端。与互联网搜索相比,移动搜索只要一台普通移动终端就可以随时随地搜索而不受网络限制。在搜索的方式上,移动搜索也与传统搜索有所不同,除了通过移动终端上 Internet 搜索 WAP 站点外,手机短信搜索引擎系统目前应用较为广泛。这种系统使用较为简单,用户只要通过编辑短信,发出一个关键字到手机搜索引擎服务代码,就可以搜索到需要的信息。

(3)移动钱包。"移动钱包"是一种基于服务器的无线支付解决方案,这种方案使顾客可以使用自己的移动通信设备对因特网采购进行支付。移动钱包解决方案支持多货币、多语言的功能,使跨洋购物成为可能,大大促进了移动电子商务的发展。"手机钱包"就是目前"移动钱包"常用的方式之一。"手机钱包"属于一项全新的移动电子支付和金融信息服务,它是把客户的手机号码与银行卡账号进行绑定,通过手机短信、语音、WAP、USSD 等方式,随时随地为拥有银行卡的手机客户提供个性化的金融服务。目前可以通过银行营业厅、银行网站、语音、短信以及 POS 机等方式开通服务(开通方式视开通地区与接入银行而有所不同),可办理手机查缴话费、手机理财,手机购物等多项业务,享受崭新的移动电子商务新生活。伴随着"手机钱包"业务在全国各主要城市的全面铺开,手机钱包一跃成为中国移动无线数据业务品牌的主打产品之一。

2009 年是中国 3G 移动通信的元年,众多专家表示,移动商务领域将会因 3G 牌照的发放步入加速发展的阶段。

根据艾瑞咨询发布的《2008－2009 年中国移动电子商务行业发展报告》数据表明,2008 年中国移动电子商务市场交易规模为 2.1 亿元,2009 年随着 3G 商用时代到来,以及无线与传统电子商务企业的纷纷试水,预计交易规模将达 6.4 亿元,同比增长约205％。艾瑞预计 2012 年移动电子商务交易规模将达到 108 亿元,发展潜力巨大,具体数据见图 6.1。

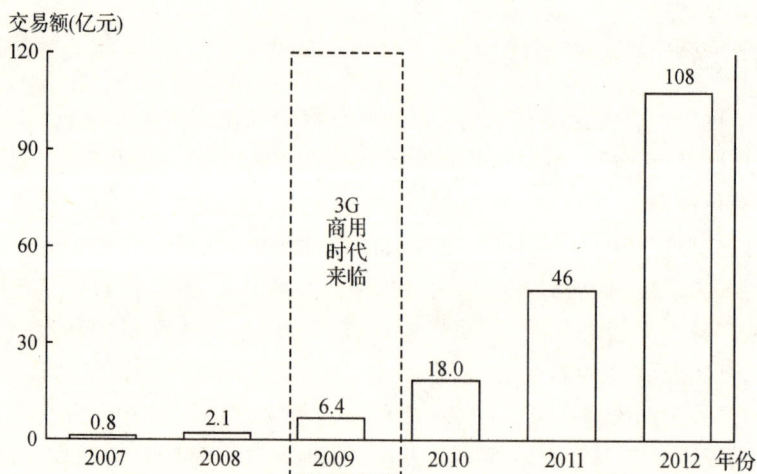

图 6.1　2007－2012 年中国移动电子商务市场交易规模预测图[1]

〔1〕 数据来源:综合运营商及专家访谈,根据艾瑞统计预测模型核算及预估数值

## 6.3 杭州移动商务的发展现状和前景

### 1. 杭州移动商务发展的基础环境

2008 年 9 月,杭州地区第一个 TD-SCDMA 可视电话在中国移动杭州分公司网络部机房内拨测成功。2009 年 2 月,在钱江新城 3G 基站,中国电信杭州分公司的第一个 CDMA 3G 电话拨测成功;中国联通杭州分公司打通首个 WCDMA 电话,同时实现手机通话两端视频图像传送及清晰显现。

2009 年 4 月,中国移动浙江公司正式对外宣布,浙江 3G(TD-SCDMA)网络开通,并启动 188 号码上市,第一批首先在杭州、宁波两地投入 G3 品牌的商用运营,预计 2009 年 10 月浙江地区其他九个地市也将陆续开通。此举标志着浙江步入 3G 时代。2009 年 5 月,中国联通杭州市分公司 WCDMA 业务启动。与此同时,中国电信杭州分公司也已基本完成基站建设,EVDO 业务已经开始正式运营。

### 2. 杭州移动商务的发展现状

杭州有着良好的电子商务发展的土壤,移动商务早在几年前就已在杭州生根发芽。2008 年,杭州移动商务企业营业收入将近 1000 万,成为杭州电子商务发展中的新生力量。目前杭州的移动商务主要有以下应用。

(1)移动电子票务。

杭州大家网电子商务有限公司是一家专业从事景区票务电子商务的网络公司。2008 年大家网开创了景区移动电子票务新模式。大家网是国内首家以电子票务交易为手段、以旅游服务为核心的大型 B2C 电子商务平台。该平台集合基于互联网的操作系统、呼叫中心、网站、支付宝、移动支付、WAP 网站、全国网关、GPRS 无线上网等技术,建成一套专业的景区 B2C 网络销售管理平台,成功实现为景区建立庞大的在线销售网络,使景区门票能够在全国范围内实现实时远程售票。

大家网自成立以来,成功地运作了 2007 杭州国际烟花大会、2007 女足世界杯杭州赛区、2007 杭州冰雪节、2008 第四届中国国际动漫节、2008 杭州国际童玩节等大型活动的票务销售工作,参与了各类大型演唱会、演出项目的票务销售,取得了良好的销售业绩,获得了业界的一致认可。

另外,大家网还是杭州乐园、印象西湖、宋城、杭州野生动物世界等杭州著名景区的一级票务代理公司。随着业务量的增长,配送工作成为瓶颈问题,经过技术研发与合作,2008 年 4 月第一张二维码手机电子票在杭州乐园景区成功使用,首次突破了门票的配送、纸张、检验等关卡,更大程度地方便了消费者的使用。大家网成为全国第一家将二维码技术和移动商务技术运用于景区票务销售的企业。目前大家网景区电子票已经在全省铺开,杭州、绍兴、宁波、湖州等地区的四十多家著名景区启用手机电子票。

(2)移动商务服务平台。

浙江信诺科技全力打造的"移动快线"电子商务第三方服务平台,立足杭州,服务全省,辐射全国,为广大的老百姓提供各项生活类的服务。截止2008年底,该平台已吸引中小企业商户1000余家,涵盖了吃、住、行、游、购、娱六大行业,囊括了杭城老百姓日常消费的大型商超、连锁便民店,如世纪联华、华润万家等。

移动快线依托移动网络,整合互联网、语音和RFID技术应用,为商家和企业构建了一个统一的服务平台。移动快线又名移动商圈,商圈内的商家和企业通过特有的智能移动终端iPOS(移动促销员),为商圈内消费者(使用酷宝卡)提供吃、住、行、游、购、娱等泛旅游和生活服务,是一种开放的、自生长的移动商业生态。

消费者通过手机、上网、电话导航三种方式,随时进入移动快线,获得方便、实惠、诚信保障的消费资讯和服务。

2009年1月移动快线发起的针对休闲行业的移动商务应用营销活动,行动触发率达到10%,比传统的0.5%的营销触发率高出20倍左右。移动快线全新的商业模式不仅能有效拉动内需,同时更能帮助杭城众多泛旅游行业的中小企业/商户。

### 3.杭州移动商务的发展前景

移动互联网是一个全国性的、以宽带IP为技术核心的,可同时提供语音、传真、数据、图像、多媒体等高品质通信服务的新一代开放的通信基础网络,是国家信息化建设的重要组成部分。随着移动通信技术和业务的发展,移动通信与互联网将正在逐渐走向融合。中国手机庞大的用户量、3G的到来,都孕育着今后几年中国移动互联网市场的巨大发展机会。

移动商务的发展前景如下:

①移动WAP2.0将改变人们的生活、工作方式;②无线网站将成为移动互联网发展的热点;③移动搜索提供基于移动互联网的精准营销平台;④手机二维码促进跨媒体营销的发展;⑤与互联网融合成为手机游戏的发展趋势;⑥传统邮箱将向手机邮箱演进;⑦3G时代将推动手机电视的发展;⑧移动定位成为3G时代非常有前景业务。

# 7

# 软件服务与 SaaS 模式

## 7.1　SaaS 概述

### 1. SaaS 简介

SaaS 是 Software-as-a-Service(软件即服务)的简称,它是一种通过 Internet 提供软件的模式,用户不再购买软件,而改用向提供商租用基于 Web 的软件来管理企业经营活动,且无需对软件进行维护,服务提供商会全权管理和维护。对于许多中小型企业来说,SaaS 满足了企业购买、构建和维护基础设施和应用程序的需要。用户可以根据自己的实际需求,通过向服务提供商租用所需的应用软件服务,并按照租用服务的多少和时间的长短向服务提供商支付费用,同时通过互联网获得服务商提供的相关服务。SaaS 正逐渐成为中小企业实现低成本信息化的新途径。

和传统软件相比较,SaaS 主要有以下几个优点。

(1)没有大笔的软件授权费用,通常是按月收取费用;其中月租费包含了服务和升级两项费用。

(2)除了个人电脑和互联网连接之外,客户不需要进行其他的 IT 投资。

(3)通过互联网,多个公司可以多重租赁一套服务器、软硬件设备。

同时 SaaS 在保证软件多重租赁的情况下,在技术上仍然可以实现良好的定制化和扩展性。通过客户个性化业务流程,以及 SaaS 集成在线开发平台,可以实现良好的定制化;而 SaaS 的扩展性则通过跨界混搭,参数应用以及集成器应用等方面实现。

### 2. SaaS 的服务及产品

SaaS 还有狭义定义:只针对企业用户,以租用方式通过互联网向厂商订购所需要的应用软件服务来进行企业的组织经营活动,按订购服务的多少和时间长短向厂商支付费用。根据不同软件的功能实现,SaaS 可分为管理软件、企业建站、企业在线 OA、企业在线通信等类型。

• 管理软件:包括 CRM、ERP、进销存管理、财务管理、供应链管理、人力资源管理等软件。

• 企业建站:包括虚拟主机、安装软件、设计网页、推广网站等。

• 企业在线 OA:公文流转、流程审批、文档管理、制度管理、会议管理、车辆管理;联系人管理、身份认证等。

· 企业在线通信:包括企业邮箱、企业短信、网络会议、即时通信等。

· 其他:包括 CAD、辅助工程计算、图片编辑、网络安全等。

总的来说,现在市场上主要有以下两类 SaaS 产品:①工具型 SaaS 产品,在线翻译、在线游戏、在线建站、在线杀毒等;②管理型 SaaS 产品,在线 ERP、在线 OA、在线 CRM、在线 HR 等。

## 7.2 SaaS 概况

### 7.2.1 全球 SaaS 概况

根据市场分析机构 Gartner 的研究报告,全球 SaaS 市场收入预计 2009 年会达到 96 亿美元,比 2008 年的 66 亿美元的收入增长 21.9%。该市场将会持续增长到 2013 年,预计 2013 年全球 SaaS 市场收入将会达到 160 亿美元。到 2013 年,40% 的电子商务 网站将使用一个完整的 SaaS 解决方案;90% 的电子商务网站将至少订购一项基于 SaaS 的服务,如产品评审、产品介绍或社会销售能力。

据美国市场分析机构 Evans Data 发布的调查报告称,2009 年全球开发者中将有半数以上转向 SaaS 应用的开发。据 IDC 分析,在未来 3~4 年内,在所有新的软件销售中,SaaS 模式的市场份额将占到 27% 左右。

根据艾瑞咨询《2007—2008 年中国中小企业 SaaS 管理软件行业发展报告》研究发现,全球 SaaS 在线管理软件市场以 ERP 和 CRM 为代表,预计 2008—2011 年每年增长率将超 100%;2010 年,CRM 营收规模将达 16.8 亿美元,ERP 将达到 12.6 亿美元,具体数据如图 7.1 所示。

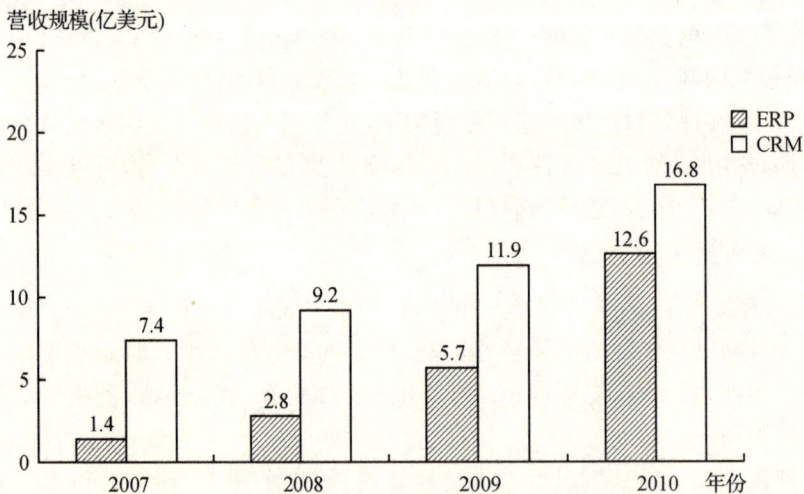

图 7.1　2007—2010 年全球 SaaS 市场发展预测[1]

〔1〕　数据来源:Experton Group 2007. iResearchlnc., www.iresearch.com.cn

　　由图 7.1 可见,全球 SaaS 在线管理软件整体发展稳定,未来全球 SaaS 在线管理软件将越来越受到企业用户的关注,企业将逐步采用 SaaS 模式进行企业信息化管理,这也将为企业带来更多的应用价值。

　　随着 IBM、微软、Amazon、Google、Zoho 相继进入 SaaS 在线应用软件市场,将有助于 SaaS 市场的繁荣,同时,竞争也将加剧。知名 IT 服务企业进入 SaaS 市场主要原因是在线应用软件比传统软件提供商有较大的成本和维护优势,在运营管理上更加灵活和节约成本;同时,也能帮助其覆盖长尾客户,增加自身的赢利能力,有助于 IT 服务提供商在全球经济下滑的态势下,找到一条适合自身的发展路径。

### 7.2.2　中国 SaaS 概况

　　(1)总体情况。

　　根据计世资讯(CCW Research)的研究,2008 年中国 SaaS 市场规模达到 198.4 亿元,比 2007 年 157.5 亿元增长了 26.0%。其中,工具型 SaaS 市场规模为 190.5 亿元,市场增长率为 24.5%;管理型 SaaS 市场规模为 7.9 亿元,市场增长率为 75.6%。

　　由易观国际发布的《中国 SaaS 市场趋势预测 2008－2011》研究显示,到 2011 年,中国 SaaS 市场规模将达 528 亿元,市场增长率为 63.5%,如图 7.2 所示。

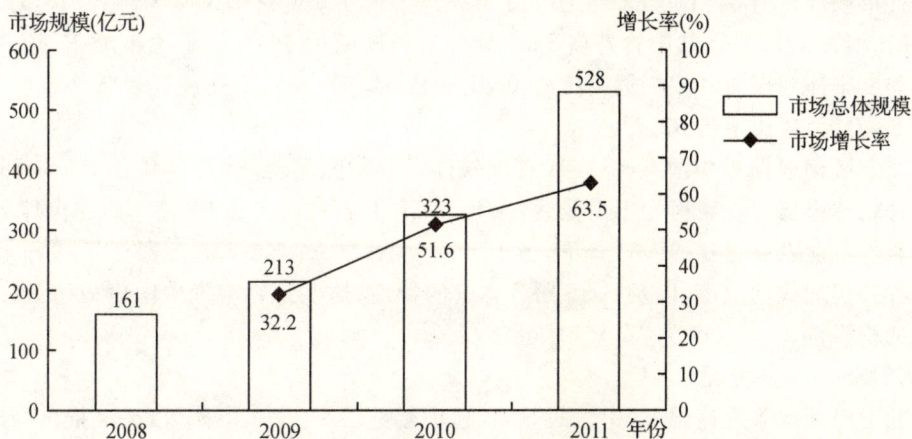

**图 7.2　2008－2011 年中国 SaaS 市场规模趋势预测** [1]

　　2008 年季度增长率均保持在 30% 以上,2008 第 4 季度市场规模会达到 63.88 亿元,全年市场规模将达到 161 亿元,具体数据如图 7.3 所示。

〔1〕　数据来源:易观国际・Enfodesk,www.enfodesk.com,www.analysys.com.cn

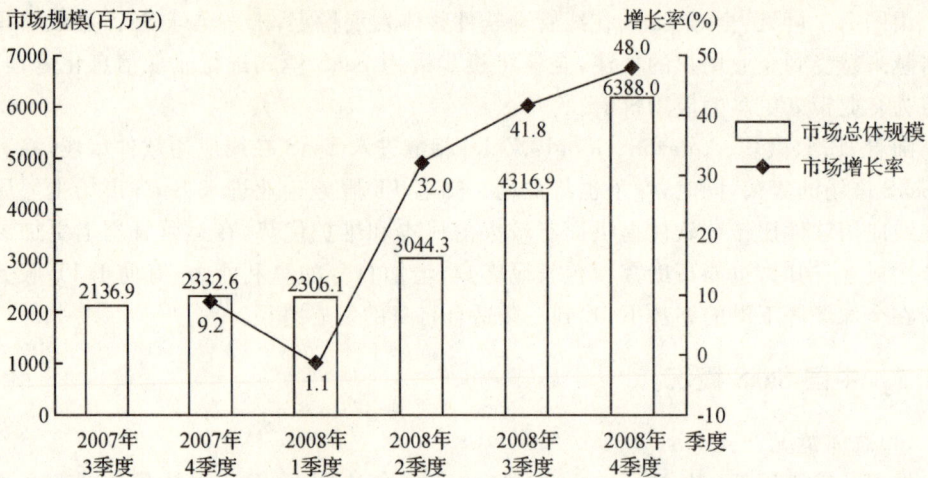

图 7.3　2007Q3－2008Q4 中国 SaaS 市场规模/增长率[1]

由易观国际数据显示,中国 SaaS 市场 2008 年第 1 季度整体规模达到 23.06 亿人民币,环比下降 1.1%。其中管理型 SaaS 软件市场规模达到 22.6 百万元人民币,环比增长达到 10.58%。第 2 季度整体规模达到 30.44 亿人民币,环比增长 32%。其中在线管理软件市场规模为 3581 万元,环比增长 41.8%。第 3 季度整体规模达到 43.16 亿人民币,环比增长 41.8%。其中管理型 SaaS 软件市场规模为 5361 万元,环比增长 49.7%。第 4 季度整体规模为 61.97 亿人民币,环比增长 43.6%。其中在线管理软件市场规模为 8456 万元,环比增长 57.7%。

艾瑞咨询根据对中国 SaaS 在线管理软件行业研究发现,2007 年中国 SaaS 行业在线管理软件市场营收规模为 1.1 亿元,预计 2011 年营收规模达 61 亿元。在全球 SaaS 管理软件行业发展迅猛的大背景下,加上 Salesforce.com、Kenexa 等国外知名 SaaS 管理软件公司的成功上市,以及 SaaS 服务本身的特性,这些都将激发中国更多的 SaaS 运商营的积极性。

(2)SaaS 企业情况。

相对于美国等发达国家,中国的 SaaS 起步相对较晚。2004 年,XTools 推出国内首个即需即用托管型软件 XToolsCRM(www.xtools.cn),标志着 SaaS 在中国正式起步。但是,SaaS 的发展初期,主要是针对大型企业所做的 CRM 解决方案。随着我国中小企业的发展,对管理信息化的需求与日俱增,众多 SaaS 厂商纷纷把目光转向了中国的 4200 万中小企业这个庞大的用户群体。

当前,国内 SaaS 产业软件运营主要有两种模式:①以自身产品为核心进行运营,以金算盘和铭万为代表的围绕电子商务提供关键性应用和 Salesforce.com、800APP 为代表以在线 CRM 为核心应用切入到 SaaS 市场。②作为在线软件服务的第三方平台,依赖于合作伙伴提供相关应用从而构建在线软件服务的生态系统,以阿里软件互联平台、中国电信的商务领航和神码在线为代表。

---

〔1〕　数据来源:易观国际·Enfodesk,www.enfodesk.com,www.analysys.com.cn

　•主要 SaaS 企业。艾瑞咨询经过对中国 SaaS 行业研究发现,中国目前该行业的运营商主要有阿里软件、铭万、800 客、金算盘、Xtools、友商等,占整个 SaaS 行业近 70%市场规模。表 7.1 为中国的 SaaS 主要企业。

表 7.1　中国 SaaS 服务潜力排行榜 TOP30[1]

| 序号 | 厂商 | 产品 | 产品创新度 | 市场接受度 | 产品成熟度 | 研发投入度 | 总分 |
|---|---|---|---|---|---|---|---|
| 1 | 金算盘 | 亿禧网(基于 SaaS 的全程电子商务平台) | 29.5 | 28.5 | 19.4 | 19.8 | 97.2 |
| 2 | 阿里软件 | 钱掌柜 | 29.2 | 29.3 | 18.7 | 19.2 | 96.4 |
| 3 | 中国电信商务领航 | 基础通信、增值应用 | 29.1 | 28.9 | 19.2 | 18.2 | 95.4 |
| 4 | 神码在线 | webex 网络会议、客户关系管理 | 29.1 | 28.7 | 19.3 | 18.2 | 95.3 |
| 5 | Salesforce | AppExchange | 28.9 | 28.2 | 18.8 | 19.3 | 95.2 |
| 6 | 富基标商 | SaaS 化供应链租赁平台、SaaS 租赁项目管理体系 | 28.8 | 28.7 | 18.9 | 17.9 | 94.3 |
| 7 | 金蝶友商网 | 在线储钱罐 | 28.1 | 27.9 | 18.1 | 17.2 | 91.3 |
| 8 | 微软 | Microsoft Dynamcis AX 2009 | 28.2 | 28.2 | 17.9 | 16.9 | 91.2 |
| 9 | IBM | 流动行业解决方案 | 27.8 | 28.3 | 17.5 | 16.7 | 90.3 |
| 10 | 思科 | 社交软件平台 Eos | 27.5 | 27.9 | 17.8 | 16.5 | 89.7 |
| 11 | 任我行 | 管家婆 SaaS | 27.3 | 27.5 | 17.9 | 16.2 | 88.9 |
| 12 | 美髯公软件 | 网上审批系统、政府信息资源中心 | 27.1 | 27.2 | 17.9 | 15.9 | 88.1 |
| 13 | 800 客 | 800APP | 26.9 | 27.3 | 17.8 | 15.6 | 87.6 |
| 14 | XTools | XTools CRM | 26.9 | 27.1 | 17.5 | 15.3 | 86.8 |
| 15 | 中企动力 | 数商 ZZ 邮局 | 26.5 | 26.3 | 17.9 | 15.1 | 85.8 |
| 16 | 用友伟库网 | 客户营销网上进销存网上财务 | 26.3 | 26.1 | 16.9 | 15.1 | 84.4 |
| 17 | 铭万 | 销售管理软件、客户关系管理软件、办公管理 | 25.9 | 26.1 | 16.5 | 14.9 | 83.4 |
| 18 | G-NET | 全时会议中心 | 25.9 | 25.8 | 16.3 | 15.2 | 83.2 |
| 19 | 欧乐科技 | All-in-web 外贸管理软件 | 25.6 | 25.3 | 16.5 | 14.9 | 82.3 |
| 20 | 恩特科技 | 外贸客户资源管理系统 | 24.9 | 25.1 | 16.2 | 14.7 | 80.9 |
| 21 | 同徽科技 | XSaaS 信息化平台 | 23.7 | 24.9 | 15.8 | 14.7 | 79.1 |
| 22 | 金科贸通 | 国际贸易管理(GTM)平台 | 23.7 | 24.6 | 15.6 | 14.5 | 78.4 |
| 23 | 百会网 | 百会在线电脑、百会 CRM | 23.6 | 24.7 | 15.8 | 14.1 | 78.2 |
| 24 | 辽宁众信 | 协作办公平台、并联审批平台 | 23.2 | 24.5 | 15.4 | 14.1 | 77.2 |
| 25 | 点逸在线 | 点逸办公、点逸 CRM、考勤管理 | 23.1 | 24.1 | 14.8 | 14.7 | 76.7 |
| 26 | 积木软件 | AppAny 平台 | 22.8 | 24.2 | 14.6 | 14.3 | 75.9 |
| 27 | 风云在线 | 协同办公、人力资源管理企业版、外贸行业 CRM | 22.6 | 23.7 | 14.3 | 13.9 | 74.5 |
| 28 | 无限精准 | 网务通 | 21.9 | 22.6 | 14.1 | 13.9 | 72.5 |
| 29 | 富基融通 | SaaS 供应链解决方案 | 21.4 | 22.3 | 13.9 | 13.8 | 71.4 |
| 30 | 甲正科技 | 甲正 ERP | 21.1 | 21.9 | 13.4 | 13.2 | 69.6 |

〔1〕 来源:互联网周刊

•管理型 SaaS。2008 年是中国管理型 SaaS 市场发展最快的一年,全年季度增长率均保持在 30％以上,2008 年第 4 季度市场规模达到 8456 万元,季度市场增长率达到57.7％。图 7.4 为中国管理型 SaaS 主要厂商的地位。

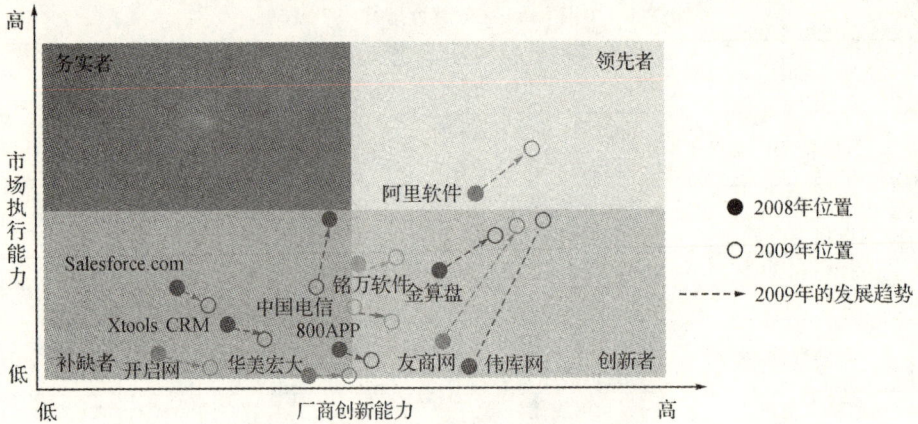

**图 7.4　中国 SaaS 管理型厂商实力矩阵**[1]

根据有关数据显示,2008 年阿里软件互联平台拥有注册用户数 286 万,ISV 企业249 个,个人注册开发者 1.9 万个,当前平台上有 390 个软件应用,正在开发者注册软件数 1.35 万个。2008 年金算盘 72 亿禧网实现注册用户数 16.9 万,金蝶友商网注册用户数也突破 10 万。2008 年管理型 SaaS 市场厂商收入如图 7.5 所示。

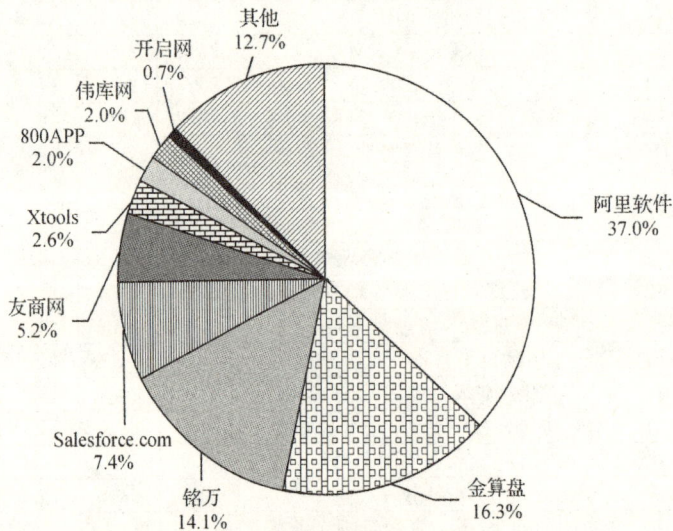

**图 7.5　2008 年管理型 SaaS 市场厂商收入分析**[2]

注:总体收入数据统计中未包含阿里巴巴协同销售阿里软件外贸版软件产品,全年预计达到 2158 万元,也不包括金算盘区域电子商务平台和资金管理系统 SaaS 应用部分收入约 4000 万元;另外伟库网自 2008 年 10 月开始业务推广,收入统计仅为 2008 年第 4 季度。

〔1〕　数据来源:易观国际•Enfodesk,www.enfodesk.com,www.analysys.com.cn
〔2〕　数据来源:易观国际•Enfodesk,www.enfodesk.com;www.analysys.com.cn

2008 年中国管理型 SaaS 市场规模达到 2.02 亿,其中阿里软件以 37％的市场规模领先,金算盘以 16.3％的市场规模居第二。

(3)小结。

总的来看 2008 年是 SaaS 市场充分竞争、深入发展的一年。越来越多的业界人士意识到,SaaS 是软件业的一个无可争议的发展方向,是中国软件市场重新洗牌的一个重大机会。易观国际认为当前我国 SaaS 产业处于发展的初级阶段,尽管已形成相对完整的 SaaS 产业链,但尚未发展到用户需求驱动的发展阶段,市场参与厂商数量有限,提供的软件产品应用和服务的种类还远不够丰富,产业链还未形成良好的互动,还有待于产业生态圈的进一步繁荣。目前,国内 SaaS 还处在群雄割据的时代,SaaS 推广到中小企业仍然需要努力。

# 7.3　杭州发展 SaaS 的软件业基础

中小企业是 SaaS 天然接受者。浙江省中小企业企业数量大、规模小、行业和地域分布广、发展水平参差不齐,决定了他们信息化需求多样化、复杂性高,而 SaaS 的"规模化、低成本"能很好地满足中小企业这个长尾市场的软件需求。

杭州发展 SaaS 软件服务有比较好的基础。杭州软件起步早,在国内有一定的知名度,尤其是行业应用软件,在国内具有明显的优势,2008 年杭州市软件业务收入 350.59 亿元(其中电子产品制造业嵌入式软件收入 61.54 亿元,同比下降 7.24％),同比增长 16.84％;实现利润 51.11 亿元,同比增长 41.03％;实现软件出口额 5.311 亿美元(其中软件企业软件出口 2.811 亿美元,同比增长 40.55％),同比下降 2.19％。

杭州在取得了国家电子信息产业基地、国家软件产业基地、国家集成电路设计产业化基地、国家服务外包基地等基地,国家信息化综合试点、电子政务示范、国家电子商务示范城市,2008 年又取得了"中国电子商务之都"荣誉称号。

杭州市市委、市政府对杭州软件发展非常重视,从 2009 年起每年安排 4500 万元信息服务业专项资金支持杭州软件产品的研发、互联网经济的推广应用。

截至 2008 年底,累计软件企业认定 714 家,累计软件产品认定 3956 件;到目前,我市共有 88 家企业通过了 CMM/CMMI(Capability Maturity Model,软件能力成熟度模型/Capability Maturity Model Integration,软件成熟度模型集成)、"双模"评估;有 15 家企业列入国家规划布局内的重点软件企业(全国 186 家);19 家以软件为核心的信息产业企业上市;累计有 21 个软件产品获得"中国优秀软件产品";2008 年有 25 个产品获得浙江省和杭州市名牌产品。

2009 年有 13 家企业进入全国软件百强(占 13％),有 2 家企业进入中国自主品牌软件十强(占 20％)。

2009 年 1—5 月,信息服务业实现主营收入 149.48 亿元(含电子制造业嵌入式软件 3.9 亿元),同比增长 2.26％;实现利润 25.44 亿元,同比增长 22.94％;软件业务出口额 14707 万美元,同比增长 9.65％;电子商务服务收入 16.91 亿元,同比增长 30.03％。

2009年1季度通过CMMI三级评估的企业2家,累计76家;认定软件企业29家,累计743家;认定软件产品187件,累计3956件;新认定培训机构14家,培训班53期,大学生实训1223人。

我国中小企业数量多、分布广,4000万家的中小企业的信息化需求不同,而且因为成长迅速,中小企业大多业务灵活性强,企业规模变化快,很难制订并执行一个特定的IT战略规划。传统的信息化建设方式无法满足中小企业的个性化需求。以SaaS为代表的新型IT应用模式在近几年的飞速发展,为中小企业提供了一条新的信息化道路。发展SaaS是杭州软件产业发展到现阶段的一个主要的发展方向和趋势。杭州市在已有软件产业的基础上,结合浙江省中小企业云集的特点,发展SaaS具有天然的优势。

## 7.4　杭州部分SaaS企业

### 1.阿里软件

阿里软件是阿里巴巴集团的子公司之一,致力于为中小企业提供买得起、用得上、用得好的在线软件服务。阿里软件基于国际最新的SaaS模式充分利用互联网,让中小企业用户对软件先尝试后购买,用多少付多少,无需安装,即插即用,低成本在线软件。同时,还可根据行业、区域轻松为用户做大规模需求定制,用更为实惠的软件服务形式大大降低了中小企业管理软件使用门槛,让他们轻松拥有和大中型企业同台竞争的武器。阿里软件以63.7%的绝对优势稳居行业第一,而排名第二的厂商仅占据6.3%的市场份额,阿里软件以10倍显著优势成为中国SaaS市场无与伦比的领导者,其用户超过中国SaaS市场上其他所有同类厂商用户数量总和。在2008年,阿里软件已经通过地方政府的支持,在江苏、浙江、广东等地区大力布局。例如,阿里软件在2008年年底签署了与南京市政府的合作计划,在南京建立以SaaS应用为代表的"云计算中心"。

数据显示,截至2008年6月Alexa全球SaaS厂商世界排名如下:Salesforce,阿里软件,铭万,金算盘,中企动力,神码在线,商务领航,友商网,800客。国内SaaS厂商阿里软件居世界第二,仅次于世界SaaS巨头Salesforce。

2008年7月,阿里软件发布"123计划",成立"软件互联平台"投资者联盟。5年内用10亿元培育国内在线软件服务市场,并计划实现软件互联平台200亿元的总服务收入,并且帮助30家软件开发商具备上市资格。

2009年3月阿里软件发布产品"钱掌柜",并宣布正式进入管理软件领域,承诺未来3年投入10亿免费中小企业推广管理软件,目标是3年内使中小企业管理软件普及率从10%提升至40%,帮助国内中小企业"过冬"。阿里软件"钱掌柜",包含"财务、进销存、客户关系管理"企业管理三大核心应用。并承诺3年内从软硬件采购、软件升级到服务培训的全面免费,让中小企业无须投入即可实现管理体系全面转型升级。到2009年4月底,注册并激活使用的中小企业已经超过20万家。

### 2.其他企业

浙大恩特软件科技有限公司成立于2002年2月,是杭州高新区内企业、国家认定的"软件企业"。公司立足于中国外向型企业的管理软件系统的设计、研发和咨询服务。经过 6 年多的发展,公司已经拥有了"外贸客户资源管理系统"、"外贸业务管理系统"、"网络办公管理系统"、"外贸企业进销存管理系统"等一系列专门面向外贸行业的管理软件。其中,"浙大恩特外贸客户资源管理系统"采用 SaaS 模式,将应用软件统一部署在自己的服务器上,客户可根据实际需求,通过互联网向厂商订购所需应用软件服务,并通过互联网获得厂商提供的服务。

杭州国迈电子科技有限公司作为 800 客 SaaS 企业管理软件在杭州的唯一总代理。800 客 SaaS 企业管理软件是一款可以完全按照客户要求随意定制,并且不需要企业投入任何硬件,还可以在使用中随时增减、修改模块和应用,完全满足企业需求的国际最新模式的企业管理软件。800 客拥有全球首个中文应用软件在线开发平台(800APP NATIVE)。在线开发平台为用户提供了一个完整的在线企业管理软件开发环境。800APP 在线开发平台用户可以不用使用任何计算机编程语言,根据自己的需求,在800APP 平台上在线开发并运行管理软件,个性化设置自己的用户界面、数据模型、功能模块与权限级别。800 客到目前共有 2500 多家收费客户,注册客户数量为 11 万。杭州国迈电子科技有限公司现通过杭州市企业家协会、杭州市企业家联合会向杭州企业赠送 200 套价值 40 万的 800 客中小企业标准版软件免费使用权限供企业试用。

杭州合众软件有限公司成立于 1999 年,专注于行业管理软件开发和互联网应用,成功地将两者优势结合成双赢的软件远程租用模式。博远神州行是博远(杭州神助软件有限公司)推出的新一代 SaaS 模式的服务产品,它秉承了博远软件多年来的行业积累,选用了博远软件的通用业务模块,采用软件租用、数据托管的模式,推出的一套基于互联网的手机销售管理系统。杭州智宽网络科技有限公司目前引进了很好的 SaaS 产品,南京腾商网络科技有限公司的视频会议室和光芒国际的 cdn。杭州市内还有杭州万格网络科技有限公司、杭州快鱼科技有限公司等一系列软件公司朝 SaaS 的方向迈进。

2009 年 5 月,微软与杭州市政府签订合作协议:合作面向开发者推出 SaaS 平台,即"软件开发创新服务平台"。利用该系统,软件企业不需要再购买单独微软的开发软件,而是通过租用杭州市政府搭建的开发平台,直接可以使用微软全套的开发工具,降低了成本。微软将在杭州建美国本土以外的首个"云计算"中心,开发新的应用程序和商业模型,使杭州成为微软公司面向浙江省乃至全国的技术支撑、人才培训及技术交流平台。此外,微软还计划向杭州市的初创企业提供折扣率较高的软件,双方合作建立"杭州师范大学—微软 IT 学院",推动杭州市软件外包产业,举办 2010 年创新大赛和2010—2012 年大学生创业大赛。

3. 小结

不管从杭州软件企业来看,还是传统企业,杭州都有不俗的实力。从阿里软件成长为国内 SaaS 领域的龙头企业到微软落户杭州来看,杭州市有很好的 SaaS 企业发展环境。杭州在 SaaS 领域会扮演越来越重要的角色。在杭州市诸多软件企业里面,逐步有SaaS 产品的出现。相信未来几年内有更多的杭州企业朝着 SaaS 的方向蓬勃发展。

## 7.5　发展趋势

随着SaaS技术的不断成熟,中国企业对于SaaS模式的认识也在逐渐改变。2008年,SaaS市场经历了一个较快的发展时期,电信运营商、传统管理软件厂商、电子商务提供商、IT服务厂商、互联网基础运营商等纷纷进入这一市场。无论是金蝶、金算盘、用友等传统软件厂商的SaaS业务,还是阿里软件、风云在线以及神码在线等SaaS服务运营平台,2008年基本都在忙于搭建基础架构、增添SaaS应用。

根据计世资讯公布的一项调查,超过半数的SaaS企业2008年收入达到预期。对于2009年SaaS的发展,超过59%的SaaS企业表示乐观。

根据计世资讯的资料,2006年中国软件运营服务产业的规模为68亿元,其中,主要贡献来自于工具型软件运营服务,管理型软件运营服务产业规模只有1.38亿元,仅占2%。预计到2011年,中国软件运营服务产业规模将达到283亿元,未来五年的复合增长率达到33%。管理型软件运营服务产业的增长将非常迅速,未来五年的复合增长高达83%,2011年的产业规模将达到28亿元,市场发展潜力巨大。从当前中国SaaS市场的发展来看,尚处于商业模式发展的第一阶段,成功的商业模式还待有一步探索。

《杭州市服务外包发展战略与产业规划》,到2015年,杭州要成为"国际知名的金融服务外包交付中心"、"国内领先的软件外包开发中心"和"中小企业的托管应用管理中心",产业规模达到1500亿—2000亿元人民币。杭州欲将打造国内的SaaS产业中心。杭州市政府希望在未来中国信息产业发展进程中杭州扮演更为重要的角色,成为中国信息技术模范城市,走一条有杭州特色的SaaS发展之路。

# 8

# 其他类型

本章将着重阐述网络社区、网络通信,以及基于互联网的物流的基本概念及其发展。

## 8.1 网络社区

目前,网络社区的发展非常迅速。网络社区是一种十分常用的互联网用户服务,也可以说是一种通过互联网建立的虚拟社区,它把有共同兴趣的网民聚集到一起来进行信息交流和一系列商务活动。

### 8.1.1 网络社区的概念和组成

通过网络社区,企业可以更大范围地搜索消费者和传播对象,分散的潜在客户也得以聚集。在目前"需求—搜索—行动—共享"的消费模式中,网络社区信息及时交流的优点更能得以体现。

许多网络社区的营销是在企业的网站,以会员俱乐部的形式,与用户进行沟通交流。网络社区是企业与会员之间、会员与会员之间进行交流的一个非常好的平台。现在已经有相当多的企业把这种类型的俱乐部加入到企业电子商务的赢利模式中去。客服、技术支持、产品促销、产品信息的发布,企业都可以通过网络实现。

网络社区的组成一般包括论坛(BBS)、聊天室、讨论组、留言系统和博客等。

(1)论坛,也称为电子公告板,大量的信息交流都是通过它完成的。论坛中一般都会有特定范围的主题,会员可以发布帖子,或者回复帖子来发表自己的意见,提出自己的疑问,这是虚拟网络社区十分核心的功能。另外,有些论坛设有专门的广告免费发布区,会员可以充分利用这些机会宣传自己的产品,也可以参与一些和自己产品有关的问题的讨论,通过和别人讨论或解答问题,达到间接推广产品的目的。

(2)聊天室,在线的会员之间可以进行实时信息的交流,可以得到快捷的回复,对相互感兴趣的信息可以快速地交互传递。

(3)讨论组,如果一组成员需要对某些话题进行交流,通过基于电子邮件的讨论组会觉得非常方便,而且有利于形成大社区中的专业小组。

(4)博客,网络日志,是一种个人传播自己思想,带有知识集合链接的出版方式。

### 8.1.2　网络社区的分类及典型举例

网络社区通常可以分成综合性社区和专业社区。这两种社区又会根据他们各自特定的主题进一步进行区块的划分。

综合性社区的区块比较丰富,它包含了生活、情感、文学、电脑、股票、音乐、新闻等各种区块,它往往能吸引更多的浏览量和人气,吸引各种人群的目光。用户可以在其中特定的区块进行商务活动,也可以通过网络广告等获得赢利。

专业性社区的赢利模式更加直接,直接吸引一些目的性较强的客户。这类论坛的会员一般都是该主题的潜在购买者。除了门户网站之外,其他的一些专业网站或者是企业网站,在创建社区时通常会选择专业性社区。

搜狐的 chinaren.com 属于专业型社区,定位于在校高校生,以及刚步入社会的青年人。Alibaba.com 是属于网上商人社区,根据行业性质划分为不同的类型。

网络社区的商业价值体现在如下方面。

(1)网络社区可以推广自己的产品,吸纳潜在的客户。在网络社区平台中,会员与企业之间可以更近距离地沟通,更容易得到会员的信任与支持。一方面,由于企业品牌本身就已经受到认可,具备一定影响力,因此通过网络社区完全可以最大范围地聚拢顾客和关注品牌的人群。网民在浏览网络社区时,对企业有了更深的了解,从而可以发展成真正的客户群。另一方面,企业也可以听取客户对产品、对企业品牌的意见和疑问。企业可以开展在线调查,对客户满意度有更加全面的了解。一般来说,许多访问者进行网上调查的积极性很低,即使提供一定的激励措施,效果也不大。但是,如果利用好BBS 还有聊天室的功能,访问者的积极性会有所提高,产品的反馈意见、满意度等数据也更容易获得。而且,在网络社区进行这类调研,成本低、效率高。

(2)网络社区也能增进不同企业间的学术交流与合作。同时,也可以间接了解到竞争对手的营销策略、发展状况、产品信息,从而对自身企业的营销策略进行完善和改进。

(3)因为有了聊天室、博客、论坛等板块,浏览者找到自己感兴趣的内容,因此他们愿意重复登录该网络社区,一些对企业对产品的争议和疑问也可以及时解决。这时留言板、聊天室充当了客户服务的功能。

网络社区按照功能不同可以大致分为三类:市场型、服务型和销售型。

市场型社区主要是 B2C 的,新型的企业适合建立市场型网络社区,如 SONY 公司和可口可乐。因为消费者追求生活和文化,而不是某一个产品。目前来说这样的企业社区使命是文化传播和市场推广。

服务型社区主要提供专业售后服务和技术支持。例如西门子的社区拥有本地化工程师对 FAQ 的支持,社区不直接回答顾客,很多是作为信息源。顾客常问什么问题,具体如何解决,多次筛选和精练后定期发给在线用户。偏技术性和专业性的企业比较适合建设此类社区。这样可以在很大程度上降低服务成本,提高效率和顾客满意度。

销售网络社区目前成功的很少,消费者越来越理性,到了社区只会浏览售前讨论和售后评论,不太会留言,这样不利于企业辨别用户需求和购买意向。企业网络社区销售功用普遍很难推进。

### 8.1.3 杭州网络社区发展现状

杭州正在打造"生活品质之城"，先进、休闲的生活理念造就了杭州众多著名网络社区。

杭州都快网络传媒有限公司旗下的 19 楼网络社区是致力于提供快速、贴心、有效的城市生活资讯、消费购物、人际交流一体化服务的新媒体互动平台；也是我国首创的同时拥有网络公共会所、私人圈子、个人空间、社区银行、商业区、互助公社等社区功能的全新"网上城市"。在网友们的心目中，19 楼空间是一座真实、丰富、温暖的网上家园。目前 19 楼空间拥有 350 万注册用户，日均页面访问量达 1000 万，每日独立访问用户达 70 万，并且正以爆炸式的速度发展。

19 楼目前共有 20 多个社区。其中，房产楼市、家居、拉风一派、婚姻课、时尚沙龙、美食、亲子乐园、旅游休闲等都是 19 楼最具人气的也是全国同类论坛中最具人气的论坛之一。19 楼的注册用户中，70%以上为女性用户，90%左右为 20～35 岁的都市主流消费人群。

2007 年 3 月，在信息产业部、中国互联网协会等部门举办的年度网站评选中，19 楼空间被评为 2007 中国最具投资价值网站 100 强。2008 年 2 月，在全球搜索巨头 Google 的城市搜索关键词榜单中，19 楼被认定为杭州最有影响力的网络社区。2008 年 3—4 月，19 楼同时获得 2008 年度杭州生活品质点评的三项大奖：年度文娱生活现象、年度数字人物（集体）、年度休闲生活现象。

以 19 楼为代表的杭州网络社区正在蓬勃发展，2008 年杭州各网络社区经营收入达 6000 多万，成为杭州互联网经济中的一大亮点。

## 8.2 网络通信

### 8.2.1 网络通信和即时通信的概念

网络通信是为了适应信息社会的客观要求，伴随着计算机技术和通信技术高速发展并相互结合而产生的，一种以互联网为平台的各种信息交流的手段。随着网络通信技术的飞速发展和广泛普及，其应用已经渗透到社会工作的各个角落和生活的多个领域，使人类社会的思维方式、生活方式以及时空概念等多方面都发生了深刻的变化。

即时通信简称 IM(Instant messaging)，它是一种面向终端使用者的网络沟通工具，使用者可以通过安装了即时通信的终端机进行两人或多人之间的实时沟通。交流内容包括文字、界面、语音、视频及文件互发等。

人们日常生活、工作中通常应用的即时通信手段主要为电话即时通信和网络即时通信。电话即时通信已为人熟知，网络即时通信也早已运用到日常生活、工作沟通中，给人们的日常生活带来了很大的便利、快捷，提高人们的工作效率。

市场研究机构 eMarketer 的数据显示,全球企业即时通信市场规模 2005 年为 2.67 亿美元。预计 2010 年市场将实现近翻两番的增长,达到 6.88 亿美元;2011 年,即时通信工具将取代声音、视频和文本,成为工作人群主要的沟通方式;2013 年,领先跨国公司 95％的职员将把即时通信软件作为他们实时沟通交流的主要工具。

基于即时通信核心价值的基础服务处于免费提供的状态,即时通信供应商的收入来源集中在外延价值的实现。用户的数量和忠诚度是即时通信价值实现的基础,这决定了各家厂商的商业模式无一例外地以用户为中心。所有的即时通信服务提供商都在不惜代价采取各种手段争夺潜在的用户资源,提高用户的忠诚度。

经过几年的发展,目前中国的即时通信市场正处于生命周期中的发展阶段,属于高速增长期,未来市场潜力巨大。根据艾瑞咨询《2007－2008 年中国即时通信行业发展报告》统计,2007 年中国即时通信用户规模已经突破 1.7 亿,2008 年将达到 2.1 亿。网民对即时通信工具的使用率将超过 80％。

### 8.2.2　网络通信的分类及国内外应用现状

#### 1. 市场格局

近年,中国企业网络通信领域国内外厂商都在争夺这个被普遍看好的市场,主流厂商的巨大投入一方面推动市场快速发展,另一方面导致市场份额向主流厂商进一步集中。

经过几年来的市场考验和同行竞争,提供企业级网络即时通信软件服务的厂商也经历了大浪淘沙的艰难历程,目前的市场格局主要分为三类。

(1)介入即时通信领域时间较早的国际企业,如 IBM、微软等。其优势在于起步早,产品在进入中国前已在国外企业用户中得到了广泛应用,企业知名度和产品知名度较高。缺点是在面对中国企业用户的特定需求时,其产品的适应度还较差。另外,国际厂商为了实现大而全的目的,它们的即时通信产品往往与自身的其他软件系统的关联度高、依赖性强,如微软 OCS 和 Exchange Server2003 的捆绑,IBM Sametime 与 Lotus 的紧密结合。这无疑会增加企业用户的采购成本。MSN 是微软推出的在即时通信工具。MSN 基于 E-mail,用户必须注册微软的 msn 邮箱或者 hotmail 邮箱。这个软件在世界范围内都是十分流行的,但是在中国市场,虽然 MSN 功能上超过了 QQ 和 TM,使用的人却不多,主要以企业员工使用为主。

(2)以腾讯公司为代表的国产软件企业。它们的产品设计更加贴近中国企业的实际需求,产品操作更加贴近中国人的使用习惯,并具有很高的品牌知名度。目前,此类企业已经成为中国企业级即时通信市场的主导力量,腾讯 QQ 占据 80.6％的市场份额,处于绝对领先地位。微软 MSN、雅虎通和 ICQ 是最有潜力的竞争者。

(3)众多创业性的新兴企业。他们的特点是灵活性高,每个项目的定制性强;缺点是产品不成熟,品牌影响力差。该类企业由于其自身的资金和技术等薄弱环节,目前还不足以对企业即时通信市场造成影响。

2.类型

从通信工具的类型来看,即时通信可分为面向企业的和面向个人的两类。

(1)企业级的即时通信。

企业级的即时通信是个人即时通信的应用延伸。据统计,90%以上的企业网内的终端机上都在运行QQ/MSN等个人即时通信软件,人们已经习惯于使用即时通信工具进行日常的工作联络。可是,大多数员工都是在没有获得企业许可的情况下使用个人即时通信工具,这给企业网络带来了比较大的安全和效率问题。加上个人即时通信工具经常让员工陷入非工作状态的聊天中,因此很多企业也通过各种手段禁止员工进行QQ/MSN等操作。在这种现状下,采用企业级的即时通信软件自然就成为了企业客户最好的解决方案,既满足了内部员工的沟通习惯,又解决了公司制度和网络安全等问题,一举两得。

中国市场上的企业级即时通信工具主要包括:腾讯公司的RTX、IBM公司的Lotus Sametime、微软公司的UC、点击科技的GKE、中国互联网办公室的IMO、红杉树公司的Easy Touch、亿企通的Jingoal等。相对于个人即时通信工具而言,企业级即时通信工具更加强调安全性、实用性、稳定性和扩展性。

(2)面向个人的通信软件又可以细分为通用性即时通信工具和专用型即时通信工具。

• 通用性即时通信工具以QQ、MSN、Skype等为代表。这类IM应用范围广,使用人数多,并且捆绑服务较多,如邮箱、博客等。由于应用人数多,用户之间建立的好友关系组成一张庞大的关系网,使用户对其依赖性较大,很多专业用户不舍得放弃使用QQ的主要原因就是不能放弃多年来建立的QQ好友以及由好友关系建立的关系网。

• 专用型即时通信工具:阿里旺旺、慧聪发发、移动飞信、联通超信、电信灵信等为代表,这类即时通信工具的主要特点是,应用于专门的平台和客户群体,如阿里旺旺主要应用阿里巴巴及淘宝、口碑等阿里公司下属网站,移动飞信则限于移动用户之间。这类IM与固有平台结合比较紧密,拥有相对稳定的用户群体,在功能方面专用性、特殊性较强,但由于应用人数主要是自身平台的使用者,所以在应用范围、用户总量方面有一定限制。

### 8.2.3  杭州的网络通信

杭州的网络通信行业主要以个人专业即时通信工具及企业通信服务为主。目前比较知名的即时通信工具如下。

(1)阿里旺旺。

阿里旺旺是阿里软件研发的连接"阿里巴巴"、"淘宝"、"支付宝"用户的即时通信沟通平台,是阿里巴巴为商人度身定做的免费网上商务沟通软件,它能帮用户轻松找客户,发布、管理商业信息;及时把握商机,随时洽谈做生意。2008年,阿里旺旺用户超过1亿。

据艾瑞咨询发布的《阿里旺旺品牌2008年度研究报告》显示,阿里旺旺是用户网上购物首选的即时通信工具,使用比例为 68.9%。

(2)企业呼叫中心服务。

Call Center(呼叫中心)最初起源于热线电话,随着商业与技术的发展,呼叫中心解决方案逐渐超越了原来那种售后服务中心、故障处理台的概念,呼叫中心正在成为现代企业进行客户关系管理(CRM)、数据挖掘、挽留客户,了解和把握客户需求最佳最有效的工具。

呼叫中心也叫"电话中心",实际上就是为用户服务的"服务中心"。所以,呼叫中心又称客户服务中心,它是一种基于 ICT 技术、充分利用通信网和计算机网的多项功能集成,并与企业连为一体的完整的综合信息服务系统,利用现有的各种先进通信手段,有效地为客户提供高质量、高效率、全方位的服务。

企业呼叫中心最根本的目的在于:对外有效提高客户服务质量,最佳扩大收入;对内大幅提高员工生产力,降低成本。呼叫中心能为整个企业内部的管理、服务、调度、增值起到非常重要的统一协调作用。呼叫中心可以提高服务质量和用户的满意程度、增加业务代表处理的呼叫数目;降低电话费用,降低销售开销,可减少业务代表培训费用,从而增加企业收入。

呼叫中心把企业的电话网、局域网、互联网融为一体,最佳实现"三网合一"。随着经济全球化及市场竞争日趋白热化,客户逐渐成为企业所有业务的核心。对于客户关系管理系统(CRM)的应用,也逐渐上升为各企业关注的焦点。将实用的 CRM 客户关系管理软件集成到呼叫中心中,将真正提升企业对呼叫中心的满意度,呼叫中心解决方案大大提高了企业本身的竞争力。

2008 年,杭州的呼叫中心得到了长足的发展,涌现出了 114 号码百事通、96345 等一批优秀企业,2008 年主营业务收入近 1000 万元,为杭州电子商务发展提供了良好的服务平台。

## 8.3　基于互联网的物流业发展

### 8.3.1　基于互联网的物流业概况

电子商务是 20 世纪信息化、网络化的产物,由于其日新月异的发展,已广泛引起了人们的注意。电子商务中的任何一笔交易,都包含着以下几种基本的"流":信息流、商流、资金流和物流。随着电子商务的进一步推广与应用,物流的重要性对电子商务活动的影响日益明显。

随着物流市场的不断扩大,越来越多的企业开始关注自身的物流成本和利润。与此同时,一种独立于生产和销售企业的专业组织形式逐渐成为互联网经济影响下的主要物流模式,即第三方物流。

第三方物流是指生产经营企业为集中精力搞好主业,把原来属于自己处理的物流活动,以合同方式委托给专业物流服务企业,同时通过信息系统与物流企业保持密切联系,以达到对物流全程管理的控制的一种物流运作与管理方式。

第三方物流(Third-Party Logistics,3PL 或 TPL)是相对"第一方"发货人和"第二方"收货人而言的。3PL 通过与第一方或第二方的合作来提供其专业化的物流服务,它不拥有商品,不参与商品的买卖,而是为客户提供以合同为约束、以结盟为基础的、系列化、个性化、信息化的物流代理服务。

提供第三方物流服务的企业,其前身一般是运输业、仓储业等从事物流活动及相关的行业。从事第三方物流的企业在委托方物流需求的推动下,从简单的存储、运输等单项活动转为提供全面的物流服务,其中包括物流活动的组织、协调和管理、设计建议最优物流方案、物流全程的信息搜集、管理等。

相对于传统的物流模式,第三方物流的优势如下。

(1)第三方物流使企业可以集中发展其核心业务。在企业的资源有限的情况下,为了在竞争中取得优势地位,企业只需专注于自己的核心技术,而虚拟化其他低增值部分。

(2)第三方物流可为企业提供更大的灵活性,如地理分布上的灵活性。数量不断上升的供应商需要迅速地补充货源,因而要有地区仓库。通过利用第三方物流供应商的仓储服务,企业就可以满足客户需求,而不必因为建造新设施或长期租赁设施而调拨资金并在经营灵活性上受到限制。同样,资源和劳动力规模的灵活性也可以通过外购第三方物流服务来实现,管理者可以将固定成本变为可变成本,从而对不断变化的经营条件做出更快的反应。

## 8.3.2 物流业在国内外的发展现状

### 1.国外第三方物流业发展现状

国际上第三方物流业虽仅有 20 年的历史,但在各国国民经济中发挥了相当重要的作用。据统计,在欧洲的物流服务市场,2002 年约有 28%的物流服务由第三方物流完成。其中,德国 99%的运输业务和 50%以上的仓储业务交给了第三方物流。通过第三方物流,德国物流成本可以下降到商品总成本的 10%。美国从 1990 年出现第三方物流后,2000 年的市场规模约 600 亿美元。前 20 名第三方物流服务企业净收入达到 93.4 亿美元,被称作玫瑰色的新产业。日本在近 20 年内,物流业每增长 2.6%,经济总量就增加 1%。目前,美、日、欧等发达国家和地区已经形成了由完善的物流基础设施、高效的物流信息平台和比较发达的第三方物流企业组成的社会化物流服务体系。

在国外企业的物流作业中,铲车、叉车、货物升降机、传送带等机械的应用程度较高;配送中心的分拣设施、拼装作业安排由于使用了数码分拣系统,工作效率和准确性大大提高;计算机管理系统被普遍应用。在国际上,电子数据交换系统的广泛使用,提高了信息的国际传输速度和准确性,使企业降低了单据处理成本、人力成本、库存成本和差错成本。

计算机技术的飞速发展,通信技术的日益发达为第三方物流提供了强有力的技术支持。第三方物流正是凭借着低成本、高度专业化的服务在国外得以快速发展。

### 2.国内第三方物流业发展简况

(1)总体情况。

相对于国外,我国的第三方物流起步比较晚。20 世纪 90 年代中期,第三方物流的概念才开始传到我国。在全球经济一体化影响下,中国正在成为第三方物流发展最迅速的国家之一。我国第三方物流的总体规模偏小但是发展潜力巨大。

从我国第三方物流企业的形成结构看,大体有 4 个途径:①传统仓储、运输企业经过改造转型而来的占主导地位,占据较大市场份额。中远国际货运公司、中国对外贸易运输(集团)总公司(简称中外运)、中国储运总公司等,凭借原有的物流业务基础和在市场、经营网络、设施、企业规模等方面的优势,不断拓展和延伸其他物流服务,逐步向现代物流企业转化。②新创办的国有或国有控股的新型物流企业,它们是现代企业改革的产物,管理机制比较完善,发展比较快。例如,中海物流公司成立于 1993 年 11 月,从仓储开始发展物流业务,现发展成为国际大型知名跨国公司提供包括仓储、运输、配送、报关等多功能物流服务的第三方物流企业。③外资和港资物流企业,它们一方面为原有客户——跨国公司进入中国市场提供延伸服务,另一方面用其经营理念、经营模式和优质服务吸引中国企业,逐渐向中国物流市场渗透。例如,丹麦有利物流公司主要为马士基船运公司及其货主企业提供物流服务,日本近铁物流公司主要为日本在华的企业服务。④民营物流企业,它们由于机制灵活、管理成本低等特点,发展迅速,是我国物流行业中最具朝气的第三方物流企业。如广州的宝供物流集团,1992 年承包铁路货物转运站,1994 年成立广东宝供储运公司,同年承接世界上最大的日用消费品生产企业——美国宝洁公司在中国市场的物流业务,经过几年的开拓创新,已成为在澳洲、泰国及国内主要城市设有 40 多个分公司或办事处,为 40 多个跨国公司和一批国内企业提供国际性物流服务的物流集团公司。

从提供的服务范围和功能来看,我国的第三方物流企业仍以运输、仓储等基本物流业务为主,加工、配送、定制服务等增值服务功能处在发展完善阶段。像宝供、中海这样功能完善的第三方物流企业目前不多。中远集团、中外运集团、中国储运总公司这样大型的运输、仓储企业虽已向第三方物流企业转化,但它们的传统运输、仓储业务仍占主要部分,第三方物流的功能还不完善。中国仓储协会的调查也说明生产企业和商业企业的外包物流主要集中在市内配送、单纯仓储和干线运输。其中生产企业的外包物流中,单纯仓储占 21%,干线运输 36%,市内配送 28%,包装 4%;商业企业的外包物流中,单纯仓储占 37%,干线运输 21%,市内配送 43%,包装 14%。生产企业使用第三方物流企业的数量通常有 2~10 家,商业企业使用第三方物流企业的数量一般在 10 家以上,可见生产企业和商业企业外包物流主要以“分包”为主,即将不同功能的业务分别委托给不同的企业。从物流供给的角度看,第三方物流企业为用户提供一揽子服务的比重不大。

(2)我国第四方物流的发展需求。

我国的第三方物流发展缓慢,现有的运输或仓储企业体现不出应有的规模效应,它们经营效率低下、利润空间窄小。原因就在于企业都在单兵作战,无序竞争,不能整合力量,为客户提供规范的、全程的、一整套的物流管理和服务。如果单纯发展第三方物流企业的话,必然会有很多障碍并会形成许多弊端。第四方物流的介入,将整体提升中国的物流发展水平,迅速缩短与外国物流业的差距。因此,我国第三方物流的发展不足呼吁第四方物流的出现。

第四方物流(Fourth-party logistics,4PL)指的是专门为第一方、第二方和第三方提供物流规划、咨询、物流信息系统、供应链管理等活动。第四方并不实际承担具体的物流运作活动。

第四方物流是一个供应链的集成商,是供需双方及第三方的领导力量。它不是物流的利益方,而是通过拥有的信息技术、整合能力以及其他资源提供一套完整的供应链解决方案,以此获取一定的利润。它是帮助企业实现降低成本和有效整合资源,并且依靠优秀的第三方物流供应商、技术供应商、管理咨询以及其他增值服务商,为客户提供独特的和广泛的供应链解决方案。

第四方物流采用的运作模式,突破了第三方物流单纯发展的局限性,将资源从社会全局的角度上进行整合,将信息从物流供应链层次上进行共享,提供综合的供应链解决方案,真正实现低成本、高效率,给顾客带来最大的价值。第四方物流的出现弥补了物流发展过程中的缺陷,具有广阔的市场前景。

### 8.3.3 杭州市物流业发展状况

1. 杭州市第三方物流业发展总体情况

随着杭州电子商务的迅猛发展,今年来杭州市物流业发展势头良好,已形成了以传化、八达、近江、富日为代表的物流骨干企业,代表物流发展方向的第三方、第四方物流企业已经出现。

2. 杭州市物流业发展的几种模式及典型企业

(1)综合性物流企业。

富日物流是杭州最早引进物流概念,投资 5000 万人民币成立的一家现代化综合性物流企业。富日物流拥有杭州市最大的城市快速消费品配送仓。富日物流作为专业第三方物流公司,拥有先进的物流标准作业管理、信息管理系统。

目前,杭州富日物流已构建完成第一期 2.2 万平方米常温带月台式物流中心,并已全部投入使用,为客户提供仓储、配送、装卸、物流加工、代收款、信息资讯等全方位常温物流服务。富日物流已经是众多快速流通民用消费品的华东区总仓库,其影响力和辐射半径还在日益扩大中。

富日物流的商业模式就是基于配送的仓储服务。制造商或大批发商通过干线运输等方式将大批量的货品存放在富日物流的仓库里,然后根据终端店面的销售需求,用小车小批量配送至零售店或消费地。目前,富日物流公司为各客户单位每天储存的商品量达 2.5 亿元。最近,该公司还扩大了 6 万平方米的仓储容量,使每天储存的商品量达 10 亿元左右。按每月流转 3 次计,这家公司的每月物流量达 30 亿元左右,其先进的管理经营理念，使得富日物流成为浙江现代物流业乃至长三角地区的一匹"黑马"。富日物流的利润来源包括仓租费、物流配送费和流通加工服务费等。

（2）单一物流服务企业转型为第三方物流。

杭州八方物流有限公司是浙江省第一家正式登记注册的第三方物流公司，也是浙江省第一家从单一的运输企业成功地向综合物流企业转型的物流公司。它是浙江省为数不多的大型物流企业之一，也是浙江省交通厅指定的制造业物流研究课题的牵头单位。

杭州八方物流有限公司的资信优良，受到业界的广泛关注，同时得到当地各级政府及有关职能部门的高度重视，连年被政府、工商、税务等有关部门评为省级和市级先进单位，并连年被列为浙江省现代物流发展重点联系企业。

杭州八方物流有限公司实行全程押运、全程跟踪、全额理赔。运输服务主要以国内公路运输为主。到目前为止，公司的国内货代线路已开通了全国所有省份（包括直辖市和自治区）的大部分地区，形成了以杭州为中心，辐射全国范围的公路运输网络，并在我国广州、北京、无锡、西安、廊坊、沈阳等大中城市设立了办事处和分公司。

（3）第四方物流。

网达物流科技有限公司是一家以公路物流主体（货主及车主）为服务对象的高科技企业。综合业务平台结合遍及全国的分支机构，网达物流全自动地为托运双方提供空前经济、时效、便捷、安全、周到的全新物流服务。该平台的运行及广泛推广，必将进一步降低公路物流的总成本，极大提高全国公路物流信息化、智能化、规范化及标准化水平。

2005年，网达物流首度推出了"网达物流信息化平台"V1.0版，在全国公路物流界反响强烈。在此后的时间里，网达物流深入市场，不断优化服务方式并在服务模式创新上取得了重大突破。一个集短信、互联网络、在线支付、在线保险、车载GPS（全球定位系统）终端监控车辆及货物的GIS（地理信息系统）、电话及呼叫中心为一体的标准化、智能化系统（网达物流综合业务平台）研发成功。

为保障平台的有效运行，公司与多个不同领域的品牌服务商建立了战略合作关系：与工行、建行、农行、交行等国内大银行合作，解决了交易的在线支付问题；与中国人民保险公司合作，完成了便捷的网上货运保险；与中国移动合作，使车载终端与平台的信息交流畅通无阻；与中国兵工合作，使GPS车载智能终端的产品质量得到保障；与国外走在通信领域前沿的公司合作，使整个货运能够实现可视跟踪。

# 9

# 人 才

随着信息技术在国际贸易和商业领域的广泛应用,利用计算机技术、网络通信技术和因特网实现商务活动的国际化、信息化和无线化已成为各国商务发展的一大趋势。由此对互联网的人才需求旺盛,专业性与综合性相结合的复合型人才越发炙手可热,这对高校和其他培训机构来说,都是一大机遇与挑战。

电子商务人才的培养是互联网人才培养的典型,杭州已形成了以阿里巴巴为代表的1300多家电子商务网站集群,并且提出要以“构筑数字杭州、建设天堂硅谷、打造电子商务之都”为目标,多层次推进电子商务应用,使杭州市电子商务水平尽快接近世界发达国家水平。在这种情况下,各企事业单位、人才培训机构,特别是政府部门必将把人才培养作为发展的重中之重来对待。

## 9.1 杭州市高等教育对信息化人才的培养

### 9.1.1 总体概况

杭州是全国 IT 产业人才集聚程度较高的城市之一,集全省80%以上的高等院校和科研机构的人才资源,拥有浙江大学等 36 所普通高等院校,2008 年在校学生 40.96 万人,其中在校研究生 2.97 万人。至 2007 年,浙江省高校共开设 247 个与服务外包相关的软件和计算机等专业。25 家大中院校设有计算机、软件及信息工程学科。同时还有19 所自然科学研究机构、9 个国家级专业重点实验室、3 所国家级企业技术研究中心,共拥有博士授予点 109 个,硕士授予点 230 个。杭州下沙有浙江省规模最大的高教园区,有浙江工商大学、浙江理工大学等 14 所高校,聚集着 17 万莘莘学子。

至 2008 年末,在杭高职院校 18 所,在校学生 9.89 万。全市中等职业学校(含职高、中专、技校)65 所,在校学生 10.81 万人,其中省级以上重点中等职校 39 所(国家级16 所、省级 23 所),占全市中等职校数的 60%。

2008 年在杭高校电子商务、计算机科学与技术、计算机网络技术、计算机系统维护、计算机信息管理、计算机应用技术、软件工程、软件技术、网络工程、信息管理与信息系统等与互联网相关专业学生在校人数为 1.4 万多人。

### 9.1.2 在杭高校人才培养的活动

2001 年,教育部首次批准浙江大学等 13 所高校设立电子商务本科专业,同年开始招收全国第一批本科生,并拥有电子商务学科唯一的一套国家"十一五"规划系列教材。

2001 年 3 月,浙江省科技厅设立"服务业电子化专家组"并启动服务业电子化重大科技专项行动,浙江大学陈纯为专家组组长,先后在包括杭州祐康电子商务、杭州口岸国际物流、杭州富日物流、杭州百大、浙江之旅、杭州网通信息港等 16 家杭州企业在内的浙江省 30 余家企业实施以电子商务为核心的服务业电子化应用示范工程项目,浙江大学、浙江工商大学、浙江工业大学、杭州电子科技大学等高校参与了项目实施,均取得了很好的经济和社会效益。

2001 年 9 月,浙江大学远程教育学院开设电子商务专升本和高起本两类本科学历教育并开始招生。截至 2006 年,通过网络教育模式先后培养了以在职人员为主的 3000 多名分布在全国各地的电子商务本科毕业生。

2002 年 7 月,教育部在浙江大学举办首届全国高校电子商务专业骨干教师培训班,来自全国各地 125 所高校的 280 位电子商务骨干教师通过半个月的培训获得教育部颁发的电子商务专业课程骨干教师证书,如今这些骨干教师中的很多人已经成为所在学校的电子商务学科建设带头人。

2002 年 11 月,浙江省 16 所设立电子商务专业的高职高专院校在浙江经贸职业技术学院召开浙江省高职高专电子商务专业建设协作组成立大会。至 2007 年,杭州市有 9 所高职院校设立了电子商务专业,平均年培养电子商务实用人才 1100 余名。

2005 年 8 月,商务部委托浙江大学承担商务部"电子商务促进与推广工程"项目。浙江大学通过大量调研组织编写了 13 个企业的电子商务典型示范应用案例,其中 8 个是杭州市企业。阿里巴巴、中国化工网、杭州中香三个项目案例获得商务部电子商务促进与推广工程项目首批优秀奖。

2006 年开始,经浙江省教育厅批准由浙江省大学生电子商务竞赛委员会组织每年一次的浙江省高校电子商务竞赛。

2006 年 1 月,阿里巴巴推出国内首个符合电子商务应用标准、具有实战性的电子商务企业证书《阿里巴巴电子商务证书》,由阿里学院通过培训高校教师、设计与市场需求贴合的"认证课程"来确保证书的含金量。浙江大学和杭州电子科技大学是首轮试点报名培训高校。

2007 年 5 月,阿里巴巴与浙江大学软件学院正式签订联合培养电子商务技术方向的软件工程硕士研究生合作协议。2007 年 9 月第一批 40 余名研究生入学。

2008 年 3 月,中国电子商务协会与浙江大学软件学院正式签订联合培养电子商务管理方向的软件工程硕士研究生合作协议。第一批研究生于 2008 年 9 月入学。

2009 年 5 月,由杭州达内科技组织浙江省高校 IT 应用型人才与服务外包人才培养高层研讨会,参加会议的有浙江省商务厅、杭州市经贸局的领导、IT 企业代表以及省内各高校相关学院的领导。会议主要针对高校 IT 人才培养模式以及企业用人需求与用人标准的讨论。此次研讨会为院校、企业、政府搭建了相互沟通、相互合作的桥梁,探讨摸索 IT 人才培养的新路子,力求形成 IT 人才选拔与教育创新、就业畅通的多赢局面。

为了提高"电子商务"类的创新人才以及动漫设计与制作、物流管理等相关专业人才的培养质量,促进"电子商务"为主的创业项目以及动漫设计与制作、物流管理等相关产业在开发区的聚集与发展,杭州经济技术开发区管委会与浙江经贸职业技术学院共建创业园。创业园区总体规划面积5000平方米。其中一期项目,主要为已入园企业提供经营场所,于2008年1月投入使用;现已引进杭州阿拉丁信息技术有限公司及淘宝创业实验室等企业入驻,2008年已经实现产值2000万元。目前园区每年能满足300名学生完成生产性实训,并吸纳大学毕业生就业。二期项目,作为新增入园企业经营场所,将于2009年12月投入使用,规划引进15～20家电子商务及相关企业,预计实现年产值5000万元,每年能满足600～800名学生的生产性实训,每年吸纳100名左右的大学毕业生就业。随着电子商务园区的开园,可以打造电子商务产学研结合示范基地。

浙江大学和杭州电子科技大学将服务外包知识嵌入相关专业课程,提高了学生择业能力,为企业输送了实用人才;杭州师范大学和浙大城市学院改革教学模式,尝试学分置换和学费转移支付,降低培训成本,吸引更多学生参加培训。

另外,浙江工业大学软件学院、浙江大学城市学院、杭州电子科技大学软件职业技术学院3家高校被认定为首批国家电子信息产业基地实训中心。杭州电子科技大学软件职业学院被授予"杭州市服务外包实训基地"称号,浙江大学、浙江工业大学、杭州师范大学等被授予"杭州市服务外包实训重点培育机构"称号。

### 9.1.3　在杭高校信息化人才培养小结

杭州市高校为杭州的信息化建设输入了大批的信息化人才,目前信息产业从业人员中大部分来自高校及科研机构的培养。为促进经济发展,杭州市推出鼓励人才来杭创业政策,全国各地人才纷纷到杭州寻找机遇。但是目前,浙江省高新技术产业人才供给不足,人才需求缺口10多万人。浙江的IT企业人才需求主要又集中在杭州,占全省的70%～80%。互联网的蓬勃发展使人才从不应求,各大企业缺乏精通计算机与网络技术的商业人才对人才的要求越来越高。从高校对人才的培养到企业需要的人才,中间似乎有着永远难以调和的落差。各个高校也因此面临着新一轮人才教育培养的挑战。

## 9.2　企业对信息化人才的培养

### 9.2.1　信息化人才实训中心

高校在培养互联网信息化人才方面作出了巨大贡献,同时,信息化人才的专业培训机构与企业也发挥了重要的作用。杭州市政府及信息办通过建立国家电子信息产业基地实训中心和实训基地的方式将这些培训机构及企业建构成了一个培养杭州市信息化人才的体系。

据相关资料统计,2008年的信息化人才实训工作在信息办领导的重视和直接指导下,依托杭州市软件行业协会、电子商务协会、院校和社会培训机构,截至2008年底,21

家国家电子信息产业基地实训中心开班 231 期,共实训大学生 5562 人,实际资助企业和学生共计 78.475 万元(实际资助学生数为 415 人),其中订单实训资助 71.7 万,定向实训资助 6.625 万。2009 年 1～4 月,杭州市国家电子信息产业基地实训中心已进行过 121 期人才培训,累计培训互联网人才 2665 名。经过培训后的学员以较强的竞争力进入了中国互联网相关领域工作。

根据杭州市人民政府办公厅《关于实施杭州市"万名大学生创业实训工程"的指导意见》的要求:2008 年起,三年内对 1 万名大学生开展创业培训。计划 2008 年培训 2000 名,2009 年培训 3500 名,2010 年培训 4500 名大学生。大学生信息化人才实训工程的推出,其目的非常明确,就是要提高大学生的工作技能,增强大学生的岗位适应能力,提高应届毕业大学生的实际就业率。实训对象以在杭高校应届毕业生为主,也包括部分在校生、尚未就业的杭州籍大学毕业生和外地来杭就业创业的大学毕业生,以及用人单位新招聘、待实训合格后才能上岗的大学毕业生。实训从 IT 企业的实际需求出发,结合杭州市信息化人才调研报告和《杭州市"十一五"重点发展产业紧缺人才开发导向目录》,围绕软件开发、电子商务、游戏开发与设计、IT 营销、高级 IT 管理等 10 个重点领域开展,大力推行"订单"实训和"定向"实训。自从启动万名大学生创业实训工程以来,我市服务外包人才实训、信息化人才实训、大学生创业实训和技能培训以及大学生企业实训等各项实训工作全面铺开。到 2008 年 12 月底,全市共认定 166 家实训机构(含企业实训基地),举办创业实训班 717 期,实训人数达 2.5 万名,其中服务外包 8605 名,信息化 5562 名,创业培训和技能培训 7610 人次,企业实训 3914 名。全年实训人数超过预期目标 1.5 倍。到 2008 年 12 月底,全市共拨付实训资助达 990 万余元。

杭州市目前已成功地吸收了三批优秀的企业和专业培训机构作为"国家电子信息产业基地实训中心"。

2008 年,杭州市信息化办公室按照"政府搭台、企业参与、高校主导、专业机构服务"的模式,积极整合利用专业培训机构、高校、企业等资源,着力构建实训体系,认定了两批共 21 家 IT 培训机构为"国家电子信息产业基地实训中心"。

第一批实训中心于 2008 年 5 月建立。根据《杭州市"万名大学生创业实训工程"信息化人才实训方案》(杭信办〔2008〕38 号),杭州市信息化办公室在调研核查的基础上,认定了 10 家培训机构为首批国家电子信息产业基地实训中心,见表 9.1。同时,会同高新区、经济开发区相关部门到所属企业进行宣传,开通 96345 市民热线,宣传解答信息化人才实训相关政策。其中有 6 家为企业与专业培训机构,如杭州优必胜人才开发有限公司、浙江华为通信技术有限公司等。2008 年,这 6 家实训中心为杭州市培训了 3248 名优秀的信息化人才,培训领域涉及华为通信、网络工程师、电子商务应用专业证书、软件开发工程师等专业。

表 9.1　首批国家电子信息产业基地实训中心认定名单

| 序号 | 机构名称 |
|---|---|
| 1 | 浙江工业大学软件学院 |
| 2 | 浙江大学城市学院 |
| 3 | 杭州电子科技大学软件职业技术学院 |
| 4 | 杭州优必胜人才开发有限公司 |
| 5 | 浙江华为通信技术有限公司 |
| 6 | 杭州国家软件产业基地联合实训中心 |
| 7 | 杭州东忠人才开发有限公司 |
| 8 | 阿里学院 |
| 9 | 浙江大学继续教育学院快威 IT 培训中心 |
| 10 | 北大青鸟 APTECH(杭州玉泉)授权培训中心 |

　　2008 年 7 月,杭州市信息办推动国软联合实训与中控集团、恒生电子,网新培训与网新国际、网新恒天、虹程等订单实训,并有力促成了国软联合实训中心与恒生电子、中控集团,网新实训中心与网新国际、网新恒天等企业和培训机构的战略合作,为以后的订单实训打下了良好的基础。10 月,推动 IT 企业 HR 俱乐部注册变更杭州市软件行业协会 HR 分会,并相应组建注册了实训分会,作为推动信息化人才实训工作的供需沟通对接的平台,构建完善了我市信息化人才实训工程的工作机制。

　　9 月,根据蔡市长"要扩大实训规模"要求以及《杭州市"万名大学生创业实训工程"信息化人才实训方案》、《杭州市人民政府办公厅关于实施杭州市"万名大学生创业实训工程"的指导意见》、《关于加快国家电子信息产业基地建设的若干意见》等规范和政策,同时按照《实训中心认定实施方案》条件,杭州市信息化办公室认定了杭州东方舰桥教育培训中心等 11 家培训机构为第二批国家电子信息产业基地实训中心,见表 9.2。2008 年,第二批实训中心为杭州市培养信息化人才达 2335 名,培训领域涉及动漫制作、国际项目管理、IT 项目管理、IBM 大型机、动漫游戏涉及等方向。

表 9.2　第二批国家电子信息产业基地实训中心认定名单

| 序号 | 机构名称 |
|---|---|
| 1 | 杭州东方舰桥教育培训中心 |
| 2 | 达内科技有限公司 |
| 3 | 杭州高新人力资源中心 |
| 4 | 网新国际培训中心 |
| 5 | 东方标准杭州归谷培训中心 |
| 6 | 杭州新志向教育咨询有限公司 |
| 7 | 杭州泽仁软件服务有限公司 |
| 8 | 杭州朗慧科技有限公司 |
| 9 | 杭州和盈科技有限公司 |
| 10 | 杭州里仁教育咨询有限公司 |
| 11 | 杭州华育灵漫数字艺术职业培训学校 |

　　2009 年 4 月,杭州市信息办举行第三批国家电子信息产业基地实训中心授牌仪式,为 14 家新认定的实训机构授牌。继续坚持推进订单实训,加大宣传推广力度,继续扩

大证书与机构认证范围,加大资助资金拨付力度。第三批实训中心培训范围广泛,涉及互联网经济各领域,如电子商务、动漫设计与制作、网络游戏设计与制作、软件开发等。实训中心名单见表9.3。

表9.3　第三批国家电子信息产业基地实训中心认定名单

| 序号 | 机构名称 |
|---|---|
| 1 | 杭州汉唐影视动漫有限公司 |
| 2 | 杭州时空影视文化传播有限公司 |
| 3 | 汇文教育咨询有限公司 |
| 4 | 国家信息系统杭州培训中心(杭州市发改委干培中心) |
| 5 | 杭州恒荣科技有限公司 |
| 6 | 安泰信息技术有限公司 |
| 7 | 浙江文达电脑学校 |
| 8 | 杭州万卓信息科技有限公司 |
| 9 | 春华企业管理咨询有限公司 |
| 10 | 杭州中网教育培训有限公司 |
| 11 | 教育部LUPA开源软件实训基地 |
| 12 | 杭州计算机学校 |
| 13 | 杭州康翠电子商务有限公司 |
| 14 | 杭州益和电力科技信息有限公司 |

### 9.2.2　阿里巴巴三把培养人才之火

阿里巴巴集团对杭州市乃至全国的电子商务人才的培养都作出了很大的贡献,它一直努力推动与学术界的深度合作,大力支持学术研究和人才培养事业的发展。以下介绍阿里巴巴为企业发展和人才培养所烧的"三把大火"。

#### 1. 阿里巴巴博士后科研工作站

人事部于2008年7月批准阿里巴巴正式设立博士后科研工作站,以进一步培养和引进高层次科技和经营管理人才,增强公司的竞争能力和创新能力。阿里巴巴博士后科研工作站的主要任务是根据阿里巴巴集团及下属子公司的业务发展需要,对集团及子公司提出的跟企业发展密切相关,并具有较高学术研究价值的研究项目进行研究。根据计划,阿里巴巴已初步提出约13个研究项目,并计划据此首批招收15名左右的博士后研究人员。

为了更好地帮助博士后完成工作站的科研项目研究工作,阿里巴巴组成了阵容强大的管理及专家团队支持博士后的工作。阿里巴巴集团董事会主席马云亲自担任工作站领导小组组长,集团首席财务官、首席人力官、总参谋长、首席架构师及各子公司总裁担任组员,专家顾问团队由阿里巴巴内部的专家团队与另外聘请的电子商务、经济管理及信息技术方面的权威人士担任工作站的顾问或专家委员会成员,对博士后的研究工作进行指导。博士后研究项目涉及网商及电子商务生态研究方向、新商业文明研究方向、大规模数据存储及并行计算系统的自反馈机制研究、互联网行政和民事法律的立法研究、面向电子商务领域的多语种机器翻译关键技术的研究(B2B)、基于用户行为和个性化特征的搜索技术方向、系统容量建模、预测和优化（B2B）等 17 个方向。

## 2. 阿里巴巴商学院

2004 年 9 月，阿里巴巴在其五周年庆典之际，宣布创办成立企业学院——阿里巴巴商学院，这是中国互联网第一个企业学院。阿里巴巴商学院是由杭州师范大学与阿里巴巴合作举办的一所办学理念先进、体制机制独特、培养模式新颖的校企合作学院。学院的电子商务专业旨在为阿里巴巴集团及其他高端电子商务企业培养具有人文精神、企业精神、创新创业能力的网络商务骨干人才，力争用 10 年左右的时间，打造以电子商务为特色、产学研为一体化的国内一流商学院。

阿里巴巴商学院要解决一个问题是——中国许多商学院人才太过学术派、理论派，很多大学生毕业找不到工作，企业又找不到合适的人才。因此阿里巴巴商学院强调加强对学生的实战能力的培养以及创业方面的指导、培训。学院聘请国内外一流的电子商务专家担任教师，专业课程采用全英文教学或双语教学，为学生提供大量的高端企业实践机会，采用国际一流商学院的教学模式，设置全新的课程体系。

阿里巴巴商学院 2009 年将首次面向全国招收本科生，10 年内在校生规模将达到 3000 人。同时，发展国际留学生教育和工商管理硕士研究生（MBA）教育，发展非学历教育和各类社会化培训。至 2009 年 4 月，阿里巴巴商学院电子商务专业 278 名学生，已经有 5 个学生自己注册成立了公司，84 名学生开办了自己的淘宝店，12 个团队参加学院的自主创新项目，5 个团队参加赛伯乐杯比赛，另有不少学生自发的自主创业团队。

在阿里巴巴商学院立足杭州的同时，其人才培养计划逐渐向全国辐射。2006 年，中国电子商务协会、阿里巴巴联合召开"电子商务人才培养论坛"。教育部、中国电子商务协会领导、阿里巴巴董事局主席马云、资深副总裁卫哲以及教育界专家和企业代表分别从人才培养方向、课程建设和校企合作等方面进行了交流讨论。会上宣布，阿里巴巴已与浙大、武大、西安交大等 48 所高校联合设置电子商务类专业，并正与上百所高校洽谈合作意向。至 2009 年 6 月，阿里巴巴持续发展阿里学院，推动电子商务教育，推出了阿里巴巴电子商务认证和网商能力认证，与 500 所高校实现了长期合作，并推出了合作培养技术人才的"种树计划"。

## 3. 阿里巴巴"活水计划"

2009 年 2 月，阿里巴巴集团"活水计划"（阿里巴巴青年学者支持计划）正式启动。"活水计划"以支持青年学者成长、推动我国电子商务研究为宗旨，希望通过开放阿里巴巴集团长期积累的经验、案例、信息和数据等资源，采用开放实地调研、合作课题研究、邀约专家指导、提供经费资助等多种方式，支持广大青年学者展开深入研究，从而最终促进广大青年学者的成长、成熟，推动我国电子商务研究事业的持续发展。

"活水计划"初步吸收了 10 名优秀青年学者来开展研究，10 项研究课题于 4 月下旬正式启动，研究方向涉及网商发展、电子商务信用体系、网络联保融资、移动商务等电子商务的前沿领域，预计于 2009 年底形成成果。同时，阿里巴巴集团后续将为此计划提供丰富的研究资源与多种支持。

阿里巴巴此次推出的面向青年学者的"活水计划",无疑将进一步推动国内电子商务研究事业的深入发展。国内很多富于热情和才干的青年学者,都非常缺乏有关前沿电子商务实践的研究机会和学术资源,而阿里巴巴集团发起"活水计划"有助于推动我国电子商务科研人员的梯队建设,有利于深化和提高电子商务研究的质量。

## 9.3　杭州信息化人才供需概况

### 1.杭州市信息化人才需求旺盛

2008 年高新区共引进人才 1.6 万多人,其中高级人才 1470 人,同比增长 31.4%。据 IT 英才网数据显示,目前杭州 IT 职场每月需求达 3380 个。

一份来自"前程无忧"的调查报告显示,IT 招聘市场开年不利,该网站上 2009 年 1 月全国 IT 职位需求总数为 7.73 万个,较 2008 年年末时减少了 2 万多个职位数。但是,杭州的 IT 招聘市场却逆势上扬,不但一跃成为城市指数排行榜第三名,而且在 IT 职位需求比例数据中拔得头筹,高于北京、上海、广州等其他城市。根据"前程无忧"网站统计数据,杭州对 IT 职位的需求数占了总职位数的 20.9%,而北京、上海、广州等城市这一比例均未超过 20%。

在 IT 企业云集的杭州高新区,仅高校毕业生就业一块,今年已与企业签约的毕业生就有 1600 多人,比去年同期略有增长。杭州高新区人才中心曾经对区内企业用人资源情况做了抽样调查,近 70 家高新企业有 3000 余个用人需求,与去年相比,今年的用人需求将继续保持稳中有升。2009 年杭州高新区选择了 28 家企业作为大学生实训基地,市区两级财政还为参加实训的学生提供 400~800 元的生活费。此外,中心还专门进行了人才需求预测,在对人才的质量、流量进行分析后,有针对性地组织企业开展招聘活动。

从"相约高新,2009 大学生就业招聘会暨签约送岗仪式"上了解到,虽然受金融危机影响,但杭州高新技术企业对专业技术人才的需求依然旺盛,参会企业推出的岗位,80% 都是针对 IT、通信、电子、机械类等专业技术人才。本次招聘在杭州高新人才市场主办,共包括网盛生意宝、华为杭州研究所等在内的 75 家高新技术企业参加,共推出 1500 余个岗位,侧重招聘软件技术开发工程师等高新技术人才。

总的来看,杭州市互联网相关企业仍然需要大量高水平的专业人才。IT 企业一方面体现出内部分工渐趋细化和专业化的特点,对人才需求细分。另一方面随着 IT 技术向其他行业不断渗透,集数字、通信、娱乐于一体,企业对人才的需求也趋于多元化,复合型人才受宠。而对于计算机专业的应届毕业生及各 IT 培训机构的学生来说,工作经验仍是他们求职的主要障碍。

### 2.杭州信息化人才缺口

据统计调查显示,我国在今后相当长的一段时间内,每年至少存在 100 万计算机应用专业人才的缺口和 20 万软件人才的缺口。

　　《中国游戏产业调查报告》显示,2007 年我国游戏产业增加近 1 万个工作岗位,同比增速近 5 倍,2008 年岗位缺口仍持续增加。报告认为,从整体看,目前中国游戏产业人才仍然稀缺,尤其是有经验的员工成为各大游戏公司争抢的目标。目前国内游戏专业人才缺口高达 60 万,国内至少 50％的企业难觅专业游戏人才,尤其是专业的设计、开发与策划人才。2007 年杭州各高校动漫类专业的本科毕业生有 600 人左右。其中,中国美院传媒动画学院有 147 名本科毕业生,其中 30 人直接进入各高校做了教师。目前大学教师的学历一般都要求硕士以上,由此可见动漫人才的紧缺。

　　国外软件企业开发与测试人员的人数比为 1∶1,微软更达到了 1∶2。而国内这一比例为(5∶1)～(10∶1)。据劳动保障部门调查,国内 120 万软件从业人员中,能担当软件测试职位的不超过 5 万,有 3 年以上从业经验的不到 3 万人,有 5 年经验的不到 1 万人,与之对应的是国内 30 万的软件测试人才缺口正以每年 20％的速度递增。杭州软件业人才到底缺多少尚未有具体的统计数据,很多企业高薪聘请都请不到合适的人才则是一个普遍现象。

　　全国范围内,按照电子商务人才需求量排名,广东、浙江、江苏、上海、北京排在前五位。这些区域均是电子商务行业比较发达的重点区域。在未来半年内,广东省和浙江省的电子商务企业人才需求占全国电子商务人才总需求的 21.0％和 18.1％。中国企业的电子商务用人需要增长趋势明显,但目前市场的用人需求满足率很低。由报告对调研样本的统计表明,目前市场需求满足率仅达到 41％,企业电子商务职位空缺率超过 50％。艾瑞咨询同时发现:造成这一现象与不能满足市场的用人需要有关。当职位空缺与社会供给发生矛盾时,企业往往选择宁缺毋滥。因为企业极为注重电子商务业务中的客户关系管理,担心不合适的员工会带来较差的客户体验,从而妨碍企业的深度发展。

　　人才培养规模日渐扩大,而企业需求的人才规格和院校培养的人才规格存在差距,杭州信息化人才同时出现了供过于求和供不应求的局面,需要认真分析和应对。

# 10

# 对策和建议

杭州市互联网经济的发展取得了令人瞩目的成绩,但也还存在一些问题,值得我们认真分析,并探索解决这些问题的办法和途径,进一步推进杭州市互联网经济发展,更有力地推进杭州经济和社会的发展。

## 10.1 杭州市互联网经济发展存在的问题

经初步分析,杭州市互联网经济发展存在如下问题。

1. 缺乏规范的互联网经济统计口径

互联网经济覆盖范围极广,涉及商务、广告、金融、证券、娱乐、服务、物流等方方面面,渗透到经济活动、社会生活的每一个领域。单就电子商务而言,本身就很难进行准确的统计,也没有统一的统计口径。随着报告编制单位或主编人的变动,统计样本的变化,统计的连续性和一致性很难得到保证。研究互联网经济几乎涉及国民经济的每一个层面,迫切需要组织专门力量,研究统计口径,从而解决统计困难性、完整性、重复性和一致性问题。因此,迫切需要将互联网经济统计及相应的统计工作纳入政府统计范畴。

2. B2B 电子商务的应用深度不够

电子商务是互联网经济的主体表现,电子商务活动主要表现为网络商情发布和查询、在线交易、在线支付三大环节,以及物流配送和售后服务。电子商务中的 B2B 商务活动更是电子商务活动的主体。杭州电子商务 B2B 公共平台在全国享有盛名,但从业务内容来看,几乎都局限在网络商情发布和查询这个环节,有的还配以信用评定、即时通信等技术支持手段。但由于技术、标准、安全、用户信任度等原因,鲜有提供在线交易和在线支付服务的 B2B 公共平台。总体来说,杭州电子商务应用还处于比较初级的水平。B2B 电子商务公共平台的深度发展具有巨大的潜力。

3. 骨干企业的国际化程度有待进一步提高

区分发达国家和发展中国家有多种因素,其中之一就是骨干企业的国际化程度以及具有国际影响的企业数量。杭州的互联网企业中,仅极少数已经具有国际化经营的意识和行动。阿里巴巴集团的 B2B 公司、淘宝网和支付宝,已于近一两年开始积极拓展国际业务,要走的路还很远。而绝大部分互联网企业,无论电子商务企业、网络广告服务企业、网游和网络媒体企业、第三方物流服务企业,均满足于庞大的国内市场,无暇顾及、无心涉足或无力进军国际市场。仅以淘宝和 eBay 对比为例,淘宝在国内 C2C 市场独占鳌头,占据了四分之三以上的市场份额。但在国际市场上,eBay 闻名天下,而淘宝才刚刚迈开走向世界的脚步。

### 4. 杭州互联网经济发展尚欠平衡

互联网经济涉及众多领域,目前杭州在电子商务领域,尤其基于第三方公共平台的电子商务活动,居全国领先地位,但在其他领域则缺乏标志性的企业,与北京、上海、广州、深圳等地相比,没有优势。截至 2008 年底,在美国、香港和沪深 A 股上市的我国互联网公司一共 24 家,其中,总部在北京的 9 家,在上海的 7 家,在广东(广州和深圳)的 4 家,在杭州只有 2 家。从这个角度看,杭州互联网经济已出现电子商务一枝独秀的局面,互联网经济发展尚欠平衡。

### 5. 电子商务信用服务和信用监控还需加强

我国社会信用意识不强和信用监控力度不够的客观现实在电子商务活动中得到了充分的反映。政府出于保护电子商务发展的考虑,对电子商务、尤其是 C2C 电子商务的准入和监管采取了比较宽容的态度;再由于巨大的服务对象群,电子商务平台运行企业虽然采取了一定的信用监管和处罚措施,但离有效监管还有较大距离;另外,政府和企业的信用评估和监管尚不能有机结合。电子商务中的欺诈和不端行为并不鲜见,消费者投诉事件频出。

电子商务是非接触式信用经济活动,信用服务和监管不力对杭州市电子商务的进一步发展无疑是一大障碍。

### 6. 发展互联网经济所需人才兼有过剩和不足的矛盾

杭州集聚了几十所高等院校,人才培养本是优势所在。多年来,杭州 ICT 人才的培养规模不断扩大,并导致有些当年十分热门的专业,如计算机应用、信息管理和信息系统等不知不觉地变成了长线专业,毕业生就业出现了困难。可是从企业层面来看,又往往面临找不到足够的合适人才的困境。杭州市互联网相关企业需要大量高水平的人才,尤其在新兴互联网经济领域,如网游和动漫设计、网络技术和网络安全、网络搜索技术、软件测试等,而且对人才的需求兼有专业化、多元化和复合化的复杂需求。分析人才过剩和人才不足并存的矛盾,究其原因,一是院校教学设备和内容的更新发展跟不上社会经济高速发展的需要,二是院校培养的人才往往需要一定时间的实践才能在企业真正发挥作用。很多企业,尤其是中小企业又往往希望"来者能战、战者能胜",不愿意在人才建设上进行储备和长期投入。各相关部门需要采取有效措施,解决或缓解这一对矛盾。

## 10.2  发展对策

在市场经济环境下,企业在法律法规框架内自主经营。因此,讨论发展对策,自然更多地从政府的角度出发。

### 1. 完善互联网经济发展的推进机制

互联网经济覆盖领域广阔，涉及的政府部门众多。为支持杭州互联网经济的发展，各政府部门相继出台了不少文件，确立了多种经济支持措施和支持额度，起到了积极的作用。仅 2008 年末至 2009 年初，面对世界经济危机，杭州市经委、市外经贸局、市信息办就分别出台了支持电子商务发展的文件，并各自提出了支持经费总额。为有效地支持互联网经济的发展，政府需要建立一个强有力的协调和推进机构或机制，协调各政府部门，制订支持互联网经济发展的政策和措施。

### 2. 大力推进工业化和信息化的融合，鼓励传统企业应用 ICT 提升竞争力

新兴的高科技企业或网络服务企业是推进互联网经济发展的先锋队和生力军，但传统企业、大中型企业应用 ICT 技术，发展互联网应用同样具有巨大的前景，或者说，它们是发展互联网经济的主力军。大力推进互联网经济在"两化融合"中的应用需要做到以下几点。①在我市具有优势的服装、医药、食品、纺织、建材、机械制造、汽车电子等领域加快推广应用互联网技术，加快传统产业与互联网经济的结合，以适应未来小批量、多品种、高质量、低成本、短周期、生产柔性、环境友好的生产模式的发展。②在产品流通中加快电子商务的推广应用，加快工业行业与物流业的对接，在工业企业推广供应链管理，实现精益生产和精益物流，实现工业行业与物流业共同促进、共同发展。注重发挥大企业的示范带动作用，通过物流信息化，把上、下游企业及社会物流连接起来，加速供应链企业群体的发展，建立工业现代流通体系，切实加快"两化融合"进程。③充分发挥试点示范效应，着力完善推广互联网经济的服务体系。切实抓好重点行业互联网经济试点示范，有效组织实施电子商务进企业计划，推进电子商务进社区、进农村。加大网商培育力度，加快拓展电子商务服务领域，推进互联网技术创新，不断完善支撑体系。

### 3. 研究统计口径，列入统计范畴

需要研究电子商务的统计口径，研究国家关于物流业的统计口径、互联网经济的统计口径和统计方法。尽可能地将统计工作纳入政府统计范畴，将统计结果纳入杭州市统计年鉴，使杭州市互联网经济的统计具有一致性和持续性，为各行各业提供统一可信的数据源，为政府决策提供可靠的数据支持。统计工作是一项基础性的工作，它既要遵从国家的有关规定，又可以在国家尚没有充分和恰当规定时作出创造性的贡献。

### 4. 鼓励开展电子商务的深层次应用，创造企业交流环境，大力引进先进的互联网经济企业

杭州市的领域电子商务网站门类众多、数量巨大，在国内享有盛誉。进一步扩展领域电子商务网站的数量空间已不大，不宜抱以过高的期望。具有巨大发展空间的是提升现有领域电子商务网站的服务水平和服务内容。政府要逐步控制对一般性网站建设的支持，而要强化对深层次应用的支持，即加强对网上交易和网上支付服务的引导支持，并要有明确的功能要求和考核指标，保持中国电子商务之都的强势地位。

为把杭州打造成互联网经济强市，仅靠电子商务一花独放是不够的，还需大力推进

其他互联网经济领域的发展,特别是大企业、代表性企业的发展。为此,一方面要加强对本土企业的培养和支持,并通过加强和支持行业协会、用户协会的建设,创造和完善同类企业交流沟通的机遇和平台,开阔视野,互补短长。另一方面要想方设法引进大型、先进的国内外互联网经济企业,这是推进杭州市互联网经济发展的一条捷径。

### 5. 支持有条件的企业迈出国门、走向世界

过去十年的实践表明,我国电子商务企业在国内市场很有竞争力,国际电子商务巨头在国内市场的竞争中没有占到任何优势,反而经常惨败而归。我们还需要证明,在国际市场上,杭州的电子商务企业同样具有竞争力。通过引导、政策和有力的经济措施,支持有条件的电子商务企业将平台拓展到国外,将服务延伸到第三国,使杭州市强势的电子商务企业逐步成长为国际性的电子商务企业,将中国电子商务之都建设成国际电子商务之都。

### 6. 进一步提升社会网络通信基础设施,布局节能数据中心建设

杭州市的通信基础设施已处于国内城市的前列,但为了推进杭州互联网经济的发展,还需要进一步提升城市通信基础设施的能力。政府要协调通信服务商,共同努力,尽快在城市区域实现"百兆进户,千兆进楼"的通信能力,并进一步提升互联网的国际连接带宽能力。

随着互联网应用的发展,特别是大型电子商务应用平台等的发展,应用服务器的数量将快速增长,服务器应用的能耗将急剧增长,这不但会增加企业的经济负担,而且会造成对环境的威胁。建设大型节能型互联网数据中心(IDC)(也称为"绿色"IDC)的需求将持续增长,这既是杭州面临的问题,也是引起世界广泛关注的问题。政府和企业要关注绿色 IDC 的建设需求和机遇,未雨绸缪。新安江水库的部分水域就坐落在杭州市辖区内,该水库水深达 100 米,具有容量巨大的冷水团,是天然的冷却资源,对建设生态IDC 具有得天独厚的条件。

### 7. 大力发展泛在网络应用和移动互联网经济

工业信息化部于 2009 年初发放 3G 移动通信服务牌照,中国巨大的 3G 应用市场大幕拉开。伴随着 3G 市场的开放,移动电子商务、移动内容服务、移动搜索、移动网游、移动金融服务市场出现了巨大的机遇,也必将迎来激烈的竞争。政府要抓住机遇,通过专项研究和产业发展等措施,加强对移动互联网经济发展的支持,并支持杭州企业占领更大的国内市场份额。

无线传感器组网源于军事组网需求。由于组网方便、机动性强,在不便架设固定连接的场合无线传感器组网具有显著的优越性。无线组网技术在经济领域有巨大的应用前景,高压输配电设备和线路的自动远程温度检测、大型粮库的温湿度自动检测、敏感区域的水位和流量检测、集散控制等都有它大显身手的潜力,已引起各国的关注和投入。无线传感器网络和互联网连接后将使网络无处不在,形成泛在网络(Ubiquitous network),实现机器对机器的 M2M 通信。无线传感器网络需要传感器、无线通信技术、网络连接和应用、安全和保密等多种技术的支持。

抓住机遇,大力研发上述技术,大力推进基于3G和无线传感器网络的应用,大力发展移动互联网经济,既是企业的机遇,也是政府的使命。

### 8.加强信用管理和信用服务,逐步规范市场行为

杭州市信用管理协会建立并运行杭州信用网,通过第三方中介实施对企业的信用评级工作,做出了有益的工作。但由于掌握的信用信息的局部性和片面性,信用评级服务也难以达到全面、准确的水准。需要加强和加快杭州市政府联合征信系统的建设,覆盖企业和个人,充分发挥政府掌握的信用信息的作用,使政府、中介和企业各自发挥信用服务和监管的作用,并加强互动。

在互联网经济发展初期,在经济危机时期,为鼓励企业介入和快速发展,适当放宽对互联网经济活动规范性的要求和监管是合理可行的。随着互联网经济活动规模的扩大,当单一平台上的经济活动已达到和超过百亿和千亿元的时候,市场准入和监管就应该逐步进入政府的视野。特别对于提供在线交易和在线支付服务的平台服务提供商和平台注册商户,这种规范、监管和税收公平性就显得日渐明朗。尽管不同的平台服务企业都采取了一系列的措施,但光靠平台企业是不够的,还需要政府层面的监管。研究互联网经济特点并逐步规范互联网经济活动是不可回避的议题。

### 9.强化人才培养和网商建设

互联网经济是知识经济,掌握知识的人才对互联网经济的发展起到了决定性的作用。杭州自然环境优越,适合知识型企业的成长;在杭州市的高等学校每年培养大批高素质人才;另外,以阿里巴巴为代表的大型企业也开始重视对应用型人才的培养;杭州市政府不断推出人才发展的措施和政策。杭州人才培养和推进工作已经处于良性状态。

在众多有利条件之外,也必须看到潜在的不利因素。杭州生活水准高,房价高,这对引进青年人才、尤其留住青年人才长期发展不利;杭州离上海不到200公里,随着高速交通的发展,沪杭两地交通日益便利,往返时间日渐缩短。因此,具有众多优势的上海对人才的引力会更具诱惑力,这对满足杭州互联网经济发展的人才需求是个考验。政府需要从战略的高度,协调社会各方面的力量,持之以恒地创造人才发展的大环境,以引进人才、留住人才,充分发挥人才的作用。

基于互联网的创业门槛不高,起步较容易,很多大学生有创业的愿望,但要获得成功是十分不易的。除先进的技术支持外,创新的商务模式显得特别重要。需要对广大在校大学生进行创业意识和创业能力培训,包括创业领域选择思考、互联网商务模式分析、融资渠道和程序、知识产权的保护和获得、市场开拓基本技术、财务分析基本方法、团队建设技巧等等。通过这些人才培训工作,拓展大学生的创业积极性,提高大学生创业的成功率。

当前还要特别强调对"网商"人才的培育,为更多的人提升就业和创业的能力和机会。培训内容包括互联网基本技术、基于互联网的商业模式和赢利模式分析、网银使用方法、在淘宝网等电子商务平台上经商的业务流程和支付流程等。网商人才的培训对

象不仅仅是在校大学生,更可以是各类社会人员;培训的主体也不仅仅是学校,优秀的互联网企业同样可以发挥重要作用。

选择优秀企业作为大学生实训基地,杭州市、区两级财政可以通过多种途径给这些企业一定的政策或资金支持,并为参加实训的学生提供一定的生活费。继续积极推进全市性的大学生程序设计、电子商务竞赛、动漫与多媒体设计、电子设计等活动,引导学生理论联系实际,提升学生的实践创新能力,并为风险资本和技术的对接创造条件。

### 10. 发展风险资本,创造风险资本和创新创业的对接机遇

成功的互联网企业往往起始于一项先进的技术或一个创新的商务模式。由于商业银行更看重资金借贷的安全性,因此,互联网企业的成长和成功往往需要风险资本的支持。浙江和杭州民间资本雄厚,建立风险资本的条件充分。要鼓励民间风险资本的建立,并制定风险资本管理办法。要创造条件让更多的创业企业获得风险资本的信息,获得与风险资本对接的机会。杭州市大学生创业评审过程中广泛地邀请风险资本介入就是一个很好的实践,值得在更大的范围推广。

# 案 例 篇

# 11

# 电子商务案例

本章选取了综合电子商务平台、行业电子商务平台、旅游电子商务和企业电子商务四个方面共 30 个案例来说明杭州市电子商务的总体发展情况。

## 11.1 综合电子商务平台

### 11.1.1 打造世界一流电子商务服务商——阿里巴巴

阿里巴巴集团是全球电子商务的领导者,是中国最大的电子商务服务公司。阿里巴巴集团总部设于中国杭州,并在中国超过 40 个城市设有销售中心,另外在中国台湾和香港、欧洲及美国均设有办事处。

1. 基本情况

阿里巴巴集团现有五家子公司:阿里巴巴网络有限公司——全球领先的 B2B 电子商务平台;淘宝网——亚洲最大的网络零售商圈;支付宝——中国领先的第三方在线支付平台;阿里软件——基于互联网的商业管理软件;雅虎口碑——中国最大的生活服务电子商务平台。

它们在所在领域都取得了领先的行业地位。在金融危机的形势下,公司业绩保持了快速稳健的增长。以香港上市的阿里巴巴网络有限公司为例,2008 年,阿里巴巴的总营业收入为人民币 30.01 亿元,较 2007 年增长 39%;净利润为人民币 12.05 亿元,实际较 2007 年增长 95%。

同时,阿里巴巴集团秉承生态化的发展思路,致力于“打造开放、协同、繁荣的电子商务生态系统”,并坚持商务平台与社会责任平台的统一,为客户、合作伙伴和社会领域创造了可观的经济社会价值。

2. 行业地位

以互联网业务线划分,阿里巴巴集团的业务涵盖了电子商务平台、网上支付平台、在线软件服务平台和即时通信等门类。

(1)电子商务平台。阿里巴巴集团拥有阿里巴巴 B2B、淘宝网及雅虎口碑等电子商务平台。

• 阿里巴巴 B2B。根据 ALEX 全球排名,阿里巴巴 B2B 是全球排名第一的电子商务、国际业务和贸易网站。阿里巴巴曾连续七年蝉联《福布斯》杂志评选的"全球最佳B2B网站",并被《财富》杂志评选为"最受全球企业家欢迎的网站"。2009年第1季度,阿里巴巴营业收入8.07亿元,同比增长19%;实际净利润2.53亿元,环比上升27%。第1季度,阿里巴巴新增了220万名注册用户、42.7万个企业商铺和超过4.95万名付费会员,这些都表明阿里巴巴的市场领导地位。截至2009年3月底,阿里巴巴在国际和国内两个交易市场共拥有4030万名注册用户、500万个企业商铺和481575名付费会员。

•淘宝网。2003年,阿里巴巴投资成立淘宝网。目前,淘宝网已经发展成亚洲最大的网络零售商圈,2008年交易额达到近1000亿元。淘宝的定位是电子商务的基础服务提供商。目前淘宝有注册会员1.2亿,同时在线商品数超过3亿件,每天交易额超过5亿元,每天客流量超过2000万。淘宝网流量稳居中国互联网站前三名。2008年,淘宝提出大淘宝战略,以开放平台促进网络零售市场发展,引领全球同行的理念变革。

•雅虎口碑。雅虎口碑提供生活信息服务。2008年6月,中国雅虎和口碑网整合,成立雅虎口碑网,正式进军生活服务领域。雅虎口碑网以全网搜索为基础,为生活服务消费者打造出一个海量、方便、可信的生活服务平台。网站一经推出,就确立了在同行业的领先地位。目前雅虎口碑是国内最大的生活服务电子商务平台。网站有效分类信息量稳定保持在1200万以上,相应浏览量周增幅保持在15%左右。生活服务的用户数量明显增长,2009年春季直接注册用户增长500万,增长速度较此前增加25%。雅虎搜索的日访问量在1亿次左右,每日用户数量达到了1700万。

(2)网上支付平台。

支付宝是阿里巴巴集团专门经营网上支付平台的子公司。据艾瑞咨询2008年调研报告显示,支付宝市场占有率达到50.7%。截至2009年2月底,支付宝的全国用户总数已经达到1.5亿,占中国网民总数的一半左右,已经成为中国互联网的一项基础应用。

支付宝主要提供以下服务和产品:提供针对B2B、B2C、C2C在线交易的电子支付解决方案;提供信用卡还款以及水电费、通信费等公共事业缴费服务;提供小额批量付款等企业清算解决方案以及客户管理等营销工具、卖家信贷等增值服务。

(3)在线软件服务平台。

阿里软件是国内在线软件服务(SaaS)领域的龙头企业。据易观国际2008年发布的年度SaaS报告显示,阿里软件以49.1%的市场份额(收入)稳居国内第一。阿里软件正以10倍显著优势领跑中国SaaS市场。阿里软件目前自主研发的产品有三款:网络营销管理利器"e网打进"、外贸流程化管理工作站"外贸版"、中小企业全面管理专家"钱掌柜"。其中,"e网打进"的付费用户已超过数万家,可有效地帮助中小企业提高网络营销效率3~5倍;"外贸版"的付费用户也已经过万,并在外贸细分领域占据了90%以上的市场;"钱掌柜"是2009年3月31日刚推出的最易用、最安全、功能最全面的中小企业在线管理软件服务,短短一个月后已有20万用户注册使用。

(4)即时通信。

阿里旺旺是阿里软件研发的连接"阿里巴巴"、"淘宝"、"支付宝"用户的即时通信沟通平台,是阿里巴巴为商人度身定做的免费网上商务沟通软件,它能帮用户轻松找客户,发布、管理商业信息,以便用户及时把握商机,随时洽谈做生意。2008年,阿里旺旺用户超过1亿。据艾瑞咨询发布的《阿里旺旺品牌2008年度研究报告》显示,阿里旺旺是用户网上购物时最常使用的即时通信工具。

3.主要赢利模式

(1)电子商务平台。

•阿里巴巴B2B会员制收费模式。阿里巴巴B2B的收费会员分为中国供应商和诚信通会员。"中国供应商"服务主要面对出口型企业,依托网上贸易社区,向国际上通过电子商务进行采购的客商,推荐中国的出口供应商,从而帮助出口供应商获得国际订单。"诚信通"是阿里巴巴为从事国内贸易的中小企业推出的会员制网上贸易服务。诚信通分为企业版和个人版两种,企业和个人均可申请购买阿里巴巴诚信通服务。"出口通"是帮助中小企业拓展国际贸易的出口营销推广服务,它基于阿里巴巴国际站贸易平台,通过向海外买家展示、推广供应商的企业和产品,进而获得贸易商机和订单。

•搜索竞价模式。竞价业务是现阶段阿里巴巴除会员制收费外另一大业务收入。阿里巴巴为诚信通会员提供的按点击付费的搜索引擎服务,可使其精准推广到有效目标客户面前,并按实际推广效果来付费。壹推广是雅虎口碑网推出的按天付费的搜索竞价排名服务。用户按照每天愿意付出的费用对一个关键词进行竞价。竞价的高低决定了用户广告在相关搜索页面的排名情况。壹推广所有的关键词都是人民币一元一天起竞,旨在为生活服务的中小商家提供一个经济实惠、简单易用而又贴近潜在消费者的网上营销渠道。目前,雅虎口碑正在生活服务电子商务基础上开拓更多类似P4T(Pay for Time)的收入模式。

•淘宝网收入模式。淘宝网目前业务跨越C2C、B2C两大部分。对于个人用户,淘宝目前实行免费策略,以培育中国的C2C市场。2008年,为进一步推进"大淘宝"战略,阿里巴巴集团宣布将在未来5年内对淘宝网投资50亿元人民币。淘宝网希望通过50亿的投资和继续免费的政策,进一步提升网购人群在上网人群里的比例以及更大地促进市场的强劲增长。在面向B2C业务的淘宝商城,淘宝网在帮助更多的企业在网络购物市场获得利益的同时,通过服务费和收入分成等多种方式,从中获得合理的商业回报。淘宝目前绝大部分收入来自广告。淘宝网在2008年8月首度实现当月盈亏持平。未来淘宝将开拓更多收入来源,如数据服务等。

(2)网上支付平台。

支付宝的主要赢利模式包括外部商户的服务费和支付宝站内服务的相关服务费用等。支付宝目前的经营并不以赢利为目的,而是希望最大化地方便用户,帮助中小企业电子商务发展,为用户创造最大的价值。2008年,支付宝实现交易量1375亿元,比2007年增长176.66%。

(3)在线软件服务平台。

4. 创新点

在当前严峻的国际经济形势下,阿里巴巴集团取得了稳健的经营业绩,这主要源于公司坚持创新、锐意进取。

(1)电子商务平台创新。

• 阿里巴巴 B2B。

政企协作助力中小企业"过冬"。以浙江"万企工程"为例,2008年,浙江省政府联合阿里巴巴率先在浙江启动"万家企业电子商务推进工程"。在首期3个月的计划中,阿里巴巴加强推广力度,在采购旺季引入更多买家,针对会员进行专业培训,参与政府的合作计划,提供优惠服务,使当地中小企业能够以更方便、更低成本的方式应用电子商务。

创新产品,推出"出口通"。2008年,在金融危机的背景下,阿里巴巴秉承"投资于企业,让利于客户"的理念,以1.98万元的低门槛价格推出"出口通"服务,让更多的中小企业能够用上电子商务。

顺应技术变革,推出3G版电子商务平台。阿里巴巴在2009年3月推出的电子商务3G版率先在内贸企业的"诚信通"客户中推广使用,一年内针对所有"诚信通"用户,免费提供3项移动功能及1项升级服务。3G版诚信通具有"网上留言短信提醒"、"短信效果报告"等移动功能,同时能与阿里旺旺无缝对接,实现网络与手机的双网互动。

协同银行业解决中小企业融资难。融资难是中小企业面临的主要困难,而银行则缺少为中小企业提供有效贷款的机制,这让很多中小企业在经济寒冬中面临更大的困境。阿里巴巴联合工商银行、建设银行,创新性地推出基于阿里巴巴电子商务平台诚信体系的无抵押贷款服务,积极帮助中小企业解决融资难问题。这一创举使中小企业不再单纯依靠资产和担保等来获得贷款,同时也促进了银行业自身的机制创新。截至2009年4月21日,阿里巴巴已支持银行业,针对华东地区907家企业放贷18.8亿元,部分缓解了中小企业的资金需求。

• 淘宝网。

在电子商务浪潮来临初期,诚信、支付、物流等几大难题一直严重制约着中国C2C电子商务的发展。淘宝网创造性地通过建立网上诚信机制(交易评价体系)、开辟第三方支付模式(支付宝)等举措,在一定程度上解决了这几大难题,并使中国电子商务以鲜明的中国特色,自立于世界互联网的商业版图,赢得了世界性的声誉。

淘宝网的下一步创新就是转变为电子商务服务提供商,为所有的电子商务参与者提供水、电、煤等基础服务。淘宝网希望通过"开放平台"的方式,将自己在网络零售方面的经验、技术和资源与所有网络零售参与者共享,为它们提供服务,从而发挥网络零售的协同效应,使得整个市场更加繁荣。

淘宝网的发展带来了广泛的社会经济效益。2008年,通过淘宝网实现直接就业的人数超过57万人。以网络创业带动社会就业的淘宝式就业,已经成为解决国内就业问题的一个创新途径,并引发媒体关注。

• 雅虎口碑。

P4T 的壹推广作为质优价廉的网络推广方式,深受广大企业欢迎。"关系"是唯一也是第一家生活服务电子商务的 SNS,将国内 SNS 导向实用性。2008 年 10 月,"关系"产品上线,它整合了雅虎口碑生活服务的基因,其最终目标是提供一个生活服务口碑相传、生活信息分享提供、帮助解决生活实际问题的网络社交平台。"关系"将全力打造中国最大的、真实的、可靠实用的网络生活服务社交平台。

(2)网上支付平台创新。

支付宝公司在创立之初就创造性地推出了"担保交易"模式——作为独立的第三方机构,通过为买卖双方提供货款暂时保管,确保支付过程中双方的货、款安全,消除双方的不信任感,从而大大地提高交易效率,促进电子商务的迅猛发展。除了模式上的创新之外,支付宝还创造性地推出了大量的创新产品。①中国邮政和支付宝合作推出的"网汇 e"使得没有网上银行的用户,也可方便地进行网上安全消费。②针对网银用户偏少,而大量用户又希望网上消费的需求创新性地开发出了"卡通"支付方式,使用一张银行卡跟支付宝账户捆绑,支付宝账户和银行卡之间可不需要通过用户的操作就能实现资金的自动流转。如与建设银行合作推出的支付宝龙卡,使得网上购物付款不需要登录网上银行,有效缩短交易流程。③在水电费缴纳、社保费缴纳等很多领域创新性地引入了支付宝,极大地方便了用户。此外,支付宝还孕育出大量创新型业务,如帮助中国用户到海外网站购买商品。

(3)在线软件服务平台创新。

阿里软件创新性地采用了全球最新的 SaaS 模式。2009 年 3 月,阿里软件宣布将投入 10 亿元向中小企业推广管理软件,并承诺未来三年免费,在三年内使中小企业管理软件普及率从 10% 提升至 40%,让更多中小企业以信息化为武器,用先进的软件服务去管理,进而参与全球化竞争。这是金融危机爆发以来,中国软件业帮助国内中小企业"过冬"的最大手笔。

阿里软件还同步推出了钱掌柜管理软件,该软件主要面向中小企业推广,包含财务、进销存、客户关系管理三大核心应用。4 月,阿里软件联手淘宝,推出了面向 1 亿多淘宝用户的免费管理软件"钱掌柜"网店版。

(4)即时通信创新。

阿里旺旺是国内商务即时通信领域的知名品牌。阿里旺旺每天衔接 10 亿元的交易额,大量商务沟通在其中进行。未来几年,阿里旺旺除了继承商务即时通信工具的功能外,还将着力打造面向阿里巴巴集团海量用户的软件在线交易客户端平台。

"开放、自由、个性化定制"是阿里旺旺的特点,它为开发者提供了丰富的 API 接口、庞大的用户流量和新品基础推广,为用户提供了个性化的软件服务、完善的售后服务和安全便捷的账号体系。

2008 年 5 月,阿里旺旺携手前程无忧,推出"亮灯计划",将前程无忧的招聘信息植入阿里旺旺,实现了企业和求职者的在线即时互动,支持尽快找到互相匹配的人才和工作机会。2008 新版阿里旺旺为用户带来了全新的体验,如邮件提醒、i 助手等。目前阿里软件的平台上已经汇聚了上百家 ISV 和多种软件服务,这些服务都可以通过阿里旺旺在线使用。

面向未来,阿里巴巴集团将继续秉承艰苦创业、大力创新的精神,本着"让天下没有难做的生意"的愿景,持续服务于广大中小企业和创业者、消费者。作为生于杭州、长于杭州的一家企业,阿里巴巴集团将持续服务于杭州市电子商务服务业发展,并协同产业内的同行企业,坚决贯彻落实杭州市委、市政府"打造世界互联网经济强市与电子商务之都"的发展战略,为杭州市的经济社会发展贡献自己的力量。

### 11.1.2　细分天下、网赢天下——网盛生意宝

#### 1.基本情况

浙江网盛生意宝股份有限公司是一家专业从事互联网信息服务、电子商务和企业应用软件开发的高科技企业,是国内最大的垂直专业网站开发商,国内专业 B2B 电子商务发展模式的标志性企业。

目前,网盛生意宝股份有限公司拥有一支由博士、硕士、学士组成的层次合理的技术开发队伍、市场开拓及服务队伍,员工 1200 余人。网盛先后在北京、上海、广州、南京、济南、郑州、成都、沈阳、石家庄、青岛、无锡、福建、韩国首尔、美国西雅图、荷兰等地设立了分支机构,形成遍布全国、辐射全球的市场及服务体系。

网盛被浙江省科技厅认定为浙江省高新技术企业(浙科发高〔2001〕248 号),被批准为杭州高新技术产业开发区软件产业园企业(杭高新〔2001〕347 号),通过软件企业认证(浙信〔2001〕287 号)。网盛曾先后承担"国家高新技术产业化项目"、"浙江省软件产业发展计划项目"、"省经贸委推进流通企业电子商务进程项目"、"杭州市第一批高技术产业化项目"等省市乃至国家级重点项目。

网盛先后创建并运营中国化工网(www. chemnet. com. cn)、全球化工网(www. chemnet. com)、中国纺织网(www. texnet. com. cn)、国际纺织网(www. TexWeb. com)、医药网(www. pharmnet. com. cn)等多个国内外知名的专业电子商务网站,以及国内最大的专业化工搜索引擎 ChemIndex(www. ChemIndex. com),在行业网站运营领域具有无可比拟的经验、技术与资源优势。网盛通过收购、参股的方式运营的有中国服装网、中华服装网、中华纺织网、中国农业网、中国机械专家网等高成长性垂直网站,成功创造性地推出了基于"小门户+联盟"理念的生意人门户——生意宝(www. toocle. cn),荣获 2007 年度国家最佳商业模式,蓄势待发。

#### 2.行业地位

网盛旗下的中国化工网是国内第一家专业化工网站,也是目前国内客户量最大、数据最丰富、访问量最高的化工网站。中国化工网建有国内最大的化工专业数据库,内含300 亿条产品记录,覆盖 10 万多家化工企业;建有包含行业内上百位权威专家的专家数据库;每天新闻资讯更新量上万条,日访问量突破 200 万次,是行业人士进行网络贸易、技术研发的首选平台。全球化工网集一流的信息提供、超强专业引擎、新一代 B2B 交易系统于一体,享有很高的国际声誉。

　　"中国纺织网"是国内第一家专业纺织网站,也是国内数据量最丰富、访问量最高的纺织服务平台。自1998年成立以来,中国纺织网一直定位于"纺织综合服务商",并在"贸易服务平台"、"资讯行情平台"、"技术人才平台"等内容层面推陈出新,不断完善服务内容、强化服务质量、提高服务效能,是专业纺织信息服务与电子商务的领头羊。中国纺织网通过十年发展,本着细分与圈通的理念,不仅提供专业人脉拓展服务,同时还提供基于互联网、线下展会等各个层面的专业服务。中国纺织网于2008年5月全资并购了中华纺织网,从而进一步稳固了其全国最大的纺织综合服务商的龙头地位。

　　中国医药网(www.PharmNet.com.cn)成立于1999年,是目前国内最大最早的医药类综合门户网站,每天有近50万医药专业人士访问和发布各种医药信息。目前网站含有最大的医药数据信息20万药品注册数据,50万中标数据,25万零售价格数据,15万药店医院数据,医药代理数据等50个医药专业数据库,500万条各类医药数据检索。

　　"联盟网站—生意宝"(www.NetSun.com)成立于2007年,是基于行业网站联盟的电子商务门户与商业搜索平台,它平等地将各领域的行业网站的内容、流量、广告,乃至资本等资源有效整合,形成了独特的"小门户＋联盟"的模式。生意宝网站采用了"物以类聚,人以群分"以及"纵横平衡"思想来实现"生意人的第一站"的理念。整个思想体系完全贯穿于生意宝整个网站,包括栏目设置、功能设置、版面安排、技术实现等。思想体系可概括为"细分"、"专业化"、"地域化"、"人脉"、"自定义"等关键字。网站发展到今天,已经形成了"生意搜"、"生意圈"、"生意通"、"生意社"、"生意场"、"生意人"、"生意快讯"等生意系列。发扬了"生意"系列文化,生意系列的产品名称被"中国移动"、"招商银行"等大型机构广泛引用。被媒体、同行、用户等外界群体公认为国内综合B2B网站的最强的两强之一。网站外延包含所有生意系列领域、用户群体涉及所有生意人,可以说"有生意的地方就可以有生意宝"、有"生意人的地方就可以用生意宝"。目前,每天注册的会员数已超过5000人次、日访问量突破500万、日商机超过60万、"生意旺铺"近200万、高峰期同时在线人数超过45万,其中会员4万多。

### 3. 主要赢利模式

　　网盛是我国第一代电子商务商业模式——"会员＋广告"模式的开创者与成功实践者,有10年的行业网站运营经验。针对联盟内的行业网站,网盛可以把以前的成功经验无偿复制到其他行业;针对影响已经很大的行业网站,网盛还可以参股,为其提供技术、内容、品牌乃至资本等方面的帮助。

　　同时,网盛生意宝开创了"小门户＋联盟"的模式,这种模式以网盛科技的"生意宝"服务最为典型。该模式是一种信息资源聚集和搜索的方式,这一思想来源于"垂直搜索"。本质上,这一模式类似于网站联盟,但结盟的紧密程度更甚。参与结盟的各行业门户将各自客户发布的供需信息共享给生意宝,而生意宝作为公共的查询入口为用户提供查询结果。查询结果来自于联盟网站中任何一条符合查询要求的信息,并按照发布时间先后进行排序。

　　"生意宝"以数量庞大、覆盖广泛、合作形式多样化的行业网站联盟为基础,开创了我国 B2B 领域独有的"小门户＋联盟"模式,是近年来我国电子商务创新发展的一个全新代表,也因此被誉为继"垂直行业网站"、"综合性行业网站"之后的我国第三代 B2B 电子商务商业模式,代表了未来我国 B2B 电子商务发展的宏观方向。该评价得到了互联网、传媒界和学术研究领域等诸多业内人士的广泛认同。迄今为止,"网盛"推出的行业网站联盟已经有数千家行业网站加盟,形成"B2B 细分产业链生态圈"。

### 4. 发展方向

从 2008 年下半年以来,随着生意宝(toocle.cn)"综合 B2B 门户平台"战略地位的确立,网盛在"业务多元化"方面采取了多项实际举动,如收购、控股多家行业领先垂直 B2B、进军展会业务等,经过一段时间的整合,这些新业务在营收上的贡献逐渐显现了出来。除了会员费、网站广告费以外,网盛生意宝有约 12％的收入来自于"化工贸易服务",网盛将此解释为"对外贸用户提供的深层次贸易服务",从简单的短信包月资讯到贸易辅助等。网盛也开始从过去的纯线上服务开始转向为用户提供线上线下打包的综合性服务,以提升用户体验和 ARPU 值。

作为我国民族互联网产业的领军代表,网盛生意宝独创性地探索出我国本土的两大 B2B 电子商务模式,这也是我国有别于其他国家的互联网商业模式。网盛的成功实践,得到了互联网产业界、国内电子商务理论界和新闻媒体界的普遍关注,极大地鼓舞了国内数以百万细分网站创业者。

## 11.2　行业电子商务平台

### 11.2.1　打造中国医药 B2B 第一品牌——珍诚医药网

#### 1. 基本情况

杭州珍诚医药有限公司成立于 2002 年,是一家民营科技型中小企业。珍诚以医药流通为主业,以中西成药和抗生素销售为核心,专业从事医药第二终端(指单体或连锁药店)和第三终端(指县级以下医院、社区卫生服务中心、乡镇卫生院等医疗机构)药品、医疗器械的营销和物流配送,以及医药信息咨询/软件开发等服务。

2005 年底,国家药监局颁布《互联网药品交易服务审批暂行规定》及配套验收标准,放开了药品的网上交易。珍诚医药经过深入的市场调研和政策研究,抓住了这一重大机遇,在浙江省、杭州市有关部门的大力支持下,投入近 1000 万元,历时一年多,建成了国内首家获批的药品配送电子商务平台——珍诚医药网,于 2007 年 11 月 29 日开通运营,开创了中国药品物流配送电子商务的先河。以医药经营实体为依托的珍诚医药网,实现了信息流、资金流、物流的高度协同,为上下游用户提供行业信息、在线订购、电子支付、物流配送、数据共享、促销推广等医药信息和交易服务。

### 2. 行业地位

(1)项目成果获奖情况。

2008 年 1 月,珍诚医药网电子商务平台被列为 2008 年萧山区企业信息化示范项目。2008 年 11 月,珍诚医药网电子商务平台获得杭州市商贸服务业发展专项资金资助。2008 年 12 月,珍诚医药网获得浙江省信息产业厅、财政厅"浙江省 2008 年度信息服务业发展专项资金"项目资助。同时,珍诚医药网被评为首届"萧山区十佳特色网站"。

(2)行业地位及网站访问量排名。

珍诚医药网自开通以来,网上交易活跃、业绩节节攀升。目前,珍诚医药网的日访问流量已达约 1 万 IP 用户,平均页面访问日流量达到 8 万人次。2008 年度网上交易规模达 1.4 亿,信息服务收入达 1400 万元,一举跻身杭州市电子商务规模第五名,电子商务初见成效。2009 年第 1 季度,网上交易额比 2008 年同期增长 452%,信息服务收入增长 45%,网站影响力日益提升。迄今为止,珍诚医药网 B2B 药品电子商务规模、发展速度均居医药行业首位。

珍诚医药网的初步成功,引起了行业内外的广泛关注。国内医药行业权威媒体——《中国医药报》和《医药经济报》曾多次刊登珍诚医药网开通及反映网站特色的报道;《杭州日报》、《每日商报》、《浙江在线》等也曾多次采访珍诚医药网,跟踪其经营发展过程并予以报道。省、市、区三级药监局领导先后多次调研考察珍诚医药网,充分肯定其规范性。

### 3. 主要赢利模式

电子商务平台为客户提供药品信息及交易相关增值服务,以信息服务费、物流信息费、网络促销费等作为赢利来源。2008 年,珍诚医药网实现各类信息服务收入约 1400 万元,扣除网站经营费用后的信息费收入,几乎全部贴补了药品配送服务的经营成本,使药品配送的毛利率下降幅度接近 2%。

同时,电子商务有效沟通上下游用户,减少了流通环节、降低服务成本、提升服务品质,提升了企业竞争力,促进了企业整体效益的提升。2008 年度,珍诚医药销售收入比 2007 年同比增长 92%、利税总额同比增长 2.2 倍、净利润同比增长 9 倍。2009 年第 1 季度,继续保持快速增长,销售收入比 2008 年同期增长 66%、利润增幅超过 80%。这些数据不仅证明了企业市场竞争力的提升,更是一种创新商业模式带来的崭新面貌。

### 4. 创新点

(1)创新商业模式,促使药价降低。

传统药品配送企业服务因正常经营的需要,以赚取药品差价为唯一的赢利来源。电子商务通过内容丰富的互联网信息增值服务,逐渐弱化直至完全摒弃传统服务模式只赚取药品差价的赢利模式,促使了药价降低、提升了竞争能力、扩展了企业视野,创造了一种崭新的商业模式,让传统的服务型企业插上了一双互联网的"翅膀",为实现跨越式发展积聚了能量。

(2)创新服务模式,提升药品供应链价值。

珍诚医药网实现了电子商务与传统医药产业的有机结合,创新了服务模式,形成电子商务"信息一体化,采购直通车"的服务模式,有效地减少了药品流通环节,促进了供应链的优化,大大提升了医药流通效率,节约了社会资源。

电子商务广域无界。珍诚医药网是一个信息一体化的专业软件集成系统,经备案可用于分支机构或控股子公司,突破了传统经营时空和资源整合限制,具有强大的复制能力和较大的拓展空间。电子商务模式为打造全国范围规模化药品物流配送服务体系奠定了坚实基础,这种医药流通新模式,带来了医药物流新型业态,大大提升了药品供应链价值。

公司目前正向江苏、安徽、上海等周边省市拓展,新增网上客户数、网上交易额均以30%的增幅快速增长。

(3)创新监管模式,保障药品质量。

珍诚医药网实现了信息全公开、交易全透明,为各级监管部门提供了一个信息完整、方便快捷的后台监管通道,24小时实时监控所有网上交易信息,一旦发现药品质量疑问,第一时间追踪流向、采取有效措施,停售或召回处理,有效保障百姓生命和健康。创新的在线监管模式,让供药渠道更规范、药品质量更可控、百姓用药更放心。

### 11.2.2 家纺行业的电子商务平台——中国家纺网

#### 1.基本情况

杭州贝利电子商务有限公司前身为杭州中家网络技术有限公司,于2004年初成立,公司成立后即着手电子商务信息平台中国家纺网的建设,于2006年6月完成中英文版的网上发布,并于当年9月参加了第10届中国国际家用纺织品展览会,受到了家纺行业的极大关注。

中国家纺网的建设和发展,是伴随着余杭家纺、浙江家纺和中国家纺行业的建设和发展一路走来的。中国家纺是中国纺织业的重要组成部分,当行业经过几年的培育成长之后,企业形象和品牌形象都需要提升和推广,行业资讯更成为广大家纺企业把握市场的重要依据。在这样的形势下,作为新兴产业的电子网络技术,把目光投向家纺行业既是准确的选择也是家纺行业和市场经济的需要。

中国家纺网的建立,迅速成为中国家纺行业最重要的电子信息服务平台,除了宣传发布行业政策和信息外,根据行业不断发展的需要,中国家纺网也不断进行升级改造,使功能不断增强,对家纺行业的设计研发、成品加工、品牌打造、招商加盟、人才交流、市场运作等各个方面进行网络支持,大大推动了行业的发展。2005年11月,中国家用纺织品协会正式成为中国家纺网的主办单位,中国家纺网成为中国家纺行业最权威的官方门户网站。

中国家纺网拥有一支由50人组成的专业团队,承担着技术开发、信息采编和事业拓展的任务,平台建设趋于成熟。

### 2.行业地位

中国家纺网目前收录家纺企业6000多家,客户群来自55个国家和地区,是目前全球家纺行业电子网络平台最大的企业数据库。根据国际流量监测机构ALEXA提供的数据,中国家纺网在全球家纺网站中排名第一,日PV访问量5.5万。

多年来,中国家纺网强大的推广功能和优质的服务给家纺企业带来实实在在的利益,因此受到家纺企业的广泛好评。目前,中国家纺网已经成为行业信息量最大、口碑最佳、影响力最强的家纺行业电子商务平台。

### 3.主要赢利模式

中国家纺网的主要赢利模式为广告宣传、招商服务、网站建设等。网站从建站初期到2007年一直处于亏损状态,2008年总收入为370万,利润40万,实现了建站以来的第一次赢利。多年来,中国家纺网的广告推广服务对家纺品牌的打造和宣传、企业形象的建立和展示起到了积极的作用。例如,盛宇家纺、明超家纺、艾莱依家纺等几十家品牌企业首先从中国家纺网这个窗口推向市场,赢得了消费者的赞誉和市场影响力;又如罗莱、水星、富安娜、维科等品牌成为中国家纺网高级会员后,市场影响力也通过网络平台得到加强和提升。招商加盟服务,向家纺企业直接和间接推荐客户数千家,成功案例近百家。

### 4.创新点

多年来,中国家纺网和大多网络公司一样,主要的赢利模式是广告宣传和网站建设。为了寻求新的赢利点,公司根据家纺产业的区域性和集群结构,建立了一套基本的"一揽子"合作模式。2007年,公司与绗缝家纺基地——浙江浦江合作,采取整体"打包服务",建立了长期合作的机制;2008年,公司与毛巾基地——河北高阳合作,共建中国毛巾网,采用"会员制"方式,建立了长期合作机制;2009年上半年,公司与余杭政府合作,正在积极建设"库存产品企业库"新平台,为企业产品销售开辟窗口等。以上措施正在发挥着积极的作用,新的赢利模式也逐步形成。

电子网络技术的强大功能对经济建设和发展起到积极的推动作用,作为电子商务服务商,中国家纺网将始终坚持创新求发展的路子,不断探讨新问题、总结新经验,不断提升平台建设、提高服务质量。

## 11.2.3  用信息为机电行业创造财富——机电之家网

### 1.基本情况

机电之家网(www.jdzj.com)前身为环球机电网,成立于2000年8月。2007年12月成立杭州滨兴科技有限公司,域名同期由个人站点过户到公司。公司现有12人的创业团队。公司从2009年开始进入试销售阶段以来,已经拥有40万企业会员,150万个人会员,收费会员200家,增长稳定。

机电之家专注于机电行业信息化建设,依靠雄厚的技术实力、科学的管理方式、严谨的团队精神、广泛的行业合作、借鉴国外相关领域建设的成功经验,不断扩大其在机电领域的影响力,为全面推进我国的机电行业信息化建设作出贡献。

### 2.行业地位

机电之家目前的流量达为每日 15 万 IP,35 万浏览量,远远领先与国内同行业网站。网站定位于机电行业电子商务平台、资料工具平台,覆盖了同行业中政府、企业、科研、教育等多方面的信息,总文献量逾 500 余万条。网站形成了一个集信息共建、组织管理、语言支撑、检索共享为一体的信息化系统集成平台,实现了图片上传、数据结构化处理、标准数据表的查询与数据筛选等多重复杂数据处理与加工编辑,建立了同行业中最大的文献数据库,拥有 60 余个文献及事实型数据库,为互联网提供了丰富的网络信息,总数据量约 1600G。目前,网站成为国内建立信息化应用平台规范模式,平台应用与研制的技术手段与方法在国内处于领先水平。

### 3.主要赢利模式

机电之家的主要赢利模式为"会员＋广告",附带行业资讯信息收费服务及行业网上创新劳务提成。从机电之家 2009 年试销售以来,初期 4 人销售团队月发展收费会员 30 家。

### 4.创新点

(1)采用信息聚合,由机电之家行业门户带动发展 40 多家行业门户,如中国机电网(www.chinamae.com)、中国工控网(www.chinagkong.com)、机电一体化网(www.chinamecha.com)、五金机电网(www.ji-dian.com)、中国工程机械网(www.chinagongcheng.com)等。商家一旦信息发布成功将同时覆盖下属 40 多家行业相关网站,占机电行业网站的 90％以上流量。数据采用家家平台统一管理,平台启用全方位流量统计与 Web 主动会话工具,使企业能全方位地分析自己的客户。

(2)企业上网工程和网上贸易同步进行,信息实现共享。企业在机电之家网成为 VIP 会员后,可以由信息聚合方式生成定制企业自己的网站,启用独立域名,按要求定制各种功能模块。最主要的是,企业所发布的供应信息可以实现企业网站与机电之家行业网站共享。

(3)为企业节省用人成本,机电之家开发出一套完善的网上竞标系统,企业可以自由定价所需的服务或者产品开发,然后由机电之家全体网友自由竞标,企业择优标中优秀的作品。

(4)针对机电行业的特点,抛开一贯的建设观念,实现电子商务与行业信息门户相结合,集行业之人气,解决行业内技术难点,分享经验。

## 11.2.4   酷江山五金产业服务支持中心——杭州宏创电子商务有限公司

### 1.基本情况

杭州宏创电子商务有限公司成立于 2004 年 10 月,是中国电子商务协会五金机电专业委员会发起人单位。旗下有五金行业 B2B 信息平台全球五金网(wjw.cn)、中国电动车网(ddc.net.cn)和全球电池网(qqdcw.com)。2009 年初,公司寻求以创新的商业模式来服务五金产业,即在原有信息平台的基础上,开发全球五金网产品交易平台、五金产业服务支持中心酷江山网,公司运营创新的核心是以开放的模式运营各个平台。

公司注重思想创新、广泛合作、客户参与和资源整合,本着"把一家一家客户服务好!"的理念,致力于"让中国每一家五金企业都开展电子商务"的远大目标,努力打造新一代行业电子商务门户网站和五金产业服务支持中心。

### 2.核心经营平台

(1)B2B 电子交易平台(全球五金网)。利用全球五金网的 B2B 信息平台,建立电子交易市场,合作银行参与提供各种金融服务。以五金原材料的团购为起点,逐步发展产品交易。

(2)五金产业服务支持平台(酷江山)。建立开放互动的制造业服务外包交易平台。通过这个平台,制造企业可以将除制造本身之外的任何服务进行外包,从而降低制造企业的管理和运营成本,获取速度、创新和知识。

### 3.行业地位

目前,全球五金网中英文站为 30 多万国内外五金行业用户服务,平均每天新增各类生意信息 2 万多条。网站访问量和 ALEXA 综合排名目前是国内同行最高的。全球五金网自 2000 年成立至今,连续数年荣获"中国电子商务 TOP100"称号、"最具投资价值奖"及"中国行业百强网站"等。宏创公司目前是"杭州电子商务应用示范企业"、"企业信用等级 AA 级企业",2008 年获"浙商明日之星"最具潜力奖。

五金行业交易和服务的需求由公司内部提供服务已经无法满足,开发新型的产品、服务交易平台和宏创公司开放运营迫在眉睫。五金产业服务支持中心酷江山网是低成本的网络化产业服务平台,主要提供 3 项职能:产业服务平台(全球五金产业生产要素交易市场)、产品交易的助手(酷江山的全球人脉是五金产品电子交易的中间商)、企业电子商务外包的中心(每家企业都可雇用电子商务在线助理,即酷客)。在 3G 应用和全球化不断深化的情况下,这种因应五金产业现实变化需求的商业模式创新,将产生巨大的经济利益和社会效益。

### 4.主要赢利模式

(1)VIP 会员,将五金网原有五金通会员与酷江山的 VIP 酷客会员模式相结合,在两者会员需求与服务对接的情况下收取会员费用。

(2)交易佣金,即五金产业生产要素的提供者与需求者通过平台达成交易时,收取其交易额一定百分比的佣金。

(3)即时广告,即小额即时推荐广告。企业发出需求时都希望在短时间内能够达成,而及时广告的设置恰满足了其任务发布的急迫性,是企业赢利的一个要素。

### 5.创新点

(1)开放的模式经营五金产业服务交易平台,小团队、大经营,即轻资产经营、外包经营。酷客是在酷江山上承接全球五金网本身的外包服务的威客。当前,平台的客户群体既包括发布需求的企业,也包括承接外包服务的酷客,但这个庞大的客户群体只需要一个非常小的线上管理团队。通过一个完善的五金行业外包系统,然可将企业的需求与酷客的服务进行有效对接,即完成交易的过程。

(2)利用酷客模式运营全球五金产业生产要素交易市场,企业降低成本,更获得速度、创新、知识,服务商和人才获得收益,长期驻扎。平台为每家会员企业聘用1名酷客,利用全球五金网交易平台和酷江山的任务平台,协助会员企业进行电子交易和服务外包工作。深度挖掘客户需求,使企业在平台上发布的将不再是简单的产品展示信息,而是大量的五金产业生产要素需求信息。而经过整合的行业人才资源,即酷客间合作,将低成本地为企业获得各种服务、资源和创意,以及全球交易机会。

(3)广告模式创新。在平台上,用户将免费发布广告信息,因为用户直接要的是结果。所匹配的酷客及其他游客在得到这一广告信息之后能及时提供解决方案及创意,一旦发布者收到满意成果达成,支付酷客一定的劳务费,广告平台将收取一定数值的佣金。

酷江山五金产业服务支持中心这个任务和外包平台,极大地促进知识、信息、渠道和社会资源的合作共享,对于促进行业整体发展意义重大,尤其可以直接降低五金行业企业的运营成本。

### 11.2.5 从传统农产品到电子商务,"鼠标"创造无限商机——中华名优特产网

从传统的农产品到新兴的电子商务,杭州汇林食品集团有限公司在瞬息万变的市场经济环境下,借助中华名优特产网,为传统农产品生意开辟了广阔的发展空间,同时也开辟了农业信息化新的发展天地。

#### 1. 基本情况

杭州汇林食品集团有限公司是一家从事现代农产品加工及农业信息化的科技型农业龙头企业。作为一家涉足农业领域10多年的农产品加工企业,杭州汇林食品集团有限公司。跳出传统的经营模式,走电子商务发展之路。中华名优特产网于2005年7月正式成立了。

汇林集团从网站每天获取的商情信息为3800条左右,并与全国481家特产之乡和近311家大型农产品批发市场建立了联系,客户群与日俱增,已达到50万个,网站的日访问量达30万次。网站能在短短三年时间拥有高点击率与庞大客户群,与汇林集团实行的"放水养鱼策略"紧密相关。从2007年开始,网站对广大会员实施签订合同三年后,前两年免费使用、第三年付费的放水养鱼策略,赢得了客户的青睐。

中华名优特产网面向企业,服务大众,不仅为企业招揽了大量客商,而且使企业节省了大量跑供销的业务费用,实现了农产品资源源源不断地在线流通,小企业赢得了大市场。

经过十几年的发展,汇林集团产品已从单一的炒货发展到炒货系列;蔬菜系列、山茶油系列等近百个品种。自从2002年成立技术中心后,汇林集团大力引进新技术、新品种,积极开发新产品和新工艺,调制适合大众口味的色、香、味配方的各种休闲食品。

这些产品自投放市场以来,赢得了广大消费者的青睐,企业也因此获得了良好的经济效益和社会效益。

汇林集团通过中华名优特产网展示公司产品,发布汇林集团农产品的供求、销售信息,吸引消费者、拓展销售渠道,同时在中华名优特产提供的农产品信息(土特产价格及其走势图、市场分析报告,交易信息、国际贸易信息)的基础上,结合网上农产品的供求信息,适时调整公司产品价格,在网站寻找商机,最终实现网上交易。

中华名优特产网创办时间虽不长,但定位准,机制活,功能强,从而提高了网站自身的知名度,也给公司带来了众多商机,突出体现在以下方面。

(1)利用网络辐射广的优势,对汇林集团产品作打包宣传。2006年底,网站在首页制作了"汇林年货大团购",以图文并茂的形式展示了汇林的一系列炒货产品。这张品牌一打出,直接为汇林集团带来了近300万元的销售额。此后,汇林集团便开设了网上销售专区,并取得了可喜的成效。

(2)建立网下连锁店,与网上销售遥相呼应。汇林集团经过两年的电子商务经营实践,发现了更适合企业发展的集网上销售与网下销售相结合的模式。经过多方考虑后,汇林集团于杭州市区等较繁华地区建立了网下连锁店,将网上展示的各类优质产品移驾于实体店内,实现了网上、网下销售的紧密结合、优势互补。

通过中华名优特产网,使汇林集团产品扩大了影响力、拓展了汇林集团产品的销售渠及流通速率;使交易环节减少,提高汇林集团整体运作效益,节约了生产成本。

2.行业地位

经过多年的努力,汇林集团在取得发展的同时也获得了诸多荣誉,曾先后被评为浙江省农产品加工示范企业,浙江省旅游产品生产重点企业,浙江省农业科技企业,等几十个称号。"汇林"商标已被认定为浙江省著名商标、中国驰名商标。

汇林集团建设的中华名优特产网在Alexa排名中稳居特产行业网站第一名,网站PR值已达6,每日PV流量达30万,高居农业网站前三,曾先后荣获"土特产、特产行业网站排名第一"、"中国行业电子商务网站100强",连续三年荣获"中国农业网站百强"等多项称号,以中华名优特产网为载体的信息化项目已被列为国家发改委首批信息化试点。

中华名优特产网国际站是国内首个针对地方农特产的国际站点,目前网站汇聚全球98个国家和地区的专业客商,与全球德国科隆、东京Foodex、美国NASFT食品展等国际展会深度合作,通过多种方式将国内产品带向全球。

3.主要赢利模式

为了在激烈的竞争中发展,汇林集团适时改变运作模式,由先前单一的B2B模式转向创新的B2B2C(卖方—平台—买方)模式。中华名优特产网开始运营的B2B模式只是将土特产行业企业通过网络充分展现出来,打造供求信息网上集散地。在单一的模式不能满足市场需求时,网站开创了创新的落地式、可复制的本地化运营模式——B2B2C模式,把企业、超市、专业市场、酒店宾馆、消费者、网下连锁店、第三方物流配送充分整合起来,实现了"四流合一"。这实现了在竞争中不断发展和壮大,同时也给企业带了较高的经济效益。2008 年,在经济形势严峻的情况下,汇林集团销售额同比去年增长15%左右,其中,通过电子商务带动公司新增销售收入 1200 万元,而且有效地降低了企业成本。

4.创新点

(1)推出了特有的落地式、本地化、可复制的 B2B2C 模式。汇林集团充分整合网络、电话、传真、短信等方式,整合特产网下连锁店、酒店、特许加盟店、集团加盟店系统,这种模式"通过线上电子商务订单与线下独立经销商体系的完美结合,以"网上网下,双向互动"的新型服务模式开辟了一条"传统农业企业＋现代电子商务"的新路。

(2)开创信息流、资金流、商品流和物流等线上、线下业务进行"四流合一"的电子商务新模式,提供市场预警机制,实现传统企业与现代电子商务的经典结合,运作模式农业领域国内首创。

随着电子商务地位的日益凸显,汇林集团紧随阿里巴巴、当当网的步伐,不断顺应时代的变化,用创新的电子商务运营模式,为中国土特产产业和农业信息化建设作贡献。

### 11.2.6　打造中国园林业的第一网络媒体——中国园林商情网

1.基本情况

成立于 2005 年的杭州集广科技有限公司瞄准园林绿化行业电子商务的巨大前景和商机,于 2006 年 6 月正式推出园林绿化行业平台网站——中国园林商情(www.18yl.com)。截至目前,中国园林商情网已成为面向国内该行业提供电子商务服务的龙头网站,取得了可观的经济和社会效益。

2.行业地位

目前中国园林商情网日均浏览量为 33.6 万次,日均 IP 为 1.2 万。根据中国农业网站排行统计,中国园林商情网名列林业园艺类的首名,在所有网站中排名第十。根据客户调查,中国园林商情网在提供服务内容、客户日常服务、产生效益等各方面均领先于同类网站。

3.主要赢利模式

中国园林商情网在推出之初提供免费的信息服务以及企业信息发布服务,通过在全面各地的多种方式推广,以及热情细致的服务,迅速在行业内树立起良好的口碑。

自 2007 年下半年起,网站陆续推出了企业宣传收费服务(包括商铺建立、信息发布、广告服务、排名服务等),为企业在网站展示企业形象、宣传产品提供良好的渠道,使大批企业通过网上营销获得收益,进而通过良好口碑,积聚越来越多的企业前来加盟。2008 年,中国园林商情网实现会员及广告收入 60 余万元,开始走上赢利的道路。截至目前,网站共吸收企业 3 万余家,其中收费企业 800 余家。

2008 年上半年,中国园林商情网开始介入植物租赁行业,通过建立养护基地、物流配送、服务中心等,实现了实体化运营。目前在杭州的网点已实现销售额 70 余万元,在短时间内即实现了赢利,并在规模上大大超过了本地中小型租赁企业。在杭州本地稳定发展后,网站计划将在国内开辟更多的服务网站,以获得更大发展。

4. 创新点

中国园林商情网自创办以来,始终牢牢坚持的就是客户第一的宗旨,所推出的服务项目、服务功能,均是在客户共同认可的基础上研发推出,保证了企业能快速在互联网上开展业务。

良好的客户服务是中国园林商情网获得快速发展的根基所在,全天候 7×24 小时运营的呼叫中心帮助企业解决各种困难,从而深受企业信赖,为网站带来了源源不断的客流。

通过对园林绿化行业的深入了解,网站取得了上游企业的有利资源(进货渠道),进而发展起自己的实体产业——植物租赁业务,并通过平台大力宣传,取得了丰厚的回报。此业务模式一旦成型,将极有可能在大中城市进行复制,迈向连锁化的运营发展道路。

### 11.2.7　全球最大的网上塑料橡胶贸易市场——全球塑胶网

目前越来越多的企业已经充分认识到,在以计算机、通信、网络为代表的信息产业快速发展的时代,实现电子商务是企业能够在愈演愈烈的全球化市场竞争中得以生存、发展的必由之路。电子商务不仅对于传统企业的管理,如计划、组织和控制产生了影响,而且对于企业的研究开发、采购、生产、加工、制造、存储、销售以及客户服务也产生了巨大的影响。作为塑料、橡胶行业的企业需求尤为突出,全球塑胶网敏锐地捕捉到了这个市场的巨大需求,并深入到塑料、橡胶行业的产业链做市场需求调查,致力成为塑料橡胶行业中专业性最强的 B2B 电子商贸平台。

1. 基本情况

杭州志卓信息技术有限公司(以下简称志卓信息)隶属于杭州市高新区,致力于互联网产品和技术服务业务,电子商务、应用软件开发的信息化整体服务。志卓信息成立以来,一直以提供高品质的服务为首要目标,以技术研发与技术创新为战略出发点。公司现有职员 72 人,其中本科及硕士学历的职员占 60% 以上。相关业务人员都已从事IT 行业多年,具备丰富的互联网络技术、市场策划经验。志卓信息的文化核心为"信任·共进·卓越";"客户成功,我们成功"是公司永恒的服务理念,通过平台的服务为客户创造更大的经济价值和品牌效应。

在未来的发展中,志卓信息将坚持专业化、多元化的发展思路,继续保持并扩大平台在塑胶行业内的领先优势,矢志将平台打造成中国塑胶行业 B2B 交易的第一平台;成为塑胶行业内电子商务、信息化建设、贸易撮合与促进、技术交流及传播、推动产业良性发展的第一品牌。

2. 行业地位

全球塑胶网作为塑胶行业的 B2B 平台,为塑胶企业提供专业网络贸易平台和信息资源共享平台,包括商业信息、塑胶咨询、市场行情、专家点评、进口出口、展会报道、塑胶技术、产业前沿、国际大盘、政策法规、绿色环保、回收利用、研究报告等栏目。平台采用的技术主要包括 Web 2.0 的模式开发、纯静态页面的技术及伪静态技术(ISAPI_REWRITE)的相结合、SEO 搜索引擎优化技术、服务器多线路的技术等。目前全球塑胶网的会员总数达 6.2 万多家塑料、橡胶类企业,平台目前每天的 IP 访问量达 6.5 万人次以上。凭借专业的服务,全球塑胶网在 Alexa 排名中,在聚合物、化工、塑胶三个行业类目长期排名第一。截至今年 3 月底的统计数据显示,通过全球塑胶网平台注册的会员其中有 42% 的会员借助平台完成了销售和采购。在 2009 年 4 月举行的"第四届电子商务行业应用发展大会"中,全球塑胶网成功入选电子商务 TOP100 榜单,并获得"最具成长潜力电子商务平台"单项奖。随着塑胶行业发展的广泛性及 B2B 平台的日益成熟,全球塑胶网将进一步提升和促进塑胶企业的宣传销售能力、国际国内品牌的影响力;并为"电子商务之都"的杭州打造另一个顶级 B2B 平台。

### 3. 主要赢利模式

全球塑胶网 B2B 电子商务平台作为塑料、橡胶专业性行业平台,赢利模式可以归结为线上与线下相结合,深入塑料、橡胶产业链的环节中为行业内企业用户提供全方位的电子商务解决方案。全球塑胶网针对企业不同的发展阶段的不同需求,将收费服务划分为标准版和高级版两个版本,服务内容涵盖在线信息发布、搜索引擎同步推广、上下游企业自动匹配、行业展会推广、专业贴身客服、多载体数据同步等多个方面。这种以会员服务费方式的套餐式服务得到了客户的认可。自 2008 年 3 月推出收费付费以来,付费会员数量迅速增长,至 2009 年 3 月,已有超过 1000 家塑胶企业使用付费服务。同时,为了进一步满足部分客户更高的要求,全球塑胶网设计了大量有针对性的广告位以供客户选择。

2008 年金融危机爆发后,为了帮客户进一步压缩成本、进行更有效的市场推广,全球塑胶网迅速调整了产品线,推出了低价的三年服务套餐,基础会员加广告的服务组合;同时强化线下服务,将全年参展计划增加到 40 次,并围绕展会设计了更能满足客户当前需求的服务内容。这些举措得到了市场积极的反馈,在推出当月,合作客户数量就增长了 17%。

### 4. 创新点

全球塑胶网为全球的塑料橡胶企业提供 E 站通会员、广告、塑料商情杂志、会展、塑料橡胶资讯光盘、搜索引擎优化、免费自助建站、整合网络营销等多重载体的同步服务,全方位改变传统企业的营销宣传模式,高运行效率和应变速度,为企业的发展带来更大的增长空间,具体表现为以下方面。

(1)全面实现数据共享。通过我们的技术优势,将客户 Web 网站和 WAP 网站的数据与全球塑胶网实现单通,也就是说,为客户设计的 Web 和手机网站在客户添加新的信息与数据时会自动在全球塑胶网的数据库里显示,这样完全可以解决信息来源的时效性和数量上的问题,同时有效提升用户使用效率,并达到真正的一站式多载体全方位推广服务。

（2）全球塑胶网平台采用 Web 2.0 的模式开发、纯静态页面的技术及伪静态技术（ISAPI_REWRITE）的相结合、融入 SEO 搜索引擎优化技术，使全球塑胶网能够迅速提高在各大搜索引擎的排名，从而使网站更加具有人气和流量。另外，网站为供应和求购双方均提供信息自动匹配的服务和将信息行情短信发送指定手机号码或邮箱里的服务，这样对大部分不懂电子商务应用的企业经营者来说更容易接受和认可。

（3）收集客户意见和使用偏好，简化页面设计，分化服务项目为多级服务类别以供客户自主选择。增强以用户偏好为导向的分板块分级别调整，不断完善客户体验，加强全程化智能帮助以及使用指导。

（4）在网下同样为客户提供一站式服务。全球塑胶网与行业展会与行业协会密切合作，在每年超过 40 次的各专业展会上为客户提供产品样品或相关资料的宣传，并帮助会员企业搭建起自己的电子商务，同时平台推出了《全球塑胶商情》书刊和资讯光盘，对采购商和供应商都是非常直接有效的一种线下宣传方式。

（5）做到每个客户都有制订客服人员跟进服务，同时并限制单个客服人员最高的服务客户数量，以保证每个会员可以得到高质量的贴身服务。

（6）有效调整内部管理制度，让客户只要简单拨打平台服务的任何一个电话，与互联网以及贸易或技术相关的问题都可以得到快速解决。

面对当前复杂多变的经济环境，全球塑胶网一方面为中国塑料橡胶企业降低成本、提升企业利润率、走可持续发展提供了一站式的专业便捷服务；另一方面为不断探索电子商务全面高效应用，以及寻求 B2B 商业模式全新突破的企业提供了可行的行业解决方案。

### 11.2.8　十年历练，十年蜕变——中国建材网

中国建材网（www.bmlink.com）属于杭州商易信息技术有限公司，于 2000 年元旦在杭州成立。中国建材网于 2001 年 11 月建立第一个子站点——中国玻璃网（www.glass.com.cn）。随着业务范围的不断拓展，网络需求的连续飙升，中国建材网的第二个子站点——中国铝业网（www.ALU.cn）于 2003 年应运而生。此时，中国建材网的"纵横模式"初具雏形。

杭州商易信息技术有限公司成立伊始，就把"专业、高效、创新"作为自己的宗旨，把"客户的难题就是我们研究的课题"作为自己的理念，把"用网络为中国企业创造财富"作为自己的使命，在互联网信息服务、电子商务、专业搜索引擎和企业应用软件开发的领域里快速发展。

#### 1.基本情况

中国建材网及其子站点在经历了三年的完善、充实、积淀及大量的免费服务后，于2003 年正式开始收费推广活动，并在当前实现赢利。网站还自主研发了商易建材通管理软件、商易铝业通管理软件、商易玻璃通管理软件、商易客户关系管理系统软件。在2003 年 5 月"建材通"服务上线的当年，就有超过 1100 家建材企业正式加入"建材通"会

员行列,为商易及其会员企业注入了建材业的一股新风。2004年7月,中国建材网"排名三甲"产品上线,大量的优秀企业通过"排名三甲"在同行业中脱颖而出。同年12月,中国建材网进行了整体优化改版。

2005年,为了进一步拓展市场,中国建材网开始参加国内外各种建材展会,并远赴德国、意大利参展。通过展会,和与会的企业人士及专家互动交流,从中得到了行业的前沿资讯和商机。同年12月,"建材通"会员企业已突破5000家,中国建材网获得行业"电子商务网站TOP100"称号、"建材行业第一名"、"最具投资价值奖"。

2006年,中国建材网旗下的中国玻璃网在玻璃行业中获得了85%的市场占有率;中国铝行业百强企业中70%选择加入中国铝业网。同年,中国建材网、中国玻璃网、中国铝业网同时获得行业"电子商务网站TOP100"称号。

2007年5月,中国建材网和中国电子商务协会合作成立中国电子商务协会建材专业委员会,对全国建材企业的电子商务工作进行管理、指导和协调。同年还获得了由国资委颁发的企业信用等级评价A+称号。中国建材网、中国玻璃网、中国铝业网再次入选行业"电子商务网站TOP100"称号。

2008年,中国建材网获得"杭州市电子商务示范企业"、"杭州市电子商务实习基地"、"杭州市高新技术企业"等荣誉。历经十年的发展,中国建材网已经成为中国建材企业上网的首选平台,杭州商易信息技术有限公司已经发展成为国内建材行业最大的垂直专业网站开发商。

中国建材网始终以市场和经济为导向,以创新和创利为目的,以服务社会为宗旨,一步一个脚印,整合营销策略,提升竞争优势,将网络、书刊、展会集成一体,三管齐下,为建材行业企业提供了精准的资讯,帮助企业打造独具个性的电子商务平台,取得了企业线上线下"强强联合"的双赢效果。网站也通过网络广告、会员收费、在线服务、移动增值、信息出版等取得了丰硕的成果。2007年中国建材网的主营业务收入达到441.16万元,比2006年增长49.37%。2008年网站在电子商务方面投入134.88万元,比2007年增长34.79%。

2. 创新点

(1)精准、跨平台的"行业搜索"。"行业搜索"不同于通用搜索,其最大的特点是"精准"。中国建材网专业的建材搜索引擎——建材搜索(search. bmlink. com),有国内最大的建材产品数据库和专业建材目录引擎,支持中文、英文、日文、韩文、德文、法文等多个语种检索,集建材产品搜索、目录搜索、网页搜索为一体,拥有10万余条产品信息、60万多个国内外注册会员、1000万个建材网页的建材数据库,入网缴费客户7800多家,占国内上网建材企业60%的份额,是专业建材信息服务与电子商务的领头羊,同时在Alexa全球建材网站中高居榜首。

(2)独创的行业网站平台"纵横模式"。以中国建材网作为一个总站点,根据建材行业的特征把建材行业划分为15个大类,横向覆盖整个建材产业链,同时重点产业推出独立子站点,如中国玻璃网、中国铝业网、中国木业网。

### 11.2.9　领航医药电子商务中介——海虹药通

#### 1. 基本情况

海虹企业(控股)股份有限公司成立于 1986 年,1992 年在中国深圳证券交易所挂牌上市,1999 年开始进入医药电子商务领域,2000 年初成立海虹医药电子交易中心有限公司。浙江海虹药通网络技术有限公司是海虹医药电子交易中心有限公司下属子公司。

浙江海虹药通网络技术有限公司成立于 2002 年。目前拥有中高级专业技术及管理人员 104 名。

海虹药通致力于医药电子商务解决方案的深入研发与应用推广,提供药品及医疗器械交易招投标等医药电子商务服务。服务由数据系统、会员服务系统、交易系统、药品、医用耗材集中采购系统和浙江监管系统等系统构成,通过各系统的协作,建立一个药品交易信息共享平台,药品买卖双方(药品生产经营企业和医疗机构)可以在平台上进行药品交易、药品及交易信息查询,政府可以通过监管系统对药品的交易行为进行监管。

海虹药通提供药品及医疗器械交易招投标等电子商务服务内容,目前已在全省范围内成功代理了 22 次省、市级医疗机构药品集中招标采购项目,得到了医疗机构和医药企业的认同,并受到了政府相关部门的高度肯定。浙江省发展计划委员会于 2003 年 3 月正式立项建立"浙江医药电子商务系统",批准浙江海虹药通网络技术有限公司为其系统运营商。该系统依靠海虹全国独家的药品数据标准和完善的产品数据库,在相当范围内统一了我省药品流通领域的药品数据标准和交易技术标准,目前已覆盖我省 70% 以上地区所有县级以上医疗机构和几乎全部的大中型以上药品商业企业,年交易量接近 140 亿元。

#### 2. 行业地位

海虹药通致力于医药电子商务应用领域为医药行业用户提供信息服务解决方案。经过多年的实践与创新,海虹药通已发展成为唯一一家拥有覆盖全国的医药交易网络的电子商务公司。海虹医药电子商务网已经成为国内最大的医药电子交易网站,在医药电子商务的行业领先地位,核心竞争能力已基本形成。随着浙江医药行业的快速发展和公司业务的开展,海虹医药电子商务网的日均访问量达 8000 人次,每天同时在线人数约 1000 人左右。

#### 3. 主要赢利模式

在代理医药在线招投标采购中,海虹医药电子商务网根据网上交易额收取网上交易服务费。此外,海虹药网还推出增值会员费服务、技术服务费。

#### 4. 创新点

药品及医疗器械招投标过程工作内容复杂,通过研发一套完成的信息系统进行辅助,极大地减轻招投标双方的工作成本。海虹的浙江医药电子商务系统在网上构建了完全竞争市场的经济模式,药品生产经营企业和医疗机构可以在互联网上进行药品的销售与采购,买卖双方对价格进行竞争与博弈,最终获得合理药价,这将进一步减少药品市场中药品的流通环节和降低药品成本。此种交易模式和信息技术的应用,在同行业中尚属首创,从互联网应用的角度来说也是一次行业内的创新。

### 11.2.10　中国园林花木行业最大的行业门户——中国园林网

中国园林网(www.yuanlin.com)是国内园林花木行业较早建立的大型专业园林门户网站,经过5年时间,其已经发展成为行业内最大的综合类网站和业内最权威、最具影响力的专业商务和信息平台。

**1.基本情况**

杭州元成文化传媒有限公司隶属于浙江元成园林集团,于2001年建立了专属的浙江元成园林网,配备专业的技术人员。2003—2004年开始筹建地区性行业门户网站浙江园林网(www.zjylw.com),于2006年5月28日正式升级更名为"中国园林网"。

中国园林网经多次改版升级,目前建有资讯、招投标、植物库、商贸、供求库、网络交易中心、人才库、园艺、景观、工程、资材、图书、园林气象等40多个频道,内容覆盖行业各个产业链,提供苗木报价、招标投标、园林网交会、数据库查询等十多项专业服务。网站以市场为导向,以客户为中心,以整合营销的专业服务为核心竞争力,集完善的园林信息服务、电子商务服务及资源整合服务于一体,为园林用户提供完整的信息化解决方案。

网站以华东地区为依托,辐射全国各个省市;以园林相关服务为核心,延伸花卉园艺等生活产品;以园林信息交流为前提,以行业内专家建设为手段,以专业的园林商贸服务和贴心的生活园艺信息交流为目的,开设园林行业网络服务平台。同时,针对广大用户的需求,积极开拓网上网下资源整合,强化资源优势,加强产品流通,让更多用户在第一时间发布与寻求其所需信息。

**2.行业地位**

经过5年的时间,中国园林网已发展成为园林花木行业网络第一品牌,无论网站排名(第三方机构)、全国知名度、会员数量、访问数量、覆盖范围均列行业第一,是园林花木行业首选网络推广及电子商务信息交易平台。

目前网站拥有6万余家园林及相关行业企业会员,日均独立IP访问达到每日6万以上,平均流量达到30万次以上,访问地区除中国外,还有来自日本、荷兰、新西兰、加拿大、澳大利亚、美国、德国、法国等100多个国家。

2006年中国园林网获"中国行业电子商务网站百强"称号和"最具投资价值奖",2007年、2008年又连续2年获"中国行业电子商务网站百强"称号;2007—2008年,连续两年获由农业部、中国互联网协会、中国电子商务协会主办的"中国农业电子商务百强"称号。

**3.主要业务内容**

(1)园林花木行业商务平台。园林花木行业商务平台建有完善的供求信息、招投标信息、企业数据库、产品数据库,为客户创造贸易机会。开发并提供各种形式的网络广告,通过互换广告扩大广告覆盖面。通过软文、专访、专题推广等拓展广告形式,为企业提供企划及推广服务。通过和短信、平面等广告形式打包,增强广告的立体服务效果。

(2)园林花木行业信息平台。园林花木行业信息平台在现有信息平台的基础上,通过和其他网站、杂志信息互换,通讯员队伍建立,客户自身信息的添加,公司内部的分析、采写、专题整合,特约专家的供稿,专业资料的购买,其他专业媒体的并购等多种方式丰富网站信息量,建立中国最大的园林信息服务中心。

(3)网络交易配送平台。中国园林网根据多年行业经验,结合IT、专业、政府领域的优势和对行业发展的理解,及时总结经验,分析发展一条适合本行业发展的特色行业发展道路即中国园林网信息物流配送中心,通过本身的信息和媒体优势,构建起为供需双方服务的园林网络交易中心,并规范操作流程,解决支付标准和其他一系列问题。网络交易中心致力于构建覆盖全国主要苗木花卉生产和消费地区的销售物流系统,衔接银行结算系统,整合物流、金融和信息资讯等资源,形成完整的园林网上信息中心、交易中心、物流中心、结算中心。网络交易中心采用会员制、定金制和每日结算的封闭市场管理制度,确保网上交易的安全履约。采购配送程序如图11.1所示。

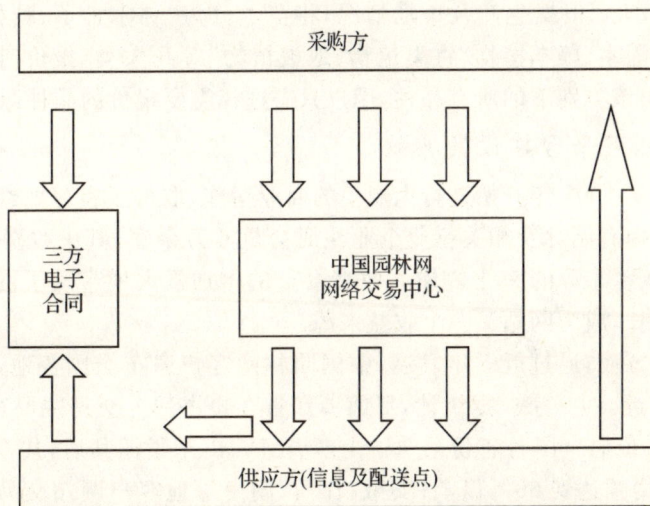

**图11.1　中国园林网网络交易中心采购配送程序**

(4)园林花木行业人才平台。园林花木行业人才平台依托网站企业数据库,建立园林人才数据库,为园林企业提供专业人才的招聘、猎头服务;为园林专业人士提供求职、专业培训、专业再教育服务,实现园林人才和企业的无缝对接。

(5)园林花木产品价格报价平台。中国园林网"苗木报价中心"是为苗农及苗木供应商提供的报价销售平台,目标是构建一个实用、权威的苗木价格晴雨表,方便苗木交易和流通。"苗木报价中心"充分考虑了该功能的实用性、可操作性和所服务用户的覆盖面,最大限度地为苗农提供方便。由于很多苗农无法上网。因此,"苗木报价中心"还可以使用手机短信和电话报价,为苗农提供了极大的便利。报价方式如表11.1所示,运行方式如图11.2所示。

**表 11.1    "苗木报价中心"的报价方式**

| 报价方式 | 适合用户 | 主要优势 |
| --- | --- | --- |
| 互联网 | 上网方便的苗农及苗木供应商 | 快捷、方便 |
| 短信 | 上网不方便,但有手机的苗农 | 可随时随地报价 |
| 电话 | 上网不方便,只有固定电话,或使用公用电话的苗农 | 操作简单,任何苗农都可以使用这一方式完成报价 |

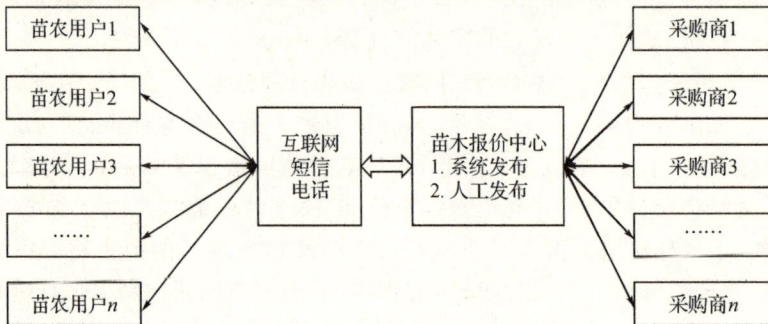

**图 11.2    "苗木报价中心"运行示意图**

"苗木报价中心"根据生产及市场情况,将苗木分为"林木种子、种根种条、绿化小苗、果树小苗、乔灌木、藤本植物、竹类植物、地被植物"等几大类,报价时选择相应的大类,会有表单列出该类别下的所有品种,用户只需选择需要报价的品种即可。

### 4.中国园林网平台建设的实效

中国园林网从2005年开始进行大规模的商业运作,取得了良好的经济效益与社会效益。目前网站拥有园林及相关行业企业注册会员6万余家,其中收费会员占10%左右,占整个网站收益来源的90%左右。收费会员的增加极大地带动了网站网络广告及网上交易额的增长,成为网站又一个收益来源。

在网上交易方面,通过近5年发展,中国园林网客户遍布全国各地,成功实现网上交易的主要客户近8000家。据统计,目前浙江省客户占网上交易主要客户36%,同比增幅达到100%,位居全国各省份第一。上海、江苏、山东紧随其后,共占网上交易主要客户32%,同比增幅达到60%以上;安徽、江西、湖南等地客户网站交易客户也呈明显上升趋势。通过网上交易的主要客户基本为园林施工企业、大型苗木生产企业、苗木经纪人及园林资材生产或经销商。

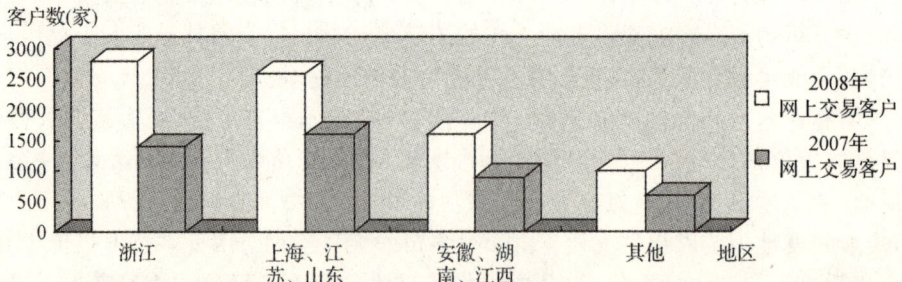

**图 11.3    2007-2008年网上交易客户情况**

表 11.2 园林及相关企业通过中国园林网进行的采购、销售情况表

| | 2007 年 | 占企业总额 | 2008 年 | 占企业总额 |
|---|---|---|---|---|
| 采购额（亿元） | 7 | 20% | 15 | 35% |
| 销售额（亿元） | 9 | 10% | 18 | 25% |

### 5.发展方向

中国园林网的投资公司及项目运营分公司在中国园林网建设发展和规划目标上高度统一。在具体落实上分为产业市场发展阶段和资本市场发展阶段。

(1)产业市场发展阶段。中国园林网计划用三年时间,扎扎实实构建服务、市场及品牌基础,打造"中国最大的园林电子商务平台"、"中国最大的园林服务业平台"以及"中国最大的园林网络传媒平台"。"园林电子商务平台"是中国园林网发展的主导方向,"园林服务平台"是网站内在的发展理念,而与其一同增长的影响力会促使其担当起园林网络传媒的角色。传媒平台的核心是影响力,因此,在服务平台的基础上,将中国园林网打造成"中国最大的园林网络传媒平台",传媒、服务与商务互动,将产生多重价值,具有巨大的发展空间。

(2)资本市场发展阶段。中国园林网计划经过五年左右的发展,在产业市场发展奠定雄厚的基础后,通过引进战略投资、公开上市等渠道融资,纳入资本市场发展轨道,迅速做大做强。进而采用直接投资、并购、控股等多种途径介入线下贸易和实业,形成集网络、贸易、实业于一体的新型园林网络集团公司,具体如图 11.4 所示。

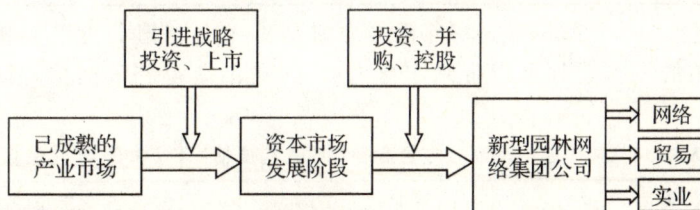

图 11.4 中国园林网资本市场发展示意图

## 11.2.11 机械行业网络媒体的领军者——中华机械网

### 1.基本情况

中华机械网(www.machine365.cn)2001 年成立于杭州,隶属于杭州垂直互动科技有限公司,现拥有一支业务娴熟、技能精湛的工作团队。网站一直致力于为机械行业中小企业买家、卖家提供各种专业化服务和解决方案,是中小企业开拓国内、国际市场的首选网上贸易平台。

依托于浙江省丰富的行业资源,中华机械网经过近十年来的积累和沉淀,集一流的信息提供、专业的网站服务,在业界享有很高的声誉。

中华机械网主营服务有网站会员服务,机械企业网上推广、产品信息发布,丰富及时的行业资讯整合发布,专业及时的机械市场行情信息服务,专业的机械企业电子商务解决方案,享受行业专业杂志《中华机械》的强力推广,国际版网站全球商务推广服务。

中华机械网拥有超过 150 万的注册会员和企业用户,其中收费用户 5400 余家;收录国内外企业 100 万余家,产品 480 万种;网站日均访问量超过 500 万人次;供求信息日均更新量 10 万条左右;中华机械网全年展会合作 200 余家。

中华机械网经过近十年的发展,逐步树立起了其在国内机械行业网络媒体中的领先地位,成为国内成立时间最早、知名度最高、影响力最广的机械行业电子商务网站,在行业内拥有很高的声誉。

中华机械网于 2005—2007 年被评为"中国行业电子商务网站 100 强"企业,Google 上的 PR 值达到 7,被标注为非常受欢迎的网站。

### 2. 主要赢利模式

(1)收取会费。通过收费会员实现全面的赢利,提供收费与免费之间的差异化服务,向收费客户提供全面的服务。会员可通过中华机械网进行完整的网络营销和互动营销进行产品推广,来获取网络资源和无尽的广告效益。中华机械网的收费会员中,浙江省占总会员数的 43%,其中杭州地区占总会员数的 20%,具体如表 11.3 所示。

表 11.3   按会员类型划分主营业务年收入情况(以 2008 年为例)

| 项目 | 营业收入(万元) | 占会员总收入比例 |
| --- | --- | --- |
| 标准企业通会员 | 18.07 | 17% |
| 机械通铜牌会员 | 30.3 | 28.4% |
| 机械通银牌会员 | 58.25 | 54.6% |

(2)广告费。中华机械网经过多年的努力和发展,在区域和行业产生相应的知名度和影响力,网站的广告营收可以带来丰厚的收入,逐渐获得利润回报,具体如表 11.4 所示。

表 11.4   按广告类型划分主营业务年收入构成情况(以 2008 年为例)

| 广告类型 | 营业收入(万元) | 占广告总收入比例 |
| --- | --- | --- |
| 首页图片广告 | 120.5 | 49.4% |
| 首页文字广告 | 53.22 | 21.8% |
| 二级页面广告 | 25.78 | 10.6% |
| 关键字广告(黄金广告位) | 44.3 | 18.2% |

(3)行业平台收购和资源互换。中华机械网于 2002 年成功购并"中国汽配专线",有效利用原平台的用户资源,重新策划定位后成功改版,更名为"汽配在线",现纳入中华机械网子站系列,全面提供汽配市场即时信息,从而获得较高的网站赢利。

(4)增值服务。和其他行业网站一样,中华机械网为扩大收入来源,开辟了多种企业增值服务,提供企业网站建设服务、企业认证咨询、产品行情资讯服务等。

## 11.2.12   中国服装第一网——中国名牌服装网

杭州冠讯网络科技有限公司旗下的"中国名牌服装网"(www.ef1818.com),是一家专业为国内服装中小企业订单撮合、为品牌商提供招商服务的电子商务平台。通过近一年的运营,公司这种订单撮合、为品牌商招商的独特商业模式已为数百家服装品牌企业牵线搭桥找到优秀的加盟代理商,并为企业节约了大量的精力和财力。中国名牌服装网根据服装行业不同的需求特点,找到了传统市场和互联网结合的模式,在服装行业建立起电子商务平台。创新的商业模式、先进的产品技术、独特的理念及庞大的用户群吸引越来越多的企业主动加入。

会员采购商和供应商通过中国名牌服装网进行自由对接,达成企业间的合作与贸易。中国名牌服装网作为平台,只提供信息、技术、服务,不介入会员企业间的交易行为。

中国名牌服装网设有服装人联盟,将从事设计经营、爱好服装的人士汇集在一起,建立一个庞大的人脉圈,每天都有上万的生意人通过这一平台加入到各类与自己生意相关的人脉圈。这拉近了会员与中国名牌网的距离,让会员在聊天、学习、交朋友的同时也做成了生意。

中国名牌服装网在熟知行业特点和难题的基础上针对企业间设计、生产、采购、招商、销售、品牌宣传等每个环节的不同需求,结合互联网的优势,研发了两者结合的商业模式,解决了低成本的中小服装企业在全国、全球销售产品的最大难题。

中国名牌服装网同时也是一个网络媒体,努力宣传推广中国服装优秀原创品牌,剖析国内外高端优秀品牌企业的成功之道,打造中国品牌的高端地位,倡导消费中国品牌的潮流,树立中国品牌的价值和地位,推动中国优秀服装企业国内外市场的整体发展。

中国名牌服装网拥有全国 3000 多个城市近 20 万加盟代理商、10 多万品牌、5 万多家 OEM 生产企业、100 多个专业市场、60 多家院校、数万名优秀设计师和在校学生、40 多万国内外会员的中国名牌服装网是目前国内客户量最大、数据最丰富、访问量最高、加盟代理商信息最全的服装交易网站,享有"中国服装第一网"的美誉。

## 11.2.13　中国化纤第一网——中国化纤网

### 1.基本情况

浙江华瑞信息技术有限公司成立于 1998 年,是一家集软件开发、信息咨询、电子商务等多项服务于一体的民营省级高新技术企业。企业的发展与互联网的发展壮大紧密结合。

华瑞信息将"以信息技术提升传统产业、服务传统产业"作为公司宗旨,锐意进取,开拓创新,获得了政府的支持与客户的肯定。经营至今获浙江省 23 家电子商务示范企业、浙江省 10 家企业信息化服务示范单位、浙江省重点流通企业、浙江省信息产业优势企业、杭州市新兴商贸(电子商务)服务业示范企业等荣誉。2002 年,经浙江省科技厅批准组建"华瑞电子信息省级高新技术研发中心"。2004 年被信息产业部授予行业软件开发部门转向产业化发展首批试点企业。2005 年所依托的集团公司"面向纺织化纤行业电子商务示范工程"获得国家电子商务专项资助,"华瑞"商标还被授予杭州市著名商标。2006 年"化纤行业第三方物流信息系统"获得科技部创新基金立项支持,经浙江省科技厅批准组建"萧山纺织化纤行业省级生产力促进中心"。华瑞信息当前拥有全球客户 3.5 万多家,2008 年实现销售收入 3924 万元,同比增长 22.51%。

华瑞信息已开发四大知名网站。中国化纤信息网是中国第一家在互联网上从事信息服务的网站,有"化纤行业第一网"之称。此外,具有行业权威性的中国棉纺织信息网、全面覆盖行业企业名录的中国纺织机械网、迈向国际化的英文网,凭借着完整的纺织行业基础数据库系统、独特的行业指数系统及独创的行业预测模型系统成为企业获取信息的重要渠道。除行业客户外,其数据被国家发改委、商务部、海关总署、行业协会、金融机构等部门广泛使用,并参与到国家宏观调控与"十一五"规划的相关工作中。

中国化纤信息网的客户群涵盖从石化原料到服装面料的七大类行业,拥有包括银行、海关和政府部门、世界五百强企业在内的全球客户 2.1 万多家。中国棉纺织信息网第一时间独家发布国内棉纺织行业政策动态、各大纺织市场即时行情分析、市场商务信息,拥有客户 8500 多家。中国纺织机械网包含了国内外几乎所有的纺机、纺纱、织造、染整、化纤、针织及相关贸易类企业联系名录,拥有客户 4500 多家。英文网于 2005 年 9 月份开始运作,是公司走向国际化的重要举措,目前拥有全球客户 1000 多家。

2. 行业地位

华瑞信息四大网站的成功运作,在较大程度上改变了我国化纤纺织企业对信息化的认知程度,信息化意识从无到逐渐普及,并深入推广。目前已拥有 3.5 万多家全球化纤纺织企业使用公司信息。四大网站两大刊物在协助纺织化纤企业快速把握市场脉搏、掌握行情动态、撮合产品贸易方面发挥了积极作用。目前化纤系列产品报价已成为业界企业商务谈判标杆价格,有力地保护了交易双方的公平性和透明性;网上贸易平台已成为广大化纤纺织企业推销产品、采购原料的重要平台,引起业内贸易商的高度重视。

华瑞信息的系列信息化产品已先后在包括吴江新生、浙江大普等国内数百家化纤纺织企业应用推广,通过推进化纤纺织企业内部信息化,显著地提高了企业生产销售管理效率、促进了市场的开拓与维护、节约了交易成本。

3. 主要赢利模式

(1)赢利模式。华瑞信息实行"垂直+水平"的发展模式。公司专注于化纤纺织行业,商务平台通过"水平"方式为包括化纤、纱线、坯布、面料、纺机等各类纺织企业提供商务信息服务,让其更快速地寻求买家和卖家;四大网站则分别专注"垂直"模式在本行业内做深、做透,通过垂直服务方式为高端客户提供咨询、调研的深层次服务,为其实时监控产品走势,进行市场网点布局和战略决策提供支持。

(2)效益状况。华瑞信息业绩快速增长,2008 年实现销售收入 3924 多万元,网上交易额 3200 多万元,网站日点击率为 100 万人次,信息年发布量 1000 多万条;OA、ERP等化纤纺织行业应用系统软件应用客户 100 多家。

(3)未来企业发展走向。华瑞信息将全力创建以信息为灵魂,以配送为支撑,通过企业内部信息化,形成信息流、物流、商流的真正统一和协同,建立和完善独特的面向化纤纺织行业的电子商务物流体系。①通过构建亚洲大型纺织原料中心,使其物流服务立足杭州、覆盖华东、辐射全国、服务全球。②不断建设和完善面向化纤纺织行业电子商务服务体系,不断加强其"水平+垂直"的电子商务服务能力。

4. 创新点

(1)"水平+垂直"赢利模式。围绕纺织行业这一主题,华瑞信息将贸易平台定义为水平化建设,四大网站致力于垂直发展,通过实时检测,做好行业分析调研预测工作,以更好地为行业单位服务。

(2)线上线下服务相结合。"四网两刊"顺应纺织企业需求,将现代阅读模式与传统阅读习惯相结合;短信平台紧随客户要求,实时播报信息;行业软件结合现代管理模式与纺织行业运转方式,协助企业提高效率,赢得市场。与此同时,依托多年在行业领域内的信息、人脉、渠道等资源的积累,华瑞信息自 2002 年涉足行业会展领域,历次会议吸引了来自政府、企业、金融、新闻等社会各界及美、德、日、韩、印、巴等海外业界的专家、领导参会,充分集中行业人群,共享行业资讯,谋求共同发展。

(3)系统化销售与服务。为了适应市场需求,更好地服务于纺织企业,华瑞信息力求销售与服务多样化、系统化。从为生产管理服务的软件系统到为宣传服务的广告服务,从为买卖服务的信息平台与贸易平台,再到为企业现代化服务的弱电服务,利用自身资源系统化发展信息产品与服务。同时,有效利用四大网站信息整理分析,形成系统化的统合上下游的行业信息。此外,组建配送系统,试图将信息流、商流、物流整合为一体以全方位服务于纺织中小企业。

## 11.2.14 电子商务掀起盛世狂潮——杭州盛世商潮控股股份有限公司

1. 基本情况

在全球及国内电子商务发展迅猛的环境下,盛世商朝在深入研究、总结全国各专业市场经营管理经验基础上,通过与浙江大学等院校和各大银行等单位的战略合作,投资近 3000 万元,自主开发了适应中国国情的专业市场信息化管理服务以及电子商务的整体解决平台——商朝网(www.bizyi.com),以专业批发市场(服装批发市场)为切入点,链接行业(服装行业)生产企业、批发商、零售商为核心的产业链,实现集信息流、资金流、物流于一体的行业电子商务生态系统。

盛世商朝公司以商朝网的基础平台(包括商户、商品信息展示、订单管理、在线支付结算、仓储配送、会员管理等系统功能)为依托,结合当地市场实际状况,为批发市场商户提供如下服务:①电子商铺:三维虚拟商铺展示,便捷优惠支付平台,仓储配送系统——物流配送管理,落地公司信息化服务中心——商铺管理服务;②电子商铺配套增值服务:视频、网络广告投放平台,电子商务代理、专题推广、电子杂志等服务,语音、短信服务平台,电子物流平台等;③银行外包增值服务:在线支付、POS 机设备、融资担保、投资理财等。为批发市场管理者提供代收费服务和市场行政管理系统等电子政务服务等;为中小生产企业提供专业化、个性化的电子商务网站服务和电子商铺代理经营、管理服务等。

2. 行业地位

一般的 B2B 企业仅提供网络平台,交易额需要自身创造。盛世商朝是线下实体市场线上表达,有形市场与无形市场的无缝结合,交易额是实体市场的线上反应,无需自身创造。盛世商朝是国内外同行业专业市场信息化和电子商务整体解决方案的领航者,开创性研发出实体经营电子商务生态系统,成为实体店铺、实体企业网络经营独特模式的标杆。

### 3. 主要赢利模式

主要赢利来源是:电子商铺租赁及相关配套增值服务(包括中小生产企业电子商务代理服务)和银行业务外包收入。公司近三年发展预测如表 11.5 所示。

**表 11.5　公司近三年发展预测**

| 收入项目 | 2009 年 | | 2010 年 | | 2011 年 | |
| --- | --- | --- | --- | --- | --- | --- |
| | 新增数(家) | 收入(万元) | 新增数(家) | 收入(万元) | 新增数(家) | 收入(万元) |
| 电子商铺租赁收入 | 6000 | 712.8 | 22000 | 3326.4 | 36000 | 7603.2 |
| 中小企业电子商务代理服务收入 | 300 | 294 | 1350 | 1617 | 2700 | 4263 |
| 各类增值服务收入 | 6000 | 126 | 22000 | 1482.5 | 36000 | 10252.5 |
| 电子物流收入 | / | / | 28000 | 1482.5 | 36000 | 3417.5 |

### 4. 创新点

(1)在商业模式及网络运营上,通过市场管理部门唯一性和排他性授权获得该市场信息化和电子商务平台建设运营资格,并与其合作设立落地公司以更有效地促进当地市场电子商务业务推广。盛世商朝以商朝网为基石,以商朝传媒和商朝联名卡为左右翼,为专业市场商户及其链接上下游企业提供全方位服务。在网络运营上,盛世商朝以客户为中心,发展落地化和专业化两大特色,使服务与引导、有形市场与无形市场、线上与线下相结合。

(2)在赢利模式上,结合市场管理部门,由市场管理部门通过电子商铺招租形式推广。利用遍布全国专业批发市场的实体商户资源和信息资源,与各大银行开展各类银行外包增值服务。

## 11.3　旅游电子商务

### 11.3.1　旅游行业领先的旅游产品交易平台——比比西

#### 1. 基本情况

杭州比比西网络科技有限公司成立于 2006 年 9 月,是国内最早开始致力于旅游行业信息化建设和利用电子商务手段为中小旅游企业提供业务解决方案的专业机构。

比比西旨在通过技术与市场服务为旅游业内的吃、住、行、游、购、娱、旅行社七大要素的相关企业搭建一个 24 小时在线的即时在线交易平台,为旅游产品供应商、旅游产品采购商、酒店分销代理商、旅游产品消费者之间建立一座最便捷的 B2B2C 的桥梁,并提供便捷、经济、高效地发布最全面的旅游信息的功能、即时沟通集成软件、企业客户管理系统、计调操作后台系统、网上在线交易渠道。

### 2. 行业地位

国外的旅游垄断企业都有 100 多年的发展历史,经历了从竞争逐步走向垄断的过程,这些作为龙头老大的垄断企业有能力建立电子商务销售系统,所以国外的旅游企业集中在强弱两极。中国的旅游企业真正实现市场化不足 10 年,仍处于完全竞争阶段,还没有出现能够控制整个市场发展方向的龙头企业。激烈的市场竞争让他们没有能力顾及网络化经营和管理。由于新兴市场的特征,国内的电子商务平台以类似于阿里巴巴这样的通用第三方交易平台为主。随着业务的发展,通用型的电子商务平台不足以涵盖一个行业自身所独有的特点,因此与行业特点相关的专业化的解决方案平台是这个行业真正的发展趋势,尤其是对于以旅游为特征的服务产品。比比西的出现适应了中国电子商务的发展趋势和旅游行业的市场需求,也必将为中国旅游行业发展带来新的面貌,增强旅游企业的国际竞争力和抗风险能力,为旅游企业带来效益的同时也实现比比西自身的价值。

### 3. 主要赢利模式

在为客户提供营销渠道、提高管理水平、创造价值的同时,比比西也获得了自身的收益。比比西的赢利模式主要有以下三个方面的内容。

(1)交易渠道。

• 客户端软件使用年费。客户通过使用营销管理软件获得比比西旅游电子商务平台提供的展示空间、营销渠道、客户资源以及管理工具,对此,比比西收取十分低廉的维护和服务费用,用以弥补运营成本。软件使用年费分首年费用和续费费用。

• 批零中心产品展示费和竞价排名。黄金展位是比比西在客户端软件的采购频道中提供的一种增值服务,在采购渠道各线路名称下面唯一展示某一公司的名称。黄金展位的收费方式为按展示时间付费。①旅游产品的供应商需要进入批零中心,其产品在比比西旅游电子商务平台上进行交易、展示,进而被众多其他用户采购到自己的网站上去分销。批零中心的展示收费模式有包年付费方式,按时间段购买的方式和按条、按日收费。②竞价排名是比比西在客户端软件的采购频道中提供的一种增值服务,用户可以根据不同的出发地城市以及不同的产品分类竞价。竞价成功的客户的产品将展示在竞价频道产品列表的顶部,系统还会将这些线路醒目标注,以显著增加客户产品被采购的机会,达到促销产品分销的目的。竞价排名采用 CPM(按每行动成本收费)模式收费。竞价值越高的用户,其产品的排序越靠前。

(2)机票、酒店、景点门票等产品分销佣金。

中小旅行社未来的赢利在于为批发商分销旅游产品,但是这项业务的利润率比较低,真正能够为他们创造价值和利润的是为游客提供自由行产品的服务。即,帮助游客设计自由行线路,帮助选择自由行的旅游方式的游客预订机票、酒店、景点门票、租用车辆等。

比比西利用电子商务平台的聚集效应而获得了谈判优势,获取了优质的、有竞争力的酒店、机票等资源,由旅行社进行分销并服务终端消费者,达到了旅行社和酒店、机票等资源提供商共同获益的共赢局面。在这个交易过程中,比比西将获得资源提供方所支付的佣金。由于帮助旅行社获得了实实在在的利益,因此也能够促进营销管理软件的销售以及提高续约率。

(3)信息服务。

• 广告定向精准投放。每个用户的网站都拥有一定的客户群,不同的旅游企业也有不同的广告投放需求。如酒店希望将自己的广告投放到旅行社。广告定向精准投放有两个投放渠道:旅行社客户端后台(针对同行)和客户端网站(针对消费者)。网站一方面通过技术手段为广告主统计出其目标客户聚集的网站,另一方面向广告主提供这些网站的流量等数据,供其参考、选择。广告精准投放按包时计费模式付费,根据用户选择的投放区域和投放时间收费。

• 电子杂志直投广告。比比西电子杂志是指通过网络平台向广大注册客户发送的同行业的广告杂志,现发行数量将近 2 万家。当电子杂志发行量突破 5 万以后,比比西将启动该赢利模式。电子杂志收费方式为按页、按次收费。

(4)技术服务。

比比西向客户收取的软件使用年费中已经包含了技术服务和维护的基本费用,因此不再向客户单独收取技术维护费。

在比比西的客户当中,由于其企业规模、面对的业务伙伴以及企业业务操作习惯的不同,有部分企业会要求在比比西客户端软件的基础上进行一部分个性化开发,为了满足客户这方面的需求,比比西将相应提供技术开发服务,并收取一定的技术开发费用和服务费用。为客户进行个性化开发的技术服务费用,根据不同的开发量按次收取。

4.创新点

传统门户式网站的电子商务平台,用户都要以注册会员的方式登录到网站式电子商务平台,交易渠道完全依赖于该电子商务平台,商家没有一个独立的展示形象的空间,因此一旦这个网站式的电子商务平台出现问题,商家将同时丢失基于这个电子商务平台的所有交易渠道和交易信息。

比比西旅游第三方电子商务平台为旅游企业提供统一的技术和平台服务,并为旅游企业提供管理软件;同时,比比西的软件将电子商务平台嵌入企业内部,企业不必登录比比西的网站就可以获得销售渠道,从而实现规模采购和规模销售。比比西模式将电子商务渠道完全交给客户,不参与旅游企业之间的任何交易,是一个真正意义上的以客户为中心的第三方电子商务平台。

## 11.3.2  中国乡村休闲网——乡旅中国网

### 1.基本情况

随着城市化步伐的推进和城市人们生活水平的提高,到乡村去呼吸新鲜空气体验乡村生活,成为城里人越来越时尚的选择,这推动了以农家乐为代表的乡村旅游业的蓬勃发展。但是,目前乡村旅游发展的低层次竞争现象突出,服务和管理粗放,营销包装手段落后,这些都有待于对乡村旅游商业模式的研究和推广,用创新和市场化手段推进乡村旅游产业的发展。

杭州昌海广告策划有限公司于2007年开始进入乡村旅游行业,打造了农家乐、乡村旅游企业的电子商务平台——中国乡村旅游业门户网站"乡旅中国"网。

乡旅中国网构建了一个乡村旅游信息化的电子商务平台,为游客找寻到合适的旅游项目,为农家乐传播各自的特色和招揽更多客源,提供更为便捷的信息化服务。乡旅中国的目标是促进浙江乡村旅游市场甚至全国的乡村旅游市场的繁荣,为培养新的经济增长点、促进内需发挥积极作用。

### 2. 主要产品和服务

(1)信息化的电子商务平台。

乡旅中国网作为一个电子商务平台,为所有的农家乐、乡村旅游企业提供信息发布、旅游预定的功能,同时也是企业了解乡村旅游动态和进行乡村旅游市场营销的园地。会员企业通过平台可以自己策划活动、发布信息,管理客户并和客户互动,拥有一个自己进行后台处理的电子商务平台。同时,会员企业还能得到个性化的增值服务,如会员企业之间的信息互通、会员企业间的规模化联合品牌化运营、乡村旅游商业模式的创新推广整合(如健康养生主题度假、田园牧歌体验度假等),从而提升农家乐、乡村旅游企业的服务品质和资源价值。

公司为会员企业研发了"乡旅通"自助发布信息和管理客户的电子商务软件。乡旅中国的企业会员可通过"乡旅通"软件设计并自行发布最新的旅游活动信息,第一时间通过网站向全国的乡村旅游爱好者传递活动信息,同时可以与客户之间进行信息沟通。

(2)乡村旅游品牌的营销推广和市场空间的开拓。

乡旅中国网充分利用互联网优势,通过一系列创新方法,吸引网民和游客关注乡村旅游、激发对乡村旅游的热爱。开发虚拟的乡村旅游游戏,通过游戏的文化性、娱乐性和体验性,引导网民参与到乡村旅游中来;为网民、游客提供旅游购物和在线采购土特产品的服务,极大地满足网民和游客认识土特产、采购土特产的需求;通过乡村生活的模拟场景、农家生活的有趣故事、民风民俗的艺术再现,使人们全面感受乡村旅游的美妙和温馨,激发人们进行乡村旅游的欲望,从而进一步帮助会员企业开拓乡村旅游市场。

(2)客源配送。

乡旅中国网为当地的农家乐、度假村及景区设计精品旅游线路,并进行做网络市场推广,通过乡旅中国网组织配送客户。

### 3. 行业地位

截至2009年5月底,乡旅中国已经与近千家乡旅游企业达成合作,成功推荐、实现集中预订近6万人次,成功为浙江乡村旅游企业实现组团客源推荐派送2万多人次。

续约 2 次以上的客源推荐派送数量达到 500 多家,续约 3 次以上的客源推荐派送数量突破 200 多家,客户满意度达到 84.1%。

乡旅中国在中国乡村旅游行业排名第一。2009 年年初网站的 PR 值突破 5,日访问量突破 1 万次,有众多都市白领收藏了乡旅中国网站。

4. 主要赢利模式

乡旅中国初期实施了 B2C 赢利模式,包括客源组织、营销包装、游客预订的电子商务服务,以形成市场力度。目前,乡旅中国正极力发展"乡旅主题度假"的商业模式,达成产品优势,进而发展品牌,走连锁加盟兼并合作之路。

5. 创新点

"乡旅通"服务会员的利器,是乡村旅游电子商务的创新,整合了网站与企业会员,不但是客源的窗口、客户管理互动的平台,而且还是休闲活动策划、企业科学管理和休闲度假模式创新的好帮手。"主题度假"商业模式将是乡村旅游发展的创新。乡旅中国通过模式创新和规划设计,实现线上线下互动,互联网电子商务和商业模式策划设计相互促进的方式,用智慧和资本实现虚拟经济和实体经营相结合的乡村旅游商业模式。

### 11.3.3 国际旅游电子商务的先行者——同人国际旅社

1. 基本情况

杭州同人国际旅行社有限公司于 2008 年 8 月正式成立。它突破了传统旅行社运作的陈旧模式,建立以入境旅游为对象的 B2C 新型产销合一模式,依托网络技术、自主开发的软件平台和先进的科学管理模型以及新型运作模式来构建旅游电子商务平台,发展旅游电子商务。在业界率先做到旅游功能国际化、旅游产品国际化、旅游营销国际化、旅游服务国际化和旅游管理国际化,通过电子商务平台来开拓新的市场和渠道,改变入境旅游方式。

目前,同人国旅已上线英语、法语、西班牙语、德语、阿拉伯语以及日语六个外文网站和足迹天下中文网站。凭借这些网站平台,业务遍及全世界。

根据各个国外目的地市场游客的消费习惯和思维,同人国旅以网站为基础销售平台,通过网站为旅客提供中国入境旅游资讯、旅游在线服务、在线订购、在线支付、中国旅游网上社区交流等服务。设计的旅游产品以上海、杭州为中心,带动长三角,辐射全国,主要包括经典线路、城市旅游、地区旅游、特殊产品、散拼团、酒店单订服务以及交通单订服务。

2. 行业地位

同人国旅是华东地区首家全新概念的新型旅行社企业。如今,公司的新型旅行社电子商务平台系统已经初具规模,网站的月访问量突破 6 万,每个月能吸引 200 多名欧美散客预订。

3. 主要赢利模式

同人国旅通过自行设计的旅行社电子商务平台系统和数据库,以网站为基础,结合分析性 CRM,通过 ERP 系统,整合成具有自动分析功能旅行社电子商务系统,以提高网站转换率和网络客人的订单确定率以及旅行社的工作效率。

目前,同人国旅网上采购额达到 240 万,网上销售额超过 500 多万,线上销售比例超过 80%,线上支付率达到 90%。

### 4. 创新点

同人国旅针对现有旅游行业内的结构分工不明确,旅行社企业内的操作流程缺失、管理水平落后、整体协调性差、缺乏业务前瞻性和抗风险能力的特点,研发了同人旅游 ERP 系统,并将系统与网站平台进行整合,在提高生产效率的同时,也避免了传统旅行社中一个计调一统天下的缺陷。该系统克服了旅游行业操作的复杂性和多变性,将原料采购、客户管理服务、线路自动安排报价、计调服务和财务管理有机地结合在一起,大大提高了旅行社管理的整体性以及服务的效率。特别是在现在旅游行业的操作缺乏统一标准和规范的情况下,以规范和标准来对旅行社的所有运作进行管理,可以说是对传统旅行社操作模式的一次巨大变革。

同人国旅还在杭州旅游行业内建立了第一个真正意义上的旅游资源数据库,摆脱了传统意义上单一的数据录入和存贮,使其能够根据 ERP 系统或其他系统需要进行数据自动分析。

## 11.4　企业电子商务

### 11.4.1　百货商场的信息化应用——杭州大厦电子商务平台

杭州大厦有限公司始建于 1985 年,是一家以商业零售业为主体,集宾馆、餐饮、休闲、娱乐等多业种经营功能为一体的大型现代服务企业。

2009 年,公司承担了"杭州大厦商贸旅游综合体"实施项目。该项目是杭州市委十届四次全体会议提出打造 100 个城市综合体以后第一个开始实施的项目,由此开创了杭州大厦向城市商业集群化的发展,企业的发展也进一步对信息化发展提出了更高更新的要求。杭州大厦将抓住综合体实施的机遇,按照跨越式发展的思路,加快推进电子商务的发展。

#### 1. 杭州大厦电子商务应用平台的建设情况

(1) 杭州大厦电子商务的总体建设的基本情况。

杭州大厦电子商务平台的建设旨在利用信息技术助推企业发展,提升企业形象,为顾客提供一流的服务和购物体验,为供应商提供双赢的价值平台,为员工提供个性化信息交流平台。

杭州大厦电子商务平台的建设从 1999 年建立企业门户网站起步,经过 10 年的建设,目前已经形成了杭州大厦购物中心、杭州大厦宾馆和杭州大厦西湖会三大分支。它们分别服务于杭州大厦已有的三种业态:商场、宾馆、商务会所。电子商务平台的四项关键应用为企业门户、客户关系管理、企业供应链管理和酒店网上预订。所有这些的服务和应用都整合于杭州大厦网站(www. hangzhoutower. com)。用户可以通过杭州大厦网站方便地检索到所需的信息。

(2)杭州大厦电子商务应用的规划及目标。

杭州大厦电子商务应用的目标是建立一个与杭州大厦打造一流购物城的战略发展目标相适应的,符合信息技术发展潮流的企业电子商务平台;能够提供在线商城、在线客服、在线供应链、在线酒店等多项服务,使得杭州大厦的服务得以平滑伸展到售前、售中、售后,为股东、消费者、供应商、员工等利益相关者提供良好的回报。

(3)杭州大厦电子商务应用的主要应用。

杭州大厦电子商务的四项关键应用介绍如下。

• 企业门户网站主要介绍杭州大厦总体形象,发布杭州大厦发展的最新情况,介绍最新的时尚潮流。

• 客户关系管理系统主要为VIP客人提供积分查询,提供用户论坛和顾客高效沟通,提供电子杂志让顾客了解大厦的动态,提供博客提升服务品质。

• 企业供应链管理利用平台的销售基础数据和交易数据,为供应商提供产品销售等信息支持;利用互联网和自身的信息优势,提供供应商网上库存查询和销售分析和决策支持,减少中间环节,整合供应链;提供供应商网上对账;提供供应商网上结算(由网银支付实现)。

• 宾馆酒店网上预订通过会员加盟取得优惠资格,提供网上订房。

## 2.电子商务平台的信息流和资金流

杭州大厦电子商务系统的信息流主要是ERP所产生的数据的上传和网上用户使用产生的数据下载组成。对于这样的数据流的技术上采取的定时上传下载,异地备份的方法来确保数据的安全和有效。对与某些如订单数据的对实时性要求高的信息流则采用数据库链路的方法保证ERP系统和网上数据的统一和一致。

杭州大厦电子商务系统的供应商管理系统提供了供应商网上结算的功能,通过农行的企业网上银行来实现。系统利用专业的网银结算保证了结算的安全和快捷。

## 3.电子商务平台和商场ERP系统的对接要求

杭州大厦电子商务应用中的客户关系管理、供应链管理和商场ERP系统有对接的要求,因此采取数据库链路和数据定期上传。每天由系统人员将ERP系统产生的数据上传到网上平台,并备份网上数据到本地。对于某些实用要求高的数据则使用数据库链路来保证数据的同一性。

## 4.主要的经济技术指标和技术水平评价

杭州大厦电子商务平台目前主要为杭州大厦商场的供应商提供服务,并将企业的核心业务流程、客户关系管理等都延伸到网上,使产品和服务更贴近用户需求。互动、实时成为商场和供应商信息交流的共同特点,网络成为企业资源计划、客户关系管理及供应链管理的中枢神经。创建形成新的价值链,把新老上下利益相关者联合起来,形成更高效的双赢战略联盟,共同谋求更大的利益。

近年来,杭州大厦网上采购和结算额不断提高,2008年网上结算额为287.3亿元,比上一年提高了18.85%,对供应商有偿使用供应链系统正在酝酿中,电子商务平台即将产生实际营收。杭州大厦电子商务平台建设的时候起点高,选取的系统平台比较先进,可扩展性也很强。几年的使用充分证明了平台的高效、便捷和安全,平台总体上满足了杭州大厦电子商务的建设要求。当然,与全面整合资源打造功能完善的在线服务系统的要求相比,杭州大厦的电子商务平台还有一定的改进空间。目前,杭州大厦正在调研网上商城建设的可行性和相关建设方案,为下一步建设网上商城做好准备。

## 11.4.2 个性化礼品——卡当

卡当公司于2006年3月成立,2006年6月推出卡当网(www.kadang.com),致力于提供个性礼品定制服务,特色是一件起订,全国配送。卡当网凭借自身过硬的服务品质和技术能力,已经成为新浪网、中国雅虎、51网、校内网、51job等著名网站的合作伙伴。卡当网凭借独特的业务模式,良好的发展势头和优秀的核心团队顺利吸引到第一轮千万级的风险投资。如NEA、RED POINT、千橡互动集团等。

### 1. 发展特色

在技术上,卡当网除了有强大的数据库分析能力外,还有易用、可移植性强的个性定制技术平台。卡当网的个性定制平台提供了初级互联网用户都会使用的DIY工具箱,实现了真正的所见即所得,其开放性和模块性又让其拥有了强大的可移植性,能在24小时内为合作伙伴搭建个性定制服务平台。

在产品上,卡当网拥有流畅高效的个性化礼品加工、包装、配送、客服系统。卡当网有自己的生产车间和品控团队,所有产品均经严格品质控制。卡当网拥有稳定可靠的物流服务,并承诺客户在订单确认后5个工作日内收到货物;卡当网建立了专业的客服,每位客服代表都经过客户服务礼仪、产品知识等专业培训。凭借一以贯之的优秀产品与服务,卡当网的客户满意率达99.9%,一个月内重复购买的比例达33%。

为了让用户满意与惊喜,卡当网总是有层出不穷的创意,其创意能力一贯受到媒体及合作伙伴的肯定。

在合作上,卡当网采用了强强联手的市场策略,截至2009年5月,已经和新浪、中国雅虎、51网、校内网、第九城市等著名互联网公司建立了长期合作关系。

### 2. 发展方向

卡当网始终坚持将自己的事业定位为创意文化产业,努力成为人们追求个性生活时选择的第一品牌。卡当网的目标是当人们遇到表现自己个性的时候就说:"要个性,上卡当"。为了实现这个目标,卡当网除了一如既往地为普通人提供个性礼品定制与为设计师提供个性设计的销售服务外,还将积极在产品与人群上作进一步拓展,使卡当真正成为个性生活文化的缔造者。

在产品上,卡当网将积极研发与寻找适合张扬个性的产品,还计划与著名的品牌进行战略合作共同发展,进一步提升产品质量,树立卡当网的品牌形象。

在现阶段,卡当网面对的客户主要是个人用户,未来卡当网将把触角伸向团队用户,并在价格体系、产品设计、营销策略上作相应的调整。

在这些方面发展成功后,卡当网将成为一个全方位的个性礼品定制平台,普通用户既能定制有自己特色的礼品,又能购买设计师创作的礼品;个人用户、企业用户都可以定制属于自己/自己团队的个性礼品、纪念品;有中档商品,又有著名品牌的中高档商品。这样的卡当网一定会成为人们个性生活不可或缺的一部分。

### 11.4.3　服装品牌 B2C 网上零售网——衣服网

自 2007 年以来,网络零售业呈现井喷式发展态势,网络零售总额已经占全国社会消费品零售总额的 1‰,这标志着网络零售业已经成为一个独立的产业。服装的网络零售更是取得了飞速的发展,服装已经成为网络零售第一大品类。在此背景下,2008 年 5 月,由浙江点看电子商务有限公司运营的服装品牌 B2C 网上零售网站——衣服网(www.yifu.com)正式上线运营,为消费者提供优质的品牌服装网购服务。

#### 1.基本情况

电子商务是国民经济和社会信息化的重要组成部分,中国电子商务已经进入快速发展的机遇期,对推动国民经济发展起到了越来越重要的作用。作为电子商务重要组成部分的网络零售业也在快速发展,网购规模连年翻番,进入了爆发式发展期。

衣服网在网民人数迅速增长、网络零售业蓬勃发展、服装网购异军突起的大背景下,以长尾理论为指导,创新零售业态,打造服装品牌网上零售的品类杀手,开创了服装品牌网上零售新时代。

衣服网自成立以来,不断创新、开拓进取,取得了迅猛的发展,经营品类涵盖女装、男装、运动装、休闲装、内衣、饰品、鞋子等各个服饰品类,入驻品牌包括耐克、阿迪达斯、李宁、ESPRIT、金利来、黛安芬、康妮雅等国内外知名品牌,全年上架商品超过 10 万款,现有注册会员数超过 20 万,日均页面访问量超过 300 万次,得到社会各界的广泛关注。新华社、中国新闻社、钱江晚报、中国服饰报、浙江都市网等各大媒体均作了深入报道,品牌形象稳步提升,拥有很高的美誉度和知名度。

#### 2.主要赢利模式

衣服网在服装品牌 B2C 网络零售服务的基础上,开创性地为服装企业提供第三方电子商务服务,形成多种赢利方式。

(1)B2C 网络零售赢利方式。衣服网是 B2C 网络零售网站,通过批零差价获取利润。服装行业是一个渠道层次多,营销费用高的行业,有着很高的毛利率。衣服网通过网络零售,缩短了营销渠道,降低了营销费用,让利消费者,既降低了网购价格,又获取了比较高的毛利。

(2)第三方电子商务服务的赢利模式。衣服网通过第三方电子商务服务为企业提供全面的网上零售服务,包括企业网上商城的搭建、企业网络零售服务的提供、企业网络零售团队培训等,向企业收取电子商务服务费来获取赢利。

3. 创新点

衣服网服装品牌 B2C 网上零售创新模式,以丰富的商品品类、风格各异的各类品牌、优质高效的客户服务、极具竞争力的价格、个性化的网上购物环境,打破时空限制,提供安全、可靠的网络购物服务,带给消费者全新的网络购物体验,塑造了新的消费文化和消费理念。

衣服网集信息流、资金流、物流为一体,采取了"多品牌、短渠道、代销售"的"B2B2C模式",打通了原本孤立的服装电子商务的 B2C 和 B2B 环节;整合了众多服装品牌供应商资源,解决了网络购物的诚信难题与商品质量、售后服务问题;充分发挥网络购物人性化、个性化的优势,最大限度地让利消费者,同时也为服装品牌提供了覆盖全国的、低成本的营销渠道网络,得到服装品牌企业的广泛认可和支持,深受消费者的认同和应用。

## 11.4.4 致力打造最专业家电营销平台——百诚家电网

浙江百诚集团股份有限公司是浙江省国有控股企业,同时是省重点流通企业、全国家电下乡流通中标顶级企业,位居中国服务业 500 强第 175 位,浙江省服务业百强第 18 位,中国电器商贸批发和零售业前五强。

多年来,百诚集团始终坚持以市场为导向,在品牌经营、资本积累等方面取得多项突破,经营业绩屡创新高。2008 年商品销售突破 86 亿元(含非合并报表),同比增长 10%左右。百诚集团与省内外 1000 多家客户保持良好合作关系,目前已有近 250 家企业加盟百诚乡镇连锁分销体系。百诚集团下设两家售后服务公司,拥有各类专业技术人员 250 余名,为集团的家电商品提供设计、安装、维修等一系列售后服务。同时,依托在省内外近 10 万平方米的仓储设施、强大的运输队伍以及规范的物流配送体系,为客户提供高效的物流服务。

百诚集团在各家电领域已是众多国内外著名品牌的长期重要合作伙伴,多数代理品牌连续多年销售排名全国第一。

1. 基本情况

集团以百诚家电网(www.palcent.com)为主要依托,积极开展电子商务业务。目前,百诚家电网已成为目前国内成交量较大的家电销售网站之一,2008 年销售额达到 3500 万元。目前,网站已与国内近 50 个家电品牌的家电厂商保持了良好的长期合作关系,坚持提供最新、最全的家电产品。客户规模已超过 15 万,日平均在线人数达到 1 万人。同时,网站与淘宝网、19 楼论坛、住杭家居网等建立了战略合作伙伴关系,拥有淘宝品牌家电商城、19 楼等知名网站单独所有百诚家电板块。

2. 行业地位

百诚家电网成立以来,得到国内、省内同行业伙伴的认可和大力支持。西门子、三菱电机、飞利浦、AO 史密斯、创维、TCL 等国内外知名家电品牌先后授权网站推广、销售各自全线家用电器产品,共同拓展国内家电零售市场。

2008年百诚家电网在省内各大优秀网站中脱颖而出获得了浙江省信息产业厅信息化专项资金的扶持。

### 3.主要赢利模式

百诚集团全力将百诚家电网打造为"中国最大的、最专业的家电网上零售商城",通过商品零售、广告创收等多种方式获取赢利。

三年来,百诚家电网呈现高速成长的态势,2006年实现销售额400万元;2007年实现销售额700万元,同比增长175%;2008年实现销售额3500万元,同比增长500%。

### 4.创新点

(1)网站着眼于打造家电行业最具权威性、专业性的垂直电子商务平台。平台的核心竞争力在于把传统的家电门店式销售模式转移到了网络上,实现家电销售模式的升级和创新。

(2)专业性的家电产品营销平台。通过平台建设,为消费者提供家电购物一站式导购服务,为消费者提供家电产品咨询、网上下单、在线支付、线下配送等一条龙服务,有效降低家电产品价格,促进行业竞争,更多地让利给消费者,帮助企业打开目标市场。

(3)专业性的家电产品评测平台。通过与第三方门户网站进行合作,就产品评测文章进行合作,多方面和多角度地对企业产品进行评测,并于竞品进行比较,突出企业产品的优势,吸引消费者。此外,网站站在更加权威的角度,正面对产品功能、产品数据进行专业阐述,增强产品货真价实的说服力。同时,通过在线客服、留言板等方法,与消费者直接沟通交流产品问题,了解消费者需求,并增强消费者对企业的信任度。

(4)专业性的家电产品搜索平台。

(5)专业性的家电产品网络团购平台,提供为推进B2T电子商务的发展。

## 11.4.5    国内唯一的多业态图书电子商务平台——博库书城网

### 1.基本情况

博库书城网是浙江省新华书店集团搭建的出版物电子商务平台。它充分利用集团原有的资源优势,在新增投入极其有限、运营成本达到最低化的前提下,稳步地扩大网络销售量。它是由国有新华书店创建的、以连锁门店经营为基础、一站多门户的购书网群,也是国内唯一一个集个人购书B2C、商户批发B2B、单位团购B2G三位一体的多业态的电子商务平台。

集团公司通过出版物连锁经营的信息一体化、库存一体化、市场一体化的计算机网络平台,依靠强大的采配系统,已整合行业的产品信息资源达100多万种,年流转品种60多万种,常年在架品种达到30多万种。集团公司配备8.15万平方米的物流仓库和独立知识产权的企业信息系统、全国书业首条自动化流水线,以信息流贯穿全集团经营业务的商流、物流、资金流,保持其健康、顺畅、快捷、高效地运转。

2006年起,集团公司充分利用产品、信息、物流、技术等现有优势,向网络销售渠道开拓市场,搭建了综合的电子商务平台——博库书城网。

"博库书城"是浙江省新华书店集团走向市场、走向全国的品牌,既承继了"新华书店"的优良传统和对文化事业的执著追求,又更深地植根于市场经济,赋予了更多的服务理念。

2006—2008 年的网站销售业务增幅很快,订单量和销售量每年以翻一番以上的速度增长。尽管目前网购销售量在全集团的销售比重不高,但其发展势头令人关注。至2009 年初,网站拥有注册会员 50 多万人,日均订单 2000 多笔。

2. 创新点

博库书城网是一个独具特色的网上书店,有其独特的定位和架构,具体如下。

(1)一个三合一、多业态的真正"书城",集 B2C 个人购书、B2B 书店批发、B2G 单位团购于一体。经营的商品类别只有图书、音像,但却是一个中文图书品种最多、购物功能最全的网上书店。不仅直接为各类终端客户服务,还先后为卓越亚马逊、九久网等多家网上书店提供 JIT(Just in Time)供货服务。

(2)以门店连锁经营为基础的、最低成本运作的网上书店。浙江新华利用自身资源创建网站,投入最小、运行成本最低。其独有的商业模式,可以发挥连锁店地面服务的亲和优势,提供独特、方便的门店自取服务,做到了本地最快。

(3)综合低价策略和整合营销。博库书城网也采用综合低价策略,优势体现在长尾品种。同时,对门店、网店进行整合营销,提升销售总量,力求综合采购成本最低,达到进一步的总体低价销售。

3. 发展前景

在目前严峻的市场竞争环境下,中国网上书店普遍存在着毛利空间很小、亏本经营的现象,博库书城网同样面临着赢利困难的问题。集团公司清醒地认识到这一点,充分利用集团原有的资源优势,在新增投入极其有限、运营成本达到最低化的前提下,利用自身的特色和优势稳步地扩大网络销售。2009 年下半年,集团公司 14 万平方米的下沙物流新基地即将全面启用,届时还将大幅增加备货品种、改造网购流程、提升技术平台、优化客户服务,进一步推进网站业务的发展。

## 11.4.6 "电子商务＋物流配送"——杭网每日商城

1. 基本情况

杭网每日商城(www.hz96060.com)是浙江省内媒体首家报网互动、免费配送的 B2C 电子商务网站。网站紧扣现代服务业发展脉搏,利用杭报集团的发行网络资源和渠道优势,创新"电子商务＋物流配送"整合发展模式,为企业找市场,让百姓得实惠。首年经营产值突破 1000 万元,物流配送业务同比增长 200％以上,成为杭报集团产业拓展的新经济增长点。

杭网每日商城由杭报集团下属每日商报社、杭州网、发行每日送公司联手打造。商城的产品定位是面向杭城市民日常生活的快速消费品。目前在杭州市区有 28 家实体店,拥有加盟供货商146家,商品近1800种,分为健康食品、日用百货、电子电器、家居家纺、时尚礼品、节能环保、书刊音像、社区服务8大类,细分为38小类;投递配送人员700余人,服务网络覆盖整个杭州市区,主城区实现2小时免费配送。最新数据显示,杭网每日商城配送完成率为99%,顾客满意度达到98.9%。在电子商务的带动下,杭报集团发行公司多元经营取得快速发展,2008年多元经营收入占发行公司总收入的41%,较2007年增长了2个百分点。电子商务的快速发展,既稳定了发行队伍,又增加了网络边际效益,为自办发行产业转型与服务升值开辟了新路径。

2.创新点

(1)创新服务,强化定位,实现差异化竞争。

杭网每日商城提出打造"2小时服务圈"概念,以配送时效作为差异化竞争的切入点。商城推出网上订购、电话订购、店面现购三种销售方式和网上支付、货到付款两种支付方式;提供2小时免费配送;定期向会员客户赠送商品促销信息,让老百姓真正享受网上购物的乐趣,体验免费配送的便利。同时,杭网每日商城认真完善客户数据库,针对客户销售特点为企业提供参考,并围绕环保、奥运、食品安全等热点不断推出网上优惠产品特卖会,不仅受到杭城市民热烈欢迎,也使企业用最小的成本获得最高的收益,合作商群体迅速扩大。

(2)创新模式,报网互动,探索电子商务营销整合。

杭网每日商城首创"电子商务+物流配送"新型商业模式,有效整合电子商务信息快速流通和物流配送终端配送服务优势,加强客户维护,注重策划带动,创新宣传平台,努力做到量质并举、科学发展。在市场宣传和品牌推广方面,充分发挥商城"报网互动"的优势,每周定期在《每日商报》发布广告专栏,不定期在杭州网、19楼等网站发布广告帖,多次印发商城宣传DM广告等。坚持自主创新、利用创意策划优势积极探索电子商务整合营销模式,从2008年5月起推出电子商务项目配套的《每日商城》DM时尚杂志,融服务性、时尚性、创意性和有效性为一体,得到了商城会员、加盟供应商和上级主管部门的广泛好评。

(3)创新技术,科技先导,支撑电子商务发展。

目前,杭网每日商城已实现商品供应链全流程的信息化改造,系统主要包括电子商务网站、96060服务热线、客户关系管理和物流配送管理等子系统,具有商品网上展示、网上下单、信息集中管理、订单自动生成、商品配送全程管理等功能,技术创新特点突出,被中国报协电子技术委员会评为"2007—2008年度中国报业电子技术项目一等奖"。最近,杭网每日商城网页成功实施改版,新增在线客服、电子消费券、DM电子杂志、销售排行、商品三级分类等20多项功能,网页界面更加美观,服务功能更加完善。

(4)创新机制,扩大合作,实现又好又快发展。

杭网每日商城坚持模仿创新,调整每日送公司组织架构,完善团购销售激励机制和约束机制,实行"项目管理,目标考核",建立起适合电子商务发展的组织架构。商城进一步加强与电信、铁通、烟草、公交公司等大单位合作,扩大商城影响力。同时,加强与杭州市贸易局的沟通,加入杭州市电子商务协会,积极参与杭州首届休闲购物节网购生活版块主题活动,推出"即买即送"、"限时抢购"和"企业网展"三大版块系列活动,取得了良好的经济效益和社会效益。通过这些活动,商城加深了与杭州同行的业务交流,并提升了自身的市场竞争力。

　　杭网每日商城依托杭报集团强大的品牌公信力、先进的信息技术平台和宝贵的发行网络资源,引导电子商务消费模式,提供物美价廉的商品,享受免费配送的便利,得到社会各界的认可。该项目不仅是杭报集团推进数字化、加强报网互动的重要举措,也是拓展发行产业、递增网络边际效益的有效载体,更是引导消费、回报社会、服务企业和市民的创新发展。

### 11.4.7　面向百姓生活的电子商务网站——三替购物网

#### 1.基本情况
　　三替集团下属的三替购物网于2000年成立,是三替集团资源的又一个外延。它是依托三替集团的综合实力并充分利用三替的渠道优势而形成的一个在线购物平台。

　　三替购物网连续三次被评为"杭州市十大电子示范网"。2005年正式运营以来,深受广大消费者欢迎。在建设之初,三替购物网就提出了"高起点规划、高强度投入、高标准建设、高效能管理、高品质服务"的"五高"要求,并要求把本项目建成专业、合法、有序的电子商务平台的典范。为此,三替技术人员不断对进货、销货、结算、配送等环节进行分析和重组,力求把三替购物网建设成国内一流的网上购物平台。

　　三替购物网秉承了三替集团"诚信服务"的宗旨,为了提高人们的生活品质,为消费者提供最先进、最周到的网上购物服务。三替购物网不仅仅在交易平台的建设上进行了投入,并对交易后所产生的相关问题,如售后服务、配送服务的实效性、交易商品的质量保证性、交易的安全性、交易的合法性也进行了投入管理,实现专业、合法、有序的发展。

#### 2.创新点
　　三替购物网的独特之处具体如下。
　　(1)善于抓住先机,利用各类资源。
　　(2)抓住行业特点,把握用户需求。
　　(3)从实际出发,追求实效,掌握发展节奏。
　　(4)有"赢利意识"和"人气意识"。
　　(5)高度重视网站的技术支撑。
　　(6)拥有一支优秀团队。

#### 3.发展方向
　　三替购物网的组建,极大地方便了杭州城市居民的生活,对提升杭州城市生活质量,促进电子商务的发展,起到了积极作用。为了更好地把三替购物平台做好,三替在2006年起,投资进行了"三替购物网物流配送系统的建设",意在打造杭州快速的物流配送,使客户下单后能及时拿到网上购得的商品。

到2008年12月底,配送网络已基本完成,实际累计投入1500余万元,在杭州市形成网状的配送体系为所有消费者服务。

三替购物网2008年1—12月实现销售额达3890万元,网上访问人数达7万人(次)/日。三替购物网力争在求索中不断前进,不断配合三替的人力资源,把配送成本进一步降低,像三替服务一样,做到家喻户晓。

### 11.4.8  让电子商务走进每个家庭——小区生活网

**1. 基本情况**

进入新世纪以后,随着信息技术的发展和普及,数字化社区应运而生,社区管理进入了信息科技时代。

秉承杭州市政府三年行动计划的精神,浙江欣邦科技信息有限公司在杭州市电子商务协会的支持下正式启动小区生活网(www.cn-xq.cn)项目。小区生活网是在建立和谐社会、提高品质生活的时代背景下,利用成熟的互联网技术产生的新事物;在启动之初吸取早期、同期的一些小区、社区站点建设经验的基础上,结合对小区业主的调研报告,独创一区一网的建设模式;融入电子商务B2C模式,为社区居民免费提供便捷的网络购物平台;协助杭州市政府完善社区网,将政府的政策延伸到每一个小区,从而真正实现共建、共管、共赢、共荣的和谐小区全面建设模式。

小区生活网主要针对社区的数字化建设,是数字化的网络系统,可以使社会化信息提供者、社区的管理者与住户之间适时进行各种形式的信息交流互动。由于现代网络的先进性以及多态的表现性,加上各种网络多媒体技术的应用,从而营造出一个丰富多彩的虚拟社区。

小区生活网在致力于协助政府将杭州打造成"中国电子商务之都"的同时,也积极承担起构建和谐社会的责任。在"和谐、公正、便民"的网站精神下,小区生活网通过一小区一网站的有效技术交流平台来做到传达政府信息,实现对各个小区每位业主的贴身服务,真正提高品质生活和建立和谐社会。

**2. 国内外行业发展情况**

随着互联网的发展,人们已经把互联网作为方便生活和提高效率的一种信息查找工具。人们主要关注和信任自己身边的信息,也主要查询身边的信息。例如,大家熟识的分类网站、打折网、地方门户网站,它们都会提供大量信息,但差别很大。分类信息网站以单纯的信息发布、查询为主,用户体验比较单一,没有连贯性,造成用户的资源浪费。打折网采用团购的模式,会员收费、商家打折,但有很多人不相信打折,商家也不一定全力配合网站,这不是发展的主流。地方门户网站中功能太强大的,就很难将分类信息和店铺做精做细。

现在,人们对自己方圆5公里的人与人的交流、互动以及消费的需求变得越来越迫切,急需小区网站。用户的要求主要是:信息交流和分类信息,基本生活和店铺消费购物。

因此,立足于小区的生活网站的优势很容易体现出来,其发展背景和立足点是小区,有助于居民间的交流和沟通。它只集中在人们关心的本地店铺和本地信息,提供好吃、好玩、便宜且质量好的产品,界面简单、功能简单、服务便捷。它在小区内与小区间建立一个沟通、咨询、电子购物的免费服务平台,因此更能挖掘出小区网巨大的发展潜力,具有很大的市场发展前景。

### 3. 主要赢利模式

目前网站处于前期发展阶段,收支尚未达到平衡,在未来的不断发展中,子商务、网络广告、信息咨询将会逐渐纳入到网站的收支体系中。

电子商务主要为针对社区居民的电子商务,就是实现居民在网上购物的功能。通过该功能具体可以实现:居民在网上浏览商品信息并进行订购;用网上电子支付或选择社区管理服务机构提供的其他方式进行结算;查询每次、每周或每月的购物清单等;社区的管理服务机构通过系统进行电子商务的客户管理和订单管理,包括订购客户的身份甄别、查询客户的信用级别和记录、处理订单、送换货任务管理、应收款项管理等等。

### 4. 发展方向

根据目前网站的现状,在建设电子商务项目的初期主要实现以下几个目标。

(1)明确网站应用方向及目标群体。作为一个以建设小区数字化的主的小区类网站,网站目标客户群主要为小区居民,相关的利益群体主要为:小区用户、小区附近商家、小区网站管理员(小区站长)、地方运营商(后期加入)和总部。

(2)站点功能选择及应用。在网站发展初期,吸收早期、同期的一些小区、社区站点建设的优点基础上,结合对小区业主的调研报告,独创"一区一网"的建设模式,为社区居民免费提供便捷的网络购物平台,协助杭州市政府完善社区网,将政府的政策延伸到每一个小区。

(3)建立全方位交易模式。电子商务对网上支付的依赖性很大,选择合适安全的支付模式对电子商务企业的经营十分关键。在交易过程中,网站应采用多种支付模式,如:第三方支付模式(支付宝等)、银行转账结算支付模式(现金等)、各种数字现金和电子货币支付模式等。

(4)多种赢利模式与统一数据管理,如生活资讯、商家信息服务、网络广告等将逐步纳入到网站的赢利模式中。居民可以在网站上获得的生活资讯及其服务是多样性的,包括网上娱乐、城市生活、动态指南、网上教育、网上保健等。网站将不断运用互联网的各种最新的技术,实现多媒体、交互式、同步管理等网上生活资讯服务。主要可以实现如下功能。①网上学校:网上少儿培训、补习,网上多媒体英语教学,测试等。②网上医疗保健:各种最新保健方式介绍,网上互动疾病诊疗咨询、心理咨询等。③网上新闻:当天各种报刊要闻,体育报道等。④网上家庭个人理财:股市、期货、货币汇率消息,个人投资理财顾问,互动咨询。⑤网上城市生活指南:城市生活地图,吃喝玩乐消费指南、商家信息网上刊登等。当网站发展到一定阶段,点击量达到一定标准后,网络广告也将纳入到网站的收支体系中,利用商家广告来给网站带来收益。

(5)与其他社会资源相互合作及应用。由于网站还具有社会公益性,是一个政府工程,因此将在网站建设的过程中,逐步与政府、商家、厂家等建立起紧密的合作关系,以促进网站的迅速运营和电子商务体系的发展。

(6)由投入转向赢利。当网站点击量及网站用户群达到一定数量后,将开展与商家的洽谈工作,并同步实现网上交易的多种支付模式。

(7)实现用户与商家互动运营、公司整合管理。当网站发展形成一定规模后,将开展用户与商家共同运营网站、公司整合管理的模式,以最终实现用户、商家、网站交互合作、共建共赢的目标。

社区电子商务的实现是一个循序渐进、可持续发展的过程,当网站发展形成一定规模后,将逐步由纯投入转为赢利。

### 5. 创新点

(1)免费平台。建设小区生活所有子项目将全程采取免费打造、免费运营的思路,包括建立和完善以小区为单位的周边信息库(商业、医疗、教育、娱乐、金融、餐饮等),免费向所有用户开放信息库,真正实现便民商务电子化。

(2)社区事务管理平台。通过搭建社区事务管理平台,实现信息实时交流,提高工作效率,降低行政成本,增加管理的透明度,加强社区内居民间的信息资源共享。具体表现为:社区实现数字化后数字信息的交互更直接,管理中心对所要进行管理的居民状况可以快速准确地反映出来,居民有问题也可以直接通过管理中心询问;管理中心可以直接监控各种设施设备的运行状况,及时发出处理指令;对于小区经常性的事务处理包括内部办公自动化和面向居民的服务指南、投诉、维修、查询、缴费、建议等。

(3)B2C电子商务平台。积极响应杭州市政府关于"电子商务进家庭"的政策号召,整合商家资源,建立供应商联盟,通过小区生活网向居民开放 B2C 交易平台,真正刺激、拉动内需。

(4)共建和谐社区。小区生活网全面覆盖居民生活小区,独创"一小区一网站、一网站一站长"的模式为业主提供各种生活资讯类信息、服务类信息和本小区的各种资讯(如业委会、物业介绍和公告、小区新闻、小区曝光等)。在业主、业委会、物业之间架起一个沟通和交流的桥梁。以小区业主代表或物业公司相关工作人员为站长,热心的小区业主为管理参与者,广大业主为用户群的管理运作模式,通过小区网站实名制投票,实现业主推选业主代表、业主代表选择物业公司、物业公司有偿服务于广大业主的方式,充分体现广大业主的真正权益。

(5)政府信息发布渠道。建立包括视频模式的多媒体系统,实现政府信息发布和贴近小区的活动、新闻等播放,打造第四媒体。

(6)协助政府社区网发展。积极协助政府相关部门完善已建社区网的功能,作为社区网的配套网站延伸到各个小区。

(7)提供社会就业岗位。一小区一网站的运营模式将向社会公开招募各小区网站的站长岗位,同时小区网站也是管理员进行创业的平台,为社会创造就业机会。

小区生活网紧紧围绕小区管理、政务、文化、健康、教育、周边商业等一系列为小区居民服务的产业,是一个服务于社会的创富工具和创业平台,是一个颇具公益性质的"小区工程"。

企业通过一段时间对小区网站的建设,积累一定的经验、积聚到一定的社会认可度之后,加大市场推广力度。相信在政府的大力支持下,网站最终能在杭城打造"中国电子商务之都"、提高品质生活和传递政府信息的过程中发挥它应有的作用,同时也能做成真正的与传统媒体相媲美的第四媒体。

### 11.4.9　国内第一大 IT 网站——颐高

#### 1. 基本情况

颐高集团有限公司是一家以数码连锁、网络资讯、IT 科技产业、IT 蓝色房产四大方向的 IT 集团公司,旗下拥有全资子公司、控股公司 42 家,拥有"颐高"、"龙城"、"亿茂"、"IT. com. cn"四大品牌;目前已成为拥有 2000 多名员工的产业覆盖市场、地产、网络、广告、文化传播、商业咨询、培训等行业的大型现代企业集团。

颐高集团先后被授予浙江省"五个一批"重点骨干企业、浙江省信息产业厅高新技术企业、浙江省首批诚信示范企业、浙江省著名商标和知名商号、浙江省重点电子商务流通企业、杭州市 AAA 信用企业等荣誉称号。

自 1998 年创建以来,颐高集团在短短的几年时间,以其独特的创业模式、勇于创新的大家手笔,创造了中国 IT 业史上一个又一个的神话。颐高目前有 52 家专业数码卖场,连锁市场营业面积达 70 万平方米,2007 年成交额达到 285 亿元。它被评为全国最具竞争力的专业市场 50 强、中国 IT 连锁第一强、全国最具竞争力的 IT 网络商城、2005年度和 2007 年度杭州市十大电子商务示范企业、2006 年度和 2009 年度浙江省电子商务十强网站。

颐高集团有限公司是中国具最竞争力的 IT 终端服务商,包括 52 家 IT 连锁卖场、22 个分站的 IT 电子商务平台、IT 蓝色地产及 IT 相关产业。颐高集团主要从事提供电脑、数码、IT 耗材、3G 等产品的终端交易平台,以实体电脑城和网上在线交易为主,为 IT 厂商、IT 经销商、IT 消费者提供 IT 产品交易、广告代理、网上在线销售、IT 商业地产等服务。

颐高集团各个领域使用互联网优势,建立企业信息化系统,包括人力资源管理系统、财务系统、ERP 系统、颐高博客、OA 办公自动化系统等。颐高集团利用 2004 年投资的 IT 世界网(IT. com. cn),建立了 IT 产品电子商务综合服务平台,包括资讯、论坛、B2B、B2C、C2C 的电子商务平台。

#### 2. 行业地位

颐高集团旗下的 IT 世界网从 2004 年成立已发展成为团队规模近 200 人,能够提供包括 IT 资讯、社区、电子商务在内全方位涵盖 IT 产品与用户需求的综合平台。目前,网站已成为拥有超过 300 万注册用户、每日实时影响 300 万 IT 采购用户的网络服务综合平台,在全国拥有 22 家分站。

IT世界网六大核心优势:内容优势,影响力优势,传播优势,互动优势,团队优势,线上线下结合优势。正是凭借上述优势,IT世界网实现了处于行业网站前列的地位。

### 3. 主要赢利模式

2004年创立时,网站的赢利模式主要是广告,收入来源于三个方面:最主要的是科技企业的广告;其次是全国各地经销商广告;第三是提供给科技企业的一些整合营销的线上线下的活动,如各种全国主题巡展、校园行、产品发布会、线下用户体验会等。

目前也进行了两方面的创新,一方面是进行产业数据调研,即ITC(中国IT数据研究中心发展报告)通过IT厂商数据库和IT产品数据库的数据分析,为客户提供高端咨询的数据解决方案,提供的数据资料更具针对性,更具实效性。另一方面,从2006年开始根据国内互联网发展趋势,开始开展电子商务业务。

(1)从2006年开始开展C2C电子商务,建立了第一城网络交易平台,吸引了超过3万的经销商在平台上开设了网店。C2C实质上是代理和分销商商务活动的网络化,卖方主要由经销商构成,其趋利性较为明显,所以在店铺开设方面采用免费政策,尽可能吸引经销商来开店。C2C平台社区化是网址发展的一个方向,经销商广告是目前C2C平台的主要赢利模式。

(2)开展B2C业务,通过平台影响力,利用已经积累的会员开展电子商务。首先利用稳定供应商和货源,和供应商和厂家建立牢固的合作关系。其二是品牌效应,依托颐高在IT行业的品牌,以及IT世界网在业内的地位和影响力,建立网站电子商务品牌。第三是服务,依托于线下资源的优势同时尝试线上和线下结合的模式,减少物流费用,提升产品售后服务。B2C赢利模式是货品买卖差价,网站通过自有渠道降低产品进货成本,降低交易费用等,获得收益。

(3)建设B2B业务,结合行业的特点,开发了B2B亿脉通产品,完善了整个IT行业产业链,包括厂商、分销商、零售商和用户。目前B2B赢利模式的主要方式:①广告,主要客户包括厂商和经销商;②搜索,包括关键词竞价排名,指客户通过搜索关键词得到的排名和热点词汇直达商铺或企业网站;③交易,通过收取交易佣金和网上业务中介及物流服务;④增值服务,包括客户留言,前沿资讯短信服务和邮件服务,提供在线软件使用SaaS服务等;⑤提供行业发展报告和网站数据分析报告。

### 4. 创新点

(1)IT门户和电子商务全业务结合的创新,发展和壮大了IT行业垂直门户。垂直门户开展电子商务业务,满足了网站用户的需求。根据IT行业的特点推出的B2B亿脉通产品是专门为IT行业定制的B2B产品,其最大优势在于深刻研究了IT行业的渠道运作规则,使分销商的分销权限、范围等各种制约条件以及保密设置都得到了完全地体现。企业使用该产品可以获得与传统方式分销经销产品同样的效果,是IT行业渠道一本活的商情。

(2)网上电子商务和实体店铺相结合的创新。电子商务中,物流和售后服务是非常重要的环节,而IT产品由于本身价值高、同时需要完善的售后服务,所以对这两点要求更高。把电子商务和实体店结合可以很好地解决这两个问题,在各地的实体店既是电子商务的提货中心,也是售后服务点。

(3)3G 业务开拓的创新。2009 年结合 3G 的发展,开展 3G 产品电子商务。当前中国的 3G 业务已经全面启动,手机互联网将成为新兴的媒介平台。届时会有更多的用户通过 IT 世界网平台了解 3C 资讯和购买相应产品和服务。

## 11.4.10 打造优秀的购物平台——优邮网

### 1.基本情况

优邮网(www.yoyo18.com)致力于通过互联网搭建一个使优质商户与广大消费者可以无缝对接的综合信息平台。通过优邮网,消费者可以快速、低成本地找到自己需要的商品;商家可以得到优邮网提供的信息数据支持,获得第一手的市场反馈信息。

### 2.行业地位

经过一年多的发展,优邮网已经发展了近 20 万注册用户,目前网站的日独立访问 IP 稳定在 1 万以上,Google PR 值也迅速增长为 5。在地域性电子商务网站中,具有较高的知名度和美誉度。在业内,优邮网与多家优秀的异业电子商务网站结成了战略合作伙伴关系,在电子商务企业资源共享、互利互赢的具体模式上进行着积极、有效的探索。

### 3.主要赢利模式

优邮网的赢利模式主要来源于为商家、用户提供服务的收入,以及部分自有商品的销售收入。同时,随着规模及影响力的逐步扩大,平台的广告价值也逐渐显现,未来也将成为优邮网的赢利来源。

### 4.创新点

优邮网在互联网电子商务的普及广度及应用深度上都在进行着积极的创新性尝试。创新的基础是对互联网电子商务用户的细分、挖掘。用户大致分为两类,一类是初级体验用户或未接触过的用户,另一类是深度体验用户。

针对第一类用户,需要解决的是使用门槛问题,优邮网给出的创新性解决方案是逐步渗透,在使用习惯引导上找突破口。优邮网认为造成这类用户较少应用电子商务的原因大致是不会用、不习惯和不信任。因此,优邮网针对这部分用户,在应用模式上,提供了和传统认知模式更为接近的目录册平台,并提供更具安全感的支付方式。通过长久互动建立起的信任感和感性激励措施,推动这部分用户尽快转化为互联网电子商务中度体验用户。

针对第二类用户,需要解决的是应用新鲜度问题,优邮网给出的创新性解决方案是充分结合最新的通信技术,在应用终端及方式上找到突破口,如利用彩信技术为用户提供图文并茂的电子商务信息。同时,基于 3G 网络的优邮网平台也在积极筹备开发中,手机支付方式也在逐步导入。

### 11.4.11 大型零售企业综合电子商务——百大集团

百大集团股份有限公司(www.baidagroup.com)是一家集百货业、酒店业、旅游业、进出口贸易等为一体的综合性集团公司,也是一家在上海证交所挂牌的上市公司。百大集团自1989年开张营业以来,本着"团结、创业、求实、创新"的企业精神,推进信息化建设,实现高效能管理,企业得到了迅速的发展。

1.基本情况

百大集团十分重视企业信息化建设,1995年开始在商业企业中率先实施"POS-MIS商业信息管理系统"项目,实现了单品管理、进价核算,财务与业务信息管理一体化,并在1997年顺利通过了专家组的验收,荣获杭州市科技进步二等奖、浙江省科技进步三等奖。2001年与北京长益信息科技有限公司合作对原POS-MIS系统进行全面升级改造,结合公司"统一管理,分散经营"的管理模式,以"商友"商业信息管理系统为核心,集合人事劳资、财务管理、办公自动化等功能模块,构建完整的企业信息管理系统(ERP系统)。在ERP系统成功实施的基础上,百大集团于2004—2006年分阶段实施了浙江省"十五"服务业电子化工程试点示范项目——"大型零售企业综合电子商务与客户服务系统",将企业信息系统扩展到供应链管理和电子商务与客户关系管理上,全面实现了企业管理信息化。2007年完善了营销管理系统。该系统提供更加丰富的促销策略,包括折扣、会员价、券、赠品、赠券、满减以及跨业态跨系统的促销,支持赠券使用范围设定和用券比例设定,开放式的会员卡系统,支持各种银行卡和联名卡加入会员行列。会员管理系统通过分析模型发掘高消费能力的顾客,建立顾客分级标准,培育高消费能力顾客的忠诚度。

2.主要成绩

百大集团以流程再造为基础的新系统应用后成效显著,主要体现在5个方面。

(1)改变了传统的管理方式,提高了管理效率。不论商品结构调整、进货渠道优化,还是对商品进存销各环节的细化管理、效益分析,以及工资分配、费用控制,人力资源管理等,都可以向信息系统要数据,凭数据做决策。这增强了经营决策的科学性,工作效率大大提高。

(2)大幅降低经营成本。据几年来相关数据测算,使用ERP系统之后,商品经营成本比原来降低了13.5%。

(3)带动经济效益的提高。供应链管理系统实施后,通过经营数据的挖掘利用,带来了可观的收入,每年通过B2B平台可以实现150多万的直接经济效益。

(4)降低了管理成本,管理人员素质有了显著提高。系统实施几年来,商场营业面积扩大了6000多平方米,但仅管理人员成本一项每年就为企业节约1000多万元。

(5)提高了企业的信誉度,取得了较好的社会效益。为了进一步提升和完善对企业上游客户的服务,开发了百大B2B电子商务平台,实现了零售商与供应商之间端到端的管理;供应商与零售商可以共同分享销售、库存、结算等商业数据,共同进行品类分析和管理,帮助零售商和供应商提高了周转效率,以更低的营运成本超越竞争对手,确保领先优势。电子商务平台提供了多种品类分析报表、市场分析功能,还实现了网上采购、对账、支付等强大功能。零售商与供应商通过应用供应链管理系统,形成有竞争力的供应链,以最小的成本和费用,达到共同提高企业的核心竞争力,实现零售商与供应商双赢。

通过 ERP 系统与 B2C 客户关系管理平台的整合,在消费者、零售商和供应商之间建立一条快速通道,将消费者的咨询投诉、缺货订货等信息及时传递到零售商和供应商。对消费者来说,其通过访问 B2C 客户关系管理平台,可以及时了解零售商的促销信息、最新活动,查询 VIP 积分、消费记录和 VIP 奖励情况,实现了以顾客为中心,提高了消费者的满意度和忠诚度。

3. 发展规划

百大正在积极筹划"企业信息门户"网站的建设。在企业信息化管理方面,企业信息门户能够满足企业的实际需要,而且能适应不断变化的市场的要求,随企业发展而发展,为企业提供可靠、方便的管理和办公手段。百大将在企业综合信息门户平台中集成企业协同办公系统、业务流程自动化系统等,提升企业的核心竞争力。

# 12

# 网游和动漫案例

## 12.1　中国领先的网吧平台运营商——杭州顺网

杭州顺网,从 2005 年发展至今,短短几年内实现了企业预定目标——中国领先的网吧平台运营商。顺网的成功关键在于其放弃了以往网吧平台维护企业的经营模式而采取了软件免费、服务收费的方式,其过硬的技术实力让"网维大师"成功夺取业内第一。在取得现有成绩的同时,顺网也继续推出了"网吧星传媒"、"顺游娱乐"等一系列互联网娱乐平台。

### 1. 基本情况

顺网科技成立于 2005 年 7 月,网吧是顺网的切入点,顺网的第一桶金就来自于网吧。据中国官方公布的最新中国网民数据,截至目前,中国网民已经达到 3.16 亿,是全球第一大网民数量国家,其中利用网吧上网的网民约占 42%。网吧行业是个比较特殊的行业,一方面,网吧行业越来越多地涉及国家和社会的各项管理领域,急需规范管理从而促进健康发展;另一方面,随着互联网内容的日益丰富,网吧经营中需要一款软件减轻网管的工作压力并增加客户满意度。顺网全新理念的"网维大师"网吧维护和内容管理平台一经推出,立即吸引了网吧的注意。在全国各家网吧从试用到正式使用的过程中,一种全新的、简单的网吧管理方法被广大网吧老板津津乐道,"网维大师"的推出彻底改写了网吧行业的营业模式。"网维大师"不仅可以让网吧的电脑系统在重启后恢复到初始状态,还成功解决了第三方软件的穿透还原难题,使各种第三方软件在网吧里也可以正常应用和升级。简单说,它就是"保险箱"和"保鲜箱"的结合体。在娱乐服务方面,"网维大师"更是提供了全方位的支持。以游戏更新为例,现在市面上的游戏估计有三四百款,一个网吧至少要安装一两百款游戏,游戏的更新是问题,"网维大师"解决了这个难题。网维大师在产品品质、服务品质和网吧安全保障方面都进行了不懈努力。

通过庞大的用户资源,顺网顺势推出了另一产品"网吧星传媒",为合作伙伴和客户提供一站式精准推广服务,包括游戏推荐、客户端推送、相关数据服务等全方位立体服务,满足用户从面到点的营销需求。"星传媒"令网吧行业呈现新面貌,并且,7 万多家网吧也纳入了社会营销的快速通道。顺网已与国内众多知名厂商进行了合作,包含通信、IT、互联网和广告等行业。

顺网发展迅速:2007 年,公司有员工 53 名,2008 年底达到 158 名,截至 2009 年 4

月,公司拥有员工 280 名,预计到 2009 年底,公司用人需求为 500 人。公司总收入从
2006 年的 117 万发展到 2008 年的 3406 万,预计 2009 年将达到 12000 万元,其中净利
润从 2006 年的一3.55 万元增长到 2008 年的 2052 万元,预计 2009 年净利润为 6000 余
万元。

2007 年 9 月,顺网获得浙江省信息产业厅认定的软件企业证书;2008 年 6 月,获省
级高新技术企业称号;2008 年 9 月,顺利通过国家高新技术企业认定,成为当年度首批
国家级高新技术企业。2008 年 10 月,"网维大师"产品被杭州市西湖区科技局评为区内
重点十大创新项目;2009 年 4 月,入选杭州市科技创新十佳企业。

现在,顺网的目光已经投向个人用户,向个人娱乐领域进军。为人们提供更简单的
互联网畅游理念,成为领先的互联网娱乐大卖场,是顺网今后的发展目标。为此,顺网
的触角已经延伸至互联网娱乐的各个角落,无论从音乐、游戏还是电子竞技都能看到顺
网的身影。

### 2. 行业地位

"做中国领先的网吧平台运营商"是顺网成立之初的愿景,顺网仅用 2 年时间,就成
为行业第一,市场占有率超过第二名企业的 4 倍之多,全面改写了行业格局。在全国各
地发展了超过 7 万家网吧用户,近 500 万终端,每天能影响数千万网民的娱乐生活。现
在"中国领先的网吧平台运营商"就是顺网在国内同行业地位的真实写照。

### 3. 主要赢利模式

与加盟商共赢是顺网快速发展关键所在。顺网彻底贯彻 SaaS 营销理念,当多数厂
商还停留在卖产品卖软件的层面之时,顺网就首先旗帜鲜明的提出了服务才是顺网的
核心卖点。为此,顺网投入大量资源完善了自己的客户服务中心;率先在业内使用了专
业的商务通客服系统,搭建了全开放式的产品服务论坛;建设了以服务用户为导向的常
备知识库系统网维问吧,开放了 400 服务热线。"维网大师"免费提供给客户使用,赢利
主要依靠 VIP 服务收费,也就是通过提供比免费软件更优质的服务取得收益。顺网通
过向各地不同渠道的合作伙伴推广"网维大师"的 VIP 服务并实现本地化服务,秉着与
伙伴共赢的理念,实行"二八"利润分配制。较高的利润率大大提高了渠道合作伙伴的
积极性,从而提高了顺网的影响力和市场占有率。

### 4. 创新点

(1)技术创新。顺网独立自主研发了基于底层驱动的还原技术"穿透还原"。除"穿
透还原"之外,顺网还提出了"三层更新"的理念。通过建立游戏中心服务器,运用"索引
对比技术",为网吧提供游戏更新文件,网吧用户不需要到不同的游戏官方站点下载,直
接通过顺网的游戏中心服务器便得到所有游戏的更新,而且更新时间短,实现了自动
更新。

(2)赢利模式创新。顺网的软件网维大师是免费的,主要的赢利通过提供服务支持
来获得,真正地体现了"软件即服务"这一理念。

## 12.2 网游"全能战士"——渡口网络

杭州渡口网络科技有限公司是一个全能型的网游公司,它集研发与运营于一身,同时代理运营国内外优秀的网游产品。在海外扩展和异业合作方面也取得了很好的成绩,是杭州网游企业进军海外的典范。

### 1. 基本情况

渡口网络是成立于 2005 年 3 月的杭州大学生创业企业,目前共有员工近 200 人。渡口网络致力于互联网游戏及数字娱乐产品的研发和运营,借助在线游戏主体业务,拓展电信增值服务和互动娱乐业务。除了本地市场的研发和运营之外,渡口还与国际顶尖游戏制造商、服务商及运营商合作。

渡口网络创建伊始就定位致力于以自主研发为主,充分挖掘中国深厚文化背景,制作精品民族网游,成为民族网络游戏公司代表之一。秉持这个信念,渡口坚持走以自主研发民族背景特色网游为主,代理为辅的路线。2005 年开始自主研发第一款网络游戏《天机 online》,在历经 3 年研发期后,于 2007 年推出市场,在国内取得良好的业绩,得到玩家好评,最高达到 10 万人在线。2008 年,渡口网络在已取得成果上不断进取,新近自主研发的 MMORPG《魔神争霸》、超人气社交网游《超级人生》、第三人称射击游戏《火力风暴》参展德国莱比锡展会,引起美国和欧洲游戏发行商的关注。2008 年自主研发完成以封神演义为背景的 MMORPG《神将 online》也已进入内测阶段,将于 2009 年下半年推出。同时,渡口还延伸产品线,代理了《天羽传奇》《KO 堂》等,取得了良好的收益,2008 年营业收入达到 4700 万元。

渡口网络的特点在于坚持民族网游,确保游戏质量。除了取得不错的经济效益外,还得到了国家及相关主管机构的肯定:《天机 online》获得"最佳原创网络游戏"、入选新闻出版总署的"民族网络游戏出版工程",并于 2008 年继续获得第二届中华优秀出版物(游戏)奖,第十七届浙江树人出版奖等奖项。渡口获得"游戏新锐企业"、"2007-2008 年度国家文化出口重点企业"等多项荣誉。2008 年度中国游戏产业年会上,渡口获得了 2008 年度中国民族游戏海外拓展奖等多项荣誉。

### 2. 行业地位

经过 4 年的发展,渡口网络依靠其雄厚的游戏开发与运营能力,已经成为浙江省内颇有影响力的网络游戏公司,同时也成为国内同行业知名的游戏研发商与运营商。随着渡口网络的不断壮大,其在上海、杭州等地都设立了办公地点和研发中心,在成都、广州等十个城市设有办事机构,进一步扩大了其在全国范围的影响力。

### 3. 主要赢利模式

目前渡口网络的运营模式和赢利构成主要分为以下 4 方面。

(1)自主研发与运营游戏。渡口网络坚持自主研发,不断加强研发力量,目前已开发和运营多款网络游戏。渡口网络非常重视扩展游戏类型,从最初的单一 MMORPG

研发,到 MMORPG、MMOTPS(大型角色扮演第三人称射游戏)、休闲类网游,多种并进。2008 年,地面推广覆盖 2.63 万家网吧,建立了 3200 家《天机 online》主题网吧,高校进驻与覆盖达 200 多家。这一部分的营业收入约占 2008 年总营收的 50%。

(2)代理游戏。立足于民族网游戏理的同时,继续扩大产品线,增加游戏数量,代理国内外优秀网游。与各地区域运营商合作,利用区域运营商的区域及广告优势,节省地面宣传推广成本,扩大游戏区域知名度。2008 年,地面推广覆盖 2.5 万家网吧,建成 3000 余家《天羽传奇》主题网吧,高校进驻与覆盖达 200 多家。2008 年收入占总营业收入 30%。

(3)海外运营。渡口网络自主研发的网游《天机 online》成功在中国台湾、马来西亚等亚洲市场运营。《魔神争霸》已成功与德国顶尖游戏航母 Gamigo 公司达成出口至德国的合约,其英文、德文和法文版也进入欧洲市场。渡口网络未来还会继续加大海外运营的力度。

(4)异业合作。《天羽传奇》与食品类益菌多达成异业合作,《天羽传奇》也与相关厂商达成网游形象为服装产品形象的合作。

## 12.3 网页游戏的旗帜——杭州乐港科技有限公司

杭州乐港科技有限公司是一家以网页游戏研发和运营为主的游戏公司。在网页游戏领域的专注与投入让乐港科技成为杭州网页游戏的一面旗帜,并且占据了网页游戏市场的第一把交椅。《热血三国》是乐港科技的代表之作,也可说是网页游戏的开山之作,这款产品运营的良好情况让国内网页游戏看到了赢利的可能,也正是这一产品奠定了乐港科技在行业内的领先地位。

1. 基本情况

杭州乐港科技有限公司是中国领先的互联网互动娱乐公司,由一批活跃于中国互联网和游戏领域的资深人士创立,长期致力于基于 Web 的游戏娱乐和用户社区的开发与运营,目标是做全国最好的网页游戏公司。团队组建于 2007 底,于 2008 年 4 月正式注册运营。公司员工目前达 180 余人,2008 年营业收入为 698.61 万元。

乐港科技坚持开发运营一体化的方针,保持其在行业内具有较强的竞争力,打破了传统的游戏运营模式,即游戏、运营独立进行的模式。乐港科技将产品开发作为公司最核心的价值体现,倾心打造的游戏产品《热血三国》是国内第一款图形化战略网页游戏,《热血三国 2》中将运用自主研发的增强版 Powerflex 引擎,是一款接近网页游戏世界顶级水平的产品。在运营方面,《热血三国》在推出当月就盈亏持平,以后每月营收翻番。截至 2009 年 4 月初已积累了超过 2200 万的注册用户,同时在线超过 60 多万,连续十个月被主流游戏门户评选为最受玩家欢迎、关注度最高的网页游戏,大大领先于目前国内其他同类游戏。

2. 行业地位

杭州乐港在给自己进行定位的时候提出了这样一些关键评价指标(KPI):产品线、

研发实力、运营实力、规模效应。从营收的角度,综合上述四个关键评判指标,从整体来评估在行业中的地位,目前乐港公司已具备国内综合竞争力十五强之列,具备了进入网游第二阵营并挑战第一阵营的潜在实力。

如果是以细分市场网页游戏而论,乐港科技无可争议地已成为业内排名第一的公司。再经过2009年的跨越式成长,相信乐港科技能成为国内知名的互联网娱乐企业,成为国内网页游戏的领导企业。

3. 主要赢利模式

与传统的网络游戏一样,乐港科技主要的商业赢利模式有以下两种。

(1)道具收费模式在短时期内为主流。2007年新推出的游戏产品绝大部分都采用了道具收费模式,而道具游戏在2007年的收入也占据了整个市场收入的67%。对于年轻的网络游戏产业来讲,赢利模式是各游戏厂商不断探索的主题之一。目前乐港科技研发与运营的游戏都是将道具收费作为主要的赢利模式。

(2)置入式广告成为新的赢利增长点。网络游戏和广告巧妙地结合起来,从而形成了一种以游戏为传播载体的广告新形式——置入式游戏广告(IGA)。2007年,IGA在国内开始崭露头角,网络游戏媒体化的商业价值越来越受到网络游戏行业、广告业界和广告主的认同。可以预见,IGA将成为网络游戏业未来的赢利亮点。乐港科技目前暂未大规模开展此项业务,随着市场的成熟和商业合作伙伴的加盟,未来几年公司将会在此模式上有更大的行动。

# 12.4  专注游戏研发——杭州火雨网络科技有限公司

杭州火雨网络科技有限公司以雄厚的资本支持为依托,扎根于游戏的研发,目前已具有相当强劲的研发能力。

1. 基本情况

杭州火雨网络科技公司是一家专注于网络游戏技术研发和网络游戏产品开发的高科技软件企业。公司由游戏业内知名公司第九城市和游戏业内资深专家联合创立。经过多年的产品研发和技术经验积累,公司凭借着雄厚的人才优势和技术实力,自主研发了"Power Engine"3D网络游戏引擎,是国内少数几家能自主研发3D游戏的公司之一,为自身的发展打下了坚实的基础。

火雨网络在公司建立之初,就定位于坚持中国本土原创网络游戏开发事业,秉承贴身服务中国玩家的公司使命,全力打造符合中国文化习俗的优秀网络游戏。火雨网络的目标是成为全球一流的网络游戏企业和创作出国际品质的网络游戏。

目前,火雨网络正在同时自主研发制作两款网络游戏,这两款游戏产品都融合了中国几千年的神话故事,强调中国传统文化内涵,寓教于乐,让玩家能在游戏中感受乐趣、学习知识和了解中国传统文化精髓。

2. 行业地位

火雨网络主要投资方为游戏业内知名公司第九城市。火雨网络借助于合作投资方九城强大的资金和技术实力,自主研发出国内领先水平的 PowerEngine 3D 游戏引擎,成为国内少数几个拥有自主知识产权及掌握 3D 游戏核心技术的公司,是目前浙江地区实力最强的自主原创网游开发企业之一。

### 3. 主要赢利模式

作为游戏开发公司,火雨网络的主要赢利模式来源于游戏产品的代理金和运营点卡收入分成。

(1)根据火雨网络的预期开发日程,《神仙传》项目计划在 2009 年底开始对外测试。目前产品已签约给九城运营,并获得到第一笔 500 万元的运营代理金收入。

(2)在 2010 年初《神仙传》产品正式运营后,根据和运营商达成的协议,火雨将获得约 20％的收入提成。约运营 3 年,预计平均达到 10 万人同时在线,按每个用户每月消费 100 元计算,可得未来三年,单款产品每年收信 2400 万元。

(3)从 2010 年开始,公司开发人员以每年一倍的人数递增,并且每年将推出一款大型 MMORPG 网游产品,预计 3～5 年内公司年收入将超过亿元的规模。

### 4. 创新点

公司核心成员通过多年的网游开发积累了相当成熟的经验,为保障产品开发品质和效率,在公司建立之初就全力开发出“PowerEngine”3D 网络游戏通用开发引擎。该引擎是一个面向 3D 网络游戏的完整的通用游戏开发平台,提供了 3D 网络游戏开发所需要的全部核心技术、数据生成工具和基础支持。该引擎研发完成后,能快捷、方便地开发出不同类型的功能强大的 3D 网络游戏。

## 12.5  一个动漫领军企业的风生水起——中南卡通

浙江中南集团卡通影视有限公司于 2003 年成立,是国内最大的原创动画公司之一,致力于原创动画制作、影视节目发行、音像图书行销、动漫品牌授权、衍生产品开发营销和海外版权贸易等相关产业链建设。中南卡通是杭州市首批文化产业发展先进单位浙江省版权保护示范企业、中国国际动漫节特别协办单位、国家科技计划承担单位、高新技术企业、国家文化出口重点企业、国家文化产业示范基地。

### 1. 构建精品片库资源,打响中南卡通品牌

从第一部动画片《天眼》,到《魔幻仙踪》、《星际飙车王》、《劲爆战士》、《天眼神牛》、《郑和下西洋》……中南卡通在短短 6 年时间内原创了 12 大题材、24 部精品动画片近 3 万分钟。在原创动画生产能力稳居前列的同时,中南卡通更注重作品的质量,精品化始终成为中南卡通动画作品的首要目标。从首批优秀国产动画片到首个国产动画精品一等奖,从中国动画成就奖到中国国际动漫节“美猴奖”,从国内专业大奖、国际著名影视节最佳影片奖,中南卡通累计已获得国际、国内奖项 45 项。“中南卡通”的品牌影响力日益扩大。

丰富的作品题材、精品化的创作理念、多元的市场导向,构建了中南卡通多层次的

作品体系,也奠定了中南卡通品牌化、产业化运营的基础。

2. 创新点

(1)从传统产业跨越到文化创意产业。通过传统产业积累资本,然后进入技术、人才密集的文化产业,以老养新,解决文化产业起步时的融资难等诸多问题。

(2)以产业为导向,不断探索动漫产业的运营模式,逐渐确立以自主知识产权为核心的"动画产业链"理念:以动画原创为核心,以品牌塑造和运营为重点,利用中南卡通的动画创作和传播优势,进行品牌授权、开发衍生产品,专业分工,异业合作。即从产业的高度审视动画创作,指导动漫原创,以版权为先导,开拓创新,构建版权、商标权、专利权等一系列知识产权为核心的自主知识产权体系,铸造中南卡通的核心价值。

(3)以市场为着眼点,针对的不同的市场预期采取了不同的推广模式。如公司主推的"天眼"动画形象,通过持续播出带来的品牌知名度和美誉度的提升,积极探索了自行开发、贴牌生产、加盟经销、品牌授权等多种形式的产业合作和运营模式,先后开拓了玩具、文具、儿童用品、服装、鞋帽、食品、饮料等产品领域,并构建了自己的销售渠道。目前,中南卡通已经与国内十多家玩具、文具、儿童用品企业建立了良好的合作关系,有20多个品种的"天眼"品牌授权产品将陆续推向市场。

(4)提高动漫相关权益附加值。如将《星际飙车王》和《劲爆战士》的相关权益预授权给厂商生产、销售,通过高强度的市场推广,结合电视播出带来的影响力,在全国掀起了"星际飙车"和"劲爆陀螺"热潮,成为"金融风暴"背景下,动漫玩具行业少有的"热点"。

这些创新产业链的背后是中南卡通不断构建的创新体系。公司不断建立和完善了科技创新机制,努力走向了动漫制作的最前沿。公司经常吸收和引进国际一流的动画技术、设备和人才,与浙江大学、中国美术学院、北京电影学院等国内知名院校成立了创作研发中心,取得了强劲的技术依托;同时苦练"内功",在公司内部建立健全了人才培养体系、创新研发机构和企业技术中心,不断提升中南卡通的技术创新能力。

3. 发展方向

中南卡通未来发展方向重点是拓展海外市场,提升国际竞争力。2005年起,中南卡通积极参加国外影视、授权展览,通过各种渠道宣传推广国产原创动画作品。经过商务部批准,中南卡通还在海外设立全资子公司,专门从事海外推广和营销。连续5年参加戛纳电视节(MIPTV & MIPCOM),还先后在美国全美电视节、韩国首尔动画节、日本东京国际动画节、渥太华动画节、亚洲影视展览(新加坡)、香港动漫节以及中国国际动漫节等国际、国内重要影视和动画展览上精彩亮相。

通过不懈努力,"天眼"系列、《星际飙车王》、《魔幻仙踪》、《劲爆战士》、《郑和下西洋》、《乐比悠悠》等动画片相继走出国门。自《天眼》2006年1月在新加坡新传媒播出以来,中南卡通的动画片先后进入新加坡、韩国、东南亚、中东、南非、北非、澳大利亚以及欧美等63个国家和地区的播映系统,并获得极大的好评。

# 13

# 搜索引擎与网络广告案例

## 13.1 整合网络营销服务——盘石

### 1. 基本情况

浙江盘石信息技术有限公司是一家以互联网信息服务为主营业务的企业,目前拥有员工 500 多人,旗下拥有杭州盘石科技有限公司、杭州网美广告有限公司以及金华盘石信息技术有限公司三家子公司。

浙江盘石信息技术有限公司与传统的网络广告代理商不同,不仅聚集了众多知名公司的互联网营销产品,拥有丰富的网络媒体资源,而且通过提供网络广告技术与增值服务来实现营销目标,致力于开发网络广告效果分析、评测和推荐产品,开创了整合营销服务模式,帮助企业将其广告准确地传播给目标客户群。

### 2. 行业地位

盘石从 2005 年开始,相继成为 Baidu、Google、Yahoo 等国内外知名互联网媒体的战略合作伙伴。经过近五年的努力发展,盘石在浙江本土网络广告行业渐渐树立了领袖标杆地位,已成为国内网络营销领域前 3 名的企业。

盘石在网络广告与网络营销行业取得了一系列荣誉与资质:"'盘石通'网络广告效果评测专家系统"列入国家火炬计划、"浙江省科技创新先进集体"、"杭州市十佳电子商务服务企业"、"杭州市科技创新十佳初创型企业"、杭州市唯一一家"杭州市网络营销高新技术研究开发中心"。

### 3. 主要赢利模式

盘石从汇集优秀的互联网媒体资源开始进入互联网营销领域,经过几年的发展,已经成为国内拥有精准、定向网络媒体资源最丰富与最集中的公司,并且逐渐对互联网营销有了更深刻的认识,从而开发出了一系列网络营销效果分析、评测和推荐产品,开拓了整合网络营销服务模式。

### 4. 创新点

盘石公司的整合网络营销服务,是以顾客为中心,客户需求至上,实行企业与顾客之间的双向沟通。盘石公司不再固守单一营销手段而是多种营销手段和渠道的综合运用,坚持"一个观点,一种声音"的原则,能与消费者及客户建立持久良好的关系,尤其是在建立顾客品牌关系方面,已积累了丰富的资源与经验。同时,盘石要求每一位员工都参与到营销传播中来,并致力于价值链的建设,并要求提高传播的效率,将传播信息有效转化为具体概念、影响和声音。

盘石公司相信,只有以整合网络营销为基础重整公司的营销和整体管理战略,才能使每个部门的每个成员和每个职能都负起沟通的责任,使公司发出的所有信息都起到加强企业形象与增强网络广告效果的作用,并最终实现塑造独特的企业形象,创造最大的品牌价值,帮助企业提高销售收入这一整合营销的终极目标。

## 13.2　Google AdWords 广告——网通互联

### 1. 基本情况

杭州网通互联科技有限公司成立于 2003 年,是由杭州市生产力促进中心投资控股,致力于中小企业信息化与互联网应用及网络营销服务的国有高新技术企业。网通互联于 2006 年 3 月和 Google 达成正式合作,致力于为杭州地区的企业提供 Google AdWords 广告的本地化专业服务,帮助杭州地区中小企业提升网络营销价值,有效地将本地中小企业产品推向全球。网通互联由目前国内资深的技术专家、优秀的管理团队、高素质的商务服务人才组成核心运营团队,长期并且专注地致力于中小企业网络营销服务。网通互联目前拥有员工 200 余名,能为客户提供专业的一对一本地化服务。

网通互联自成立以来秉承诚信服务的企业宗旨,六年来取得了长足的发展,成为杭州 IT 行业领军者之一,特别是成为谷歌代理商之后,发展非常快速,2008 年企业产值已达到 2000 万左右,并以年增长 120% 的速度稳健发展。预计 2011 年网通互联将成为产值超亿元的互联网广告公司,帮助杭城企业开展企业电子商务,成为浙江地区中小企业网络营销解决方案的最佳提供商。

### 2. 行业地位

网通互联经过 5 年多发展,在互联网的应用、服务及实施方面始终处于国内行业的领先企业集团中,掌握拥有多项核心技术及研发中心,获得两项国家软件版权登记。

网通互联依托谷歌的资源以及自身的不断创新,在 2007 年和 2008 年分别联合谷歌开展由谷歌主办、网通互联承办的大型企业营销论坛,参与企业数超过 1000 家,得到了客户的高度认可,帮助众多杭城企业解决网络营销中存在的困境。

网通互联两年来的努力不但得到了客户端的高度认可,同时也得到杭州市政府的积极关注与肯定。2008 年 12 月,网通互联积极响应杭州市政府号召,成为市政府开展的第三方电子商务企业之一,共同帮助杭城企业开展电子商务。至今,网通互联已经帮助超过 700 家企业开展企业电子商务,得到了杭州市经委的高度认可,4 月份联合市经委召开的新闻发布会,也得到了杭城媒体的积极关注,取得非常好的效果。

网通互联作为一家高速发展的互联网服务运营商,依托谷歌资源同时结合政府第三方补助措施优势,立志将在未来三年内为杭城 1 万家企业提供专业的互联网应用服务,并成为杭州互联网广告行业的领军者。

### 3. 主要赢利模式

网通互联产品主要以代理谷歌关键字广告为主。谷歌关键字广告按每次点点击成本(CPC)定价,客户只需按自定的价格支付点击费用,无点击时广告的展示是免费的。它可以按照客户的需要设定每日预算,轻松制作和管理具有针对性的广告;可以24小时在线查阅账户中的效果报告。客户可以针对特定国家、地区的用户定为广告,也可以只针对使用特定语言的用户定位广告。

### 4. 创新点

网通互联通过多年实践与摸索,结合自身优势独创的管理模式(I-Sales)与服务模式。I-Sales 基于完善的 CRM 系统,使销售过程的三个过程——数据中心、电话中心、销售中心独立工作,让专业的人员从事专业的工作。同时,三个部门的分工协作有效避免了对客户的骚扰,从而进一步提高了工作效率。I-Sales 执行之后团队整体效率提高3倍。

网通互联的服务模式 CS(Customer Service)开创了领先于同行业的客户服务模式,配备了专业技术团队为客户提供超七星级的标准化服务。网通互联不断优化升级客服,开创的服务模式对客服提供备至的关怀,帮助客户提高广告成效。具体内容如下。

- 一个扩展支持系统:开放 API 端口,为客户提供更多互联网增值应用。
- 两个客户服务端口:客户沟通+账户操作,专业的客服人员提供专业服务,从而提高成效。
- 三人高效团队服务:由客服经理、优化师、客服专员组成的专门团队为客户提供管家式贴心服务。
- 四项常规基本服务:咨询服务、日常拜访和报表、优化服务、增值服务,四项常规基本服务形成了标准客服流程。

## 13.3 第一商务——创业互联

### 1. 基本情况

杭州创业互联科技有限公司成立于1999年,是致力于互联网应用服务的高新技术企业。公司拥有一支由业内资深技术专家、优秀的管理、销售服务人才组成的运营团队。但随着规模的不断壮大,高素质的商务服务人才已经不能满足需求,预计到2009年末共有员工107人,较2008年末增加21%。

### 2. 行业地位

创业互联旗下的"第一商务"客户达12万家以上,目前已经发展成为国内十大、浙江省内最大的电子商务基础服务提供商。在由浙江互联网协会、中国电信浙江公司、互联网实验室共同实施调查并发布的《2008年浙江互联网发展研究报告》中,第一商务是唯一进入 IT 相关产业企业排行30强的电子商务基础服务提供商。

2005年6月,创业互联成为"杭州市重点扶持的100家科技型企业";10月,第一商务被中国互联网信息中心评为"十大最有商业价值CN域名"；2006年6月，第一商务被网银在线、中国计算机报社评为"最受欢迎的建站服务商"（第一名）；旗下的9V网络广告联盟在行业内亦有比较好的口碑和知名度，广告量和客户数量在前三位。

### 3.主要赢利模式

创业互联旗下有"第一商务"网站、九赢广告网、爱名网，均实现了赢利。

"第一商务"作为创业互联公司在Internet域名注册、虚拟主机、服务器托管等一系列电子商务平台建设服务的业务网站，与国内外各大服务商直接合作，以最优质的服务和高性能的产品推荐给广大客户。第一商务奉行"创新互联服务，体验商务创新"的企业宗旨，不断追求技术领先、服务领先、模式领先、业绩领先的发展目标，率先在国内推出了域名实时在线注册、虚拟主机、企业邮局自动开设、智能建站系统等国际领先的自主或专有技术，使企业可以在低成本、高效率、强保障的前提下建立自己的上网平台，从而大大降低了企业信息化的门槛。

九赢广告网为广告商和网站主提供了全方位的网络广告宣传方式，与国内的大部分优秀网站建立了良好的合作关系，可以为客户量身定做整个网络广告宣传过程。九赢广告网秉承传统广告的营销思想，与国际互联网有机结合，创造性地为各个广告商提供了新的营销渠道。通过九赢平台，广告商可方便地了解到广告投放的各种准确的统计数据，实时跟踪广告投放的网站，可以感受到实实在在的广告利益。

经过长期的研发和经验积累，九赢广告网已经建立最完善的付费机制，拥有众多高质量的网站群、提供双方交换信息及进行操作的系统，并提供长期稳定的技术支持、根据用户的需求定期对系统进行升级、执行完善的作弊检查。根据大量广告商客户的反馈，九赢的统计系统在防作弊方面非常精确，所记录的点击量信息具有较高真实性。

"爱名网"是为用户提供的一个专业的集域名注册、域名竞价、域名拍卖、域名中介、域名交易、域名贷款、域名停放、域名寄售等服务的域名交易平台。

### 4.创新点

电子商务基础服务提供商是互联网淘金浪潮的服务者，为电子商务行业提供基础服务：如域名注册、服务器主机、网站建设、推广等一条龙服务。创业互联旗下的第一商务涵盖了电子商务基础服务的整个产业链。

在域名注册方面，第一商务是中国互联网络信息中心在浙江的顶级注册服务商，域名注册量累计达30多万个，是浙江地区乃至华东地区保有量最大的服务商，同时爱名网在域名拍卖交易领域已崭露头角。在服务器技术方面，第一商务是国内最早提供第三方独立DNS的公司之一。目前，第一商务与西湖区共同建设的独立机房即将投入使用，将能为广大企业提供更安全、更稳定的服务器及空间管理服务。在企业邮局方面，第一商务研发并投入使用的"中文邮"系统是国内第一家将中文域名邮箱投入商业运营的网站。网站建设是第一商务最核心也是最重要的服务项目之一。

目前，第一商务已形成了以电子商务基础服务为中心，以自身软硬件优势辐射周边新兴产业的立体式经营模式。

## 13.4　三维仿真城市地图——E都市

### 1.基本情况

E都市始创于2004年,由全球领先的三维地图提供商杭州阿拉丁信息科技股份有限公司投资创办,致力于打造全球最大的三维仿真城市。截至2008年9月,E都市已建成包括杭州、北京、上海、香港等80余个三维城市站点,业务范围覆盖全国所有中等规模以上城市,真正成为国内三维仿真城市建设的标志性企业。

E都市作为中国目前最大的三维仿真城市,将现实与虚拟世界资源整合,提出"E城、E店、E民"三者联动的概念,使E都市"仿真城市"的理念更加贴切。

E都市以真实生动的三维地图为依托,用户可以在地图上完成位置查询、公交搜索、出行参考等服务内容,查询方便快捷,信息一目了然。在此基础上,E都市网罗了城市中所有店铺的资讯信息,推出同城电子商务平台"E店"商铺,为百姓的休闲娱乐,生活购物提供了更便捷的消费渠道。此外,E都市还拥有内容全面的商家黄页、专业提供生活资讯的都市烩。

E都市为百姓创建美好城市的同时,也为企业提供了多种个性化的商务营销:有针对吃住行等消费行业推出的"E店"服务,有宣传效果直观的三维标注、地图广告、主题地图、商务地图等产品服务,同时有为3000多家合作网站提供的优质的三维位置地理信息服务。

### 2.行业地位

2004年11月,阿拉丁在全球创造性地提出三维仿真城市的概念,并推出全球首个三维仿真网络城市——E都市杭州。从创办之日起,阿拉丁凭借全球领先的三维仿真技术和工艺、一流的创业团队和文化、巨额的风险资本注入,一直保持着高速发展。作为微软公司最新操作系统VISTA的典型应用案例伙伴,E都市于2005年被评为中国互联网十大创新项目,2006年被美国权威投资杂志《Red Herring》(红鲱鱼)选为亚洲最具投资潜力的100家公司之一。2007年8月,E都市凭借直观、新颖、实用等众多优点在备受各方关注的《Business 2.0》新一轮评选脱颖而出,荣获"最佳非美国Web 2.0网站"奖。

### 3.主要赢利模式

E都市的建立和发展,开拓了全球WEBGIS行业应用的新方法和新思路,催生了一个新的技术领域。作为中国目前最大的虚拟仿真电子地图,E都市为普通人提供最优秀的电子地图和本地搜索服务;为众多商家提供了企业标注、地图广告、定位广告、商务地图、API地图租赁等多种产品服务;同时为3000多家合作网站提供了优质的三维位置地理信息服务。

### 4.创新点

E都市电子商务创新模式——S2C电子商务平台。

S2C(Store to Customer),即店铺到用户的同城电子商务平台。S2C是B2C模式的子集,重点实现的是同城电子商务模式。S2C平台是产品和服务的提供商,本地实体店商铺在线上的载体称为E店,包括但不限于商店、饭店、宾馆等。E都市实行网店与实体店相对应的同城电子商务,能有效解决传统电子商务的物流、资金流和诚信危机问题,特别是诚信问题。通过为本地实体店铺提供一个低成本的产品服务展示、销售渠道,为消费者提供一个安全快捷的信息获取和交易通道,从而构建一个本地生活商务信息的对称平台。

E都市作为三维仿真网络城市的全球首创者,其最大特色是在虚拟的网络世界里映射真实的现实生活,广大用户的依赖与信赖成为E都市开展S2C的可靠基础。E店员是为店铺实现E店模式加入S2C平台的人员,他们负责电子化店铺的产品和服务及E店的线上推广和维护。

S2C电子商务平台具有以下特色。

(1)商家诚信度高。E都市S2C平台展示的所有商家都是拥有合法经营资格的实体铺位的商店。

(2)行业覆盖面广。S2C作为同城电子商务的专业平台,实现"每一家实体店都可以在S2C上做生意"的城市效应。

(3)商家参与门槛低。S2C平台有了E店员这支专业的电子商务服务团队,为自身条件尚不成熟的商家提供了有效帮助。

(4)交易方式多样化。S2C平台已经支持电话预订或者预约、在线预订、货到付款、在线交易四种交易方式。

(5)物流周期短。地域相近是同城交易的一大优势,这也成为缩短物流周期的最大有利条件。

(6)服务体系专业化。E都市建立了一支包括店铺商务洽谈、信息采集、网络化设计制作、推广策划、经营培训指导以及呼叫中心等人员在内的专业服务团队。

## 13.5　商务搜索引擎——浙江城搜网络科技

### 1.基本情况

浙江城搜网络科技有限公司于2009年3月成立,其线上平台为"中国城搜"(www.chengsou.com),旨在为中小企业在渠道建设、品牌推广、市场营销、企业管理上提供优质的配套服务,帮助中小企业在顺利进行产业升级。

浙江城搜的业务设置是建立在对企业主需求的深入研究的基础上。众多中小企业主虽然对订单、推广两项常规服务的需求较旺盛,但这也限制了企业的自身发展。中小企业主真正渴望的是能够有这样的配套服务:聚合信息提供、企业管理、渠道建设、品牌推广的一系列服务,不仅能够帮助企业生存,更能够有所发展。基于此,浙江城搜在业务设置上有别于普通的B2B电子商务模式,力求开创一个全新的电子商务领域。

### 2. 创新点

城搜的电子商务模式有如下特点。

(1)区别现有众多电子商务平台的付费排名推广服务,在企业的信息整理上下足功夫,使得的城搜平台上的企业信息真实可靠,排名信息更加公正、精准。平台避免因为常见的付费排名致使真实信息被扰乱,而帮助企业更快地寻找到自身真实需要的信息,同时也可以真实反映行业的情况。

(2)针对常规企业互联网推广的需求,城搜推出的 2.0 全能展厅付费服务在定位上区别于普通 B2B 电子商务企业。平台除了展示基本企业供求信息之外,侧重展示企业整体形象、品牌形象、店面形象等,并且在线上提供招商服务接口,使得城搜 2.0 全能展厅不仅比传统 B2B 电子商务企业的黄页服务功能更丰富,而且也比传统的企业信息化建站服务有更好的针对性和配套服务。同时,城搜提供的企业专题服务可以让企业形象、产品形象、品牌形象的宣传跳出普通 B2B 电子商务企业建站服务的死板,以更低的费用获得最佳的效果。

(3)推出一整套基于互联网形式的管理咨询服务平台,网聚众多专家为中小企业提供管理咨询服务。利用互联网的长尾模式,使得众多中小企业零散的咨询服务需求汇聚在城搜的平台上。众多中小企业可以在这个平台上找到一对一的咨询服务,解决自身深层次经营管理上的问题。众多专家也可以找到一个平台来为中小企业的发展出谋划策。平台组织专家见面交流会,行业讨论会等,以更加互动的形式来为众多中小企业服务;同时,将与传统的管理咨询企业合作,让这些企业加入城搜平台,共同为中小企业提供涵盖企业战略、人力资源、组织管理、市场营销、金融财务、运作管理、企业 IT、领导力等全面的管理咨询服务。

(4)在城搜平台的基础上,浙江城搜自身的专家团队可以综合管理咨询平台的众多信息,定期发布管理咨询、行业信息方面的研究报告。这些基于市场真实信息的报告,可以让中小企业更加准确地了解行业的动态、发展趋势等,帮助中小企业更好地把握未来的经营方向。

(5)为了满足企业信息化管理更高层面的需求,城搜平台中,也包含了企业管理软件的服务,包括 ERP、OA、CRM 以及 SCM 等企业管理中应用广泛的管理软件。这些服务基于现在流行的互联网平台,让企业主可以随时随地了解企业的经营信息,更好地把握企业的运营。

(6)除了以上针对中小企业量身定做的服务之外,网站平台上专门设立了"政务"频道,涵盖了政府网站相关重要的政策法规信息以及各地的招投标信息,方便企业主迅速找到所需的信息。

(7)针对企业主的差旅需求,城搜网站平台还提供了酒店、旅游、娱乐、餐饮、特产信息的频道,不仅可以方便企业主的出行安排,而且在工作之余还可以领略出行目的地的旅游风光、宴请休闲、品尝当地美食、购买当地特产等,满足企业主工作之外的休闲需求。

### 3. 发展方向

城搜的业务均是紧紧围绕企业主的真实需求而量身设置的,具体包括企业的信息需求服务、企业建站推广、企业管理咨询、市场营销推广服务、企业信息化管理服务,帮助企业在经营管理的各个层面上都能够获得优质的服务,以帮助企业在品牌推广、产业升级的道路上走得更加顺利。另外设立的旅游、酒店、餐饮、娱乐、特色等信息频道,让企业主差旅行程的安排更加方便,满足企业主的生活需求。

将来中国电子商务服务不仅是为企业提供订单,达成交易这个简单的流程,而是要为企业在管理、市场营销、市场推广的整个流程中提供服务。电子商务的含义也不仅仅是现有的线上信息展示与线上交易信息达成,而是借助信息化的手段,来使得企业在企业运作、资源管理、营销推广等各环节上更加有效。

城搜网络科技将紧紧围绕中小企业的需求,提供完善的配套服务,帮助中小企业在企业战略、组织管理、运作管理、市场营销等方面同步提高,建立自己的品牌,为企业的产业升级之路贡献自己的力量。

# 14

# 数字电视全媒体案例

## 14.1　全国首创数字电视全媒体企业——华数网通信息港

### 1. 基本情况

"华数网通信息港有限公司"（原名称为"华数网通信息港有限公司"）成立于 2001 年 5 月（以下简称"华数网通"），是由网通宽带网络有限公司控股，浙江省经济建设投资公司和杭州市广电共同出资组建的新通信运营商。

自 2000 年 11 月起，华数网通信息港仅用时 8 个月便完成了覆盖杭州市的主干网络、汇聚网络、接入网的建设，创造了宽带网络建设的速度之最，将杭州的宽带网建成为一张 IP 方式的 FTTB+LAN 宽带城域网络，实现了千兆到小区、百兆到楼幢、十兆进家庭的网络传输能力。

华数网通率先在全国实现省会城市宽带"全程全网"，建成了宽带互联网络、VPN 传输专网、MSTP 传输专网、SDH 传输网络、语音传输网络；与中国网通、移动、联通、铁通、电信实现了互联互通，具有大容量的数据出口路由，并在全国率先成功建成交互数字电视传输网络。

华数网通已经实现了杭州城市信息化主平台的地位，拥有因特网接入服务业务和信息服务业务等资质，占有大众市场 50％的市场份额。华数网通建成语音通信网络、计费系统并拥有号码资源，全面拓展语音业务；形成了政府办公网络、公安网络、工商网络、税务网络、医保社保网络、各大银行网络、治安监控网络等约 500 多张数据传输专网，占有 60％以上的数据通信市场。同时，华数网通充分发挥现有网络资源的优势，积极寻求新的业务方向，通过与数字电视公司展开合作，集成发挥网络优势，推出"广播使用 HFC，交互使用宽带网络"的全新数字电视应用模式。

华数网通充分认识到基础电信业务的衍生服务、增值服务将成为通信行业下一步的发展方向，致力于不断实现技术创新和市场牵引，开发融合型的多种增值业务。借助积累的网络优势与客户资源，进一步细分客户市场和产品，提高业务和产品的渗透力针对细分化的用户市场提供基础电信业务、技术咨询、技术培训、系统集成、代维代管等集团增值业务；推出专业企业门户，为企业用户提供域名注册、企业邮局、虚拟主机、网络硬盘、安全代维等基于互联网应用的增值服务以及商务博客、商务短信等"一条龙服务"信息化服务产品，引导和满足用户的实际使用需求；同时针对大众市场推出"健康宽带"、"绿色上网"、"随易通"、"无线伴侣"等有针对性应用的差异化宽带产品,以满足不同层面用户的使用需求。从而不断引导行业单位的信息应用向纵深发展,迅速推动基础业务衍生产品及增值服务的开发与应用,为未来向综合信息服务运营商发展打下坚实基础。

## 2.行业地位

华数网通宽带 IP 城域网主要采用高速 IP 路由技术和千兆以太网技术,利用基于 DPT 技术组建的光纤传输资源,实现宽带多媒体(包括数据、视频)多种业务的集成,解决信息网络"最后一公里"的高速接入,采用成熟、简单、低成本的标准技术,建设一个能够支撑多种业务的宽带传输平台;建设了全国最大的 IP 宽带城域网,为各类企事业单位与家庭提供高速宽带互联网接入,并搭建了包括政府办公网、公安网、社保网、地税网、教育网银行交易网等 300 多个 VPN 数据专用网,形成了"数字杭州"的基础物理网络和完善的服务体系。

华数网通宽带 IP 城域网建设规模为全国最大,Cisco 公司在其网站上也有专门的报道。

## 3.主要赢利模式

华数网通在建设了国内最大规模的 IP 宽带城域网后,利用平台优势,开展了如下基础服务:①与 ISP 服务商建立国际/国内互联网的互联,为城域网接入用户提供 Internet 访问出口、DNS 域名解析、E-mail、FTP 等服务;②MPLS VPN 业务,IDC 数据中心为网上应用提供重要的服务器平台,用户可以通过托管主机、租用主机和租用主页空间的方式在 IDC 设立网站发布信息以及增值服务的交易平台;③提供有高带宽、高安全性的网络。

同时开展了各类增值服务,具体如下。

(1)华数在线。全面提供杭州本地"一站全通"式的全信息门户网站,是全国第一内容齐全的视频网站,拥有全国最大的视频点播媒体资源库。华数宽频(原广电在线)是用户认知度最高的品牌栏目,近 60 套电视节目同步网络直播,影视大片、电视连续剧、新闻资讯、体育竞技、游戏、探索、少儿、曲艺、综艺等节目应有尽有,充分满足不同用户群体的多样要求。华数与业内知名的"房易网"合作开设的房产频道为用户搭建了良好的互动交流平台。即将推出的独家房产视频内容,更将成为人们关注的焦点。

(2)游戏平台。华数与国内知名的网游公司如九游等合作,开展绿色网游的拓展。"飙车"和"劲舞团"是华数在线的两款标志性网络游戏,尤其是"劲舞团",独立开设浙江华数专区后,3 天内注册人数达到 20 万,各项运营指标都打破"劲舞团"推广记录,华数在线已成为绿色网游的代表网站。

(3)动感杭州。"动感杭州"下设今日杭州、情报中心、杭州地图、城市宝典、爆料有奖、互联杭城、城市论坛等七大版块,华数利用视频流媒体优势推出服务针对性强,资讯更新快捷的本地服务,已成为杭州受众最广、影响力度最强的信息发布平台。

华数在线的"真正宽带,一步到位"在杭州已经家喻户晓,人们真正体会到了宽带接入的魅力。华数网通将进一步加快打造数字杭州的步伐。在物理网络方面,华数网通加快大杭州主干网络的建设,建立各级机房,完成到最小行政级别的光纤铺设,缩小城乡差别,实现真正意义上全域贯通,并在这张宽带网上为用户提供最新的电信业务。同时,华数网通不断进行着数字生活的探索,"数字杭州"对于杭州的广大市民来说,已经日益成为现实。

### 4. 公司未来发展

华数网通作为运营商,更多地关注通信产品的开发定制和业务的运营,立足于更好地把握通信业发展的脉搏,更好地领会和应用相关产品。华数网通专门设立了研发中心,其主体为联合国内外设备制造商成立的联合实验室,实验室功能如下。

(1)各厂商系统/平台/设备的技术测试。①在下一代网络(NGN)和有线电视网络(NGCN)的各个层次上保持开放性,选择多家厂商的产品进行技术测试(功能测试、性能测试和兼容性测试);②根据测试结果为 NGCN 的建设进行产品选择。

(2)新业务/新技术的孵化。①探索融合通信等领域的新业务、新技术,在实验室环境下进行过程设计、开发、测试、验证;②总结、提炼、制订技术/业务标准和规范,并争取推广形成行业标准/国家标准。

(3)客户业务体验环境。①面向最终用户演示 NGN、NGCN 的各项新技术/新业务;②提供了解客户需求的窗口。

(4)设备入网认证测试。①为通信和视频(数字电视)产品提供全功能的、端到端的测试环境;②为合作伙伴及业界相关公司提供联合测试环境,可进行各种功能性验证、兼容性测试。

公司正在申请若干专利技术,同时获得了高新企业认定。公司的《华数网通接入客户端软件 V1.0》、《华数网通统一客户端软件 V1.0》、《华数网通流媒体系统软件 V1.0》已经通过了软件著作权认定和软件产品评测。公司以《MPLS VPN 网络综合解决方案》、《华数网通家庭宽带接入方案》、《宽带 IP 城域网建设成果汇报》三个项目申报 2004年浙江广电科技创新奖,三个项目分别获得 2004 年浙江广电科技创新一等奖(1 个)、二等奖(2 个)。

在未来一段时间的网络发展中,华数网通主要考虑以下几个问题。

(1)引入更多差异化服务。从宽带用户的角度来说,由于目前网络上提供的业务有限,服务质量跟专线尚有差距,个人用户不会为无差别的服务质量支付差异化的资费,集团用户也不敢把关键的商务应用大量转移到 IP 网络上来。可见,宽带市场的持续健康发展需要将差异化的服务引入 IP 网,不断引入高价值的商用业务,以进一步促进新技术、新业务与市场发展之间的良性互动。

(2)业务平台与传输平台分开。发展宽带业务取得成功的关键在于建立健康的生态系统。需要按照用户的要求,分别对不同业务分配不同带宽,按不同费率计算收费。为此需要建立相应的带宽分配、认证、授权、计费(AAA)和管理系统。目前发展的下一代网络(NGN)就是为了解决宽带业务的需求,最重要的一个特征就是业务驱动,根据不同的业务进行网络资源分配、选路、分发内容和提供相应的 AAA 服务。业务驱动型的下一代网络的发展为发展宽带业务,形成生态系统提供了网络基础设施。

(3)网络层次进一步扁平化。网络层次与业务分布关系密切。随着业务发展和用户群的明确,网络上原先的节点部署往往存在偏差,一是节点布局不合理,二是节点业务接入能力配置不合理。为最大限度地降低市场风险,且考虑初期建网资源较少的情况,网络建设应该更加趋向于层次结构扁平化,尽可能将新建的汇聚节点向核心节点合并,适度减少汇聚POP节点数量,扩大汇聚POP节点覆盖用户范围。在网络长期规划中应考虑如何随着业务量增加,增加网络层次,完善网络演进方式和策略。

# 15

# 移动商务案例

## 15.1 全国首家电子票务网——大家网

### 1.基本情况

大家网(www.edajia.com)是国内首家以电子票务交易为手段、以旅游服务为核心的大型 B2C 电子商务平台,以景区门票为核心支撑业务,结合旅游吃、住、行、游、购、娱六要素多元化经营,着力打造旅游界的网络集散中心。

2007 年大家网开始从短线项目向长期景区类项目进发,成为杭州乐园、印象西湖、宋城、杭州野生动物世界等杭州著名景区的一级票务代理公司。公司研制的二维码手机电子票为票务市场带来一场全新的技术革命,首次突破了门票的配送、纸张、检验等关卡,更大程度地方便了消费者的使用。目前已有杭州、绍兴、宁波、湖州等地区的 40 多家著名景区启用手机电子票。从电子商务模式上讲,运用手机的电子商务模式是一次全新的创举,这种电子商务模式不同于传统的 B2C,国内采用这种模式的电子商务刚刚开始,目前只在电影院售票领域尝试,大家网是第一家将其运用于景区票务销售的企业。

### 2.竞争优势

大家网的竞争优势有如下几个方面。

(1)针对游客:解决了物流配送问题、打破了区域限制,降低了游客购票的价格,免除了游客现场排队购票的麻烦,为游客购票提供了方便。游客成为大家网的直接消费者,能增强游客对大家网的信任和黏度,为大家网提高了票务销售量,借助移动和景区使大家网轻松得到推广。

(2)酒店应用:为住店旅客的需求提供了服务,增加了酒店客户的满意度,取得了销售利润,降低了本票管理的风险。酒店成为大家网的分销商,增加了大家网的宣传和可信度,提升了大家网的票务销售量。

(3)旅行社的应用:解决了旅行社的资金安全、简化了购票过程中繁杂的手续、消除了旅行社无法做散客市场的瓶颈。旅行社成为大家网的分销商,增加了大家网票务的销售量,整合了旅行社的资源。

### 3.项目优势及特点

项目优势及特点如下。

（1）使用人群广：游客只要有手机即可进行购票。

（2）运营模式可复制性强：大家网的商业运营模式标准、统一，可迅速从浙江向全国进行复制推广，占领全国市场。

（3）购票便捷、优惠：游客可以优惠价格便捷地远距离购买景区门票。

（4）推广成本低：本项目属于移动支持的标准业务，移动强大的品牌影响力将成为大家网品牌认知和接受的保障。其强大的推广渠道可以迅速让所有人知道大家网电子票并放心使用。

（5）自动化程度高：无需配置大量客服人员，游客可以通过网络实现自助购票。目前大家网已经和移动及银联手机支付系统实行对接程序开发和调试，游客很快就可以直接通过手机完成自助购票、支付、验证入园整个过程。

### 4. 主要赢利模式

赢利模式主要有以下3种。

（1）门票销售收益。巨大的门票销售能力将使大家网成为景区商家最重要的合作伙伴并取得优惠的返利政策，获得巨大的营业收入。

（2）广告收益。由于网站人群定位精确，宣传推广和销售实现了完全的同一平台同一渠道，远隔千里的旅游目的地在这里集中汇聚并形成了网上景区超市。随着网站知名度的提高、使用人群的扩大，网络广告、DM宣传资料广告、手机电子票广告、票纸广告等也将带来丰厚的收入。后期可利用大家网全国合作景区和合作酒店构成的庞大网络，将大家网的终端POS机平台构建成一个强大的旅游业的"分众"广告平台。

（3）整合营销收益。通过各运营中心构建起以景区、酒店为核心的大家网销售平台，形成了大家网独有的全国销售渠道，整合其他第三方业务如机票、火车票、餐饮、包车等销售商进入大家网销售平台，获取销售利润。

### 5. 行业前景

（1）市场目前还属于发展初期，大家网无同类项目竞争对手。大家网从传统票务行业起步，经过3年的实战运作，积累了丰富的市场运作经验，具备经营优势。

（2）传统票务销售公司只能以本票或换票单的形式销售，由于有区域局限性、配送及收款困难、推广性差、安全性差等几项无法突破的瓶颈，因此仅仅在短线娱乐票务上出现竞争，长线景区票务市场几乎是一片空白。大家网移动电子订票实现了票品的技术加密使电子票具有非常高的安全性，突破了配送和收款的难题，解决了区域性限制，使景区票务这样一个无人介入的庞大市场畅通起来。目前已完成网上自助购买程序，通过了试运营，景区和游客的接受度都非常高，具备全面推广的条件。

（3）市场规模及增长趋势：按全国1000个景区，每个景区年门票销售额1000万元，景区票务行业规模达100亿元。若电子票全面推广，前期能占到1%左右市场份额，第3年市场份额将占到8%~10%。

基于此，大家网将通过移动电子票模式，迅速占领旅游业票务市场，进而提供全面的旅游业服务，后期将应用扩展到旅游的吃、住、行、游、购、娱等各领域。

## 15.2 移动商务统一服务平台——移动快线

### 1.基本情况

信诺科技成立于 2005 年,是国内领先的移动信息技术提供商和服务商,专注于移动商务、移动信息、软件开发、呼叫中心及数据处理等领域,并在这些领域获得了 13 项软件著作权,1 项发明专利和 2 项实用新型专利。2007 年,公司引入鼎辉投资的风险投资资金。

信诺科技全力打造的"移动快线"电子商务第三方服务平台,立足杭州、服务全省、辐射全国,为广大的老百姓提供各项生活类的服务。截止 2008 底,移动快线已吸引中小企业商户 1000 余家,涵盖了吃、住、行、游、购、娱六大行业,囊括了杭城老百姓日常消费的大型商超等。

### 2.商业模式

移动快线的商业模式如下。

(1)商家:快速构建"自有商圈+异业联盟"。利用移动快线的开放资源以及独有的智能移动终端 iPOS(移动促销员),商家和企业可以快速建立自有商圈,并与其他商家和企业缔结异业联盟,开展移动促销、打折优惠、会员发展和积分回报,锁定消费者。

(2)消费者:线下+线上,实惠+时尚。利用移动快线的通用会员卡在所有会员店一刷就注册,立即获得"消费就打折、积分更实惠"的会员待遇。通过手机、上网、电话导航三种方式,随时进入移动快线,获得方便、实惠、诚信保障的消费资讯和服务。

### 3.创新点

(1)整合移动网络、互联网通信网络,打造了统一的信息通信平台。

(2)通过平台建造,使得商家和消费者可以实时互动,商家能够方便快速地发布服务信息,消费者能够快捷便利地获得商家实时信息。

(3)这是一个开放性第三方服务平台,可以整合各种服务应用,如杭州旅游行业服务平台、多媒体互动营销终端都是建立在移动快线平台上。

(4)移动促销员。移动促销员是一个多功能智能服务终端,可以承载各类服务应用,同时具有开放接口,方便其他接口整合。

### 4.典型应用

移动快线作为开放的综合服务平台,具有承载多方应用和跨行业应用的特性,能够为企业提供基于 SaaS 的平台服务,并且随着行业应用网络的互联互通,方便地建立跨行业数据引擎,提供跨行业的数据交换和协议认证服务,形成"信息银联"的服务体系。

移动快线构建的自生态商圈,有效地体现了服务业的创新服务本质,从商家端到消费者端实现了有机的链接和激活,真正地实现了服务业经营升级。

2009 年 1 月移动快线发起的针对休闲行业的移动商务应用营销活动,行动触发率达到 10%,比传统的营销触发率高出 20 倍左右。

## 15.3　移动门户——天搜网

### 1.基本情况

浙江天搜科技股份有限公司创立于2005年,是集无线应用、无线软件研发和移动信息化解决方案实施于一体的大型高科技股份制企业。公司下辖盛世蓝图(直销)、天搜网(分销)两家全资子公司以及杭州、上海、南京、宁波等直销分公司,拥有健全的代理系统。旗下天搜网(www.tsou.cn/wap.tsou.cn)是国内最具影响力的移动门户网站之一。

创立至今,天搜凭借雄厚的移动信息技术实力和对市场的深入发掘为企业及各类用户提供最全面的移动信息化应用解决方案。目前业务已覆盖江、浙、闽、沪等主要城市和地区,天搜产品在提高企业管理效率,降低运营成本的基础下,还有效帮助了广大中小企业在当前国际经济衰退的情形下走出困境,受到了众多企业和政府机构的广泛应用和好评,促进培养了一个面向7亿手机用户开展移动商务的全新商人群体——"移商"。

作为国内最早的移动互联网普及应用的专业服务商之一,天搜始终致力于基于移动互联网的自主研发和创新,"以创新带动发展",引领着国内的移动互联网事业。在国内大多数企业还在提供基于互联网的电子商务服务时,天搜已先人一步在2005年初始就通过手机终端,抢先跨入"移动电子商务"这一全新商业领域,并得以成功运作。在带动我国移动互联网应用行业的发展外,还为国内众多中小企业提供了移动信息化的应用培训和服务,指引他们顺利过渡到3G时代。

### 2.创新点

自主研发和创新,尤其是商业模式的创新素来是科技型企业长期生存和发展之道。2008年,天搜实现了跨越式的发展,在成功完成由产品代理转为自主研发的公司赢利模式转型后,企业的产品自主研发能力得到了跨越式的提升,由此也带动了企业效益的翻倍增长。2008年天搜全年销售收入高达3150万元。

在国内3G牌照还未下发的市场环境下,天搜技术团队通过技术创新推出"中国名址"。作为2G和3G时代结合最为融洽的一个企业移动商务服务产品,中国名址不仅解决了域名+手机短信平台+手机Wap网站,同时还满足了移动营销应用的一些功能。此外,天搜技术团队自主研发的一站式移动商务服务平台——移商城,将过去互联网十年走过的历程一次性在无线互联网得以实现,完成了域名+网站+推广+应用的一站式功能,填补了国内相关产品的空缺,获得国内主流媒体新浪网、扬子晚报等40家媒体的报道。2009年,天搜首款手机浏览器——天窗浏览器的成功研发,也将天搜的技术领域拓展至手机客户端软件领域。

在自主研发各类移动商务应用软件的同时,天搜技术团队还为浙江大学、新加坡国立大学研发了心理测试手机客户端软件。

### 3.发展方向

由天搜自主研发的中国名址、Wap 网站、移商城、移动门户、天窗浏览器等多项企业移动信息化应用的产品已获得国家软件著作权,为我国中小企业的信息化技术的更新,实现企业移动信息化作出了重大的贡献。

运作至今,天搜已成功跻身国内最具竞争力的企业移动信息化服务商。随着 3G 在我国范围的逐渐普及,面对国家 3G 产业的重要战略部署,天搜在进一步加强专业技术研发的同时,还肩负着自身发展和推广移动信息化的双重使命。秉承"共赢产业、共赢财富"之目标,将移动互联网应用资源、技术和服务进行最大化整合,打造中国移动信息化服务平台的"第一品牌",为我国中小企业的移动信息化应用普及和移动互联网产业的发展做出不懈的努力。

## 15.4  国内领先的移动商务平台——绿线 10101010

### 1.基本情况

绿线(杭州)信息技术有限公司是一家外商独资的高新技术企业,由五家国际著名风险投资机构(NEA、Sequoia Capital、Cybernaut、Morning Side、Capital Today)共同投资。

绿线拥有国内最全的增值通信牌照及自动语音搜索技术的国家发明专利,拥有强大的研发团队,并且与北京邮电大学联合成立的"Gtel 技术研究院"专注于互联网、通信网交互技术的开发和应用。

绿线的主营业务 1010 移动商务平台覆盖了全国三大通信运营商、339 个本地网,接入中继达 4800 线。1010 平台的服务宗旨是为消费者带来直通原厂商的便利、有品质保障的消费服务,帮助全国中小企业树品牌、促销售,以最低成本建立直通消费者的移动商务平台。

### 2.行业地位

1010 移动商务平台采用国际领先的技术,独创的商业模式,率先开发 3G 应用,在电话终端整合"厂商、支付、物流、保险、售后"整个消费产业链,引领整个移动商务行业的发展,促进了产业链的发展,是目前国内承载企业最多的移动商务平台。

### 3.主要赢利模式

1010 移动商务平台从 2007 年 10 月开始全国运营,主要通过收取企业年费及宣传推广费赢利,至今平台已有 3 万家企业客户、600 万个人用户。2008 年度收入 2400 万元,2009 年度预计收入 6800 万元。目前每家企业客户经 1010 平台产生的交易额至少为 10 万元、1010 平台产生的交易总额已超过 20 亿元。

### 4.创新点

1010 移动商务平台让全国消费者通过一个简单的号码(10101010)就可以完成"咨

询、选购、下单、付款、送货上门、售后服务"的全过程,为全国消费者提供了便捷的食、住、学、游、购、娱六大行业的一站式贴身服务,为消费者带来了全新的消费体验、引领了老百姓的移动生活。

(1)取代了企业分散的营销热线、呼叫中心及客户管理系统。1010平台为每家企业客户均提供了独有的品牌号,每个企业的品牌号均得到了1010覆盖全国且全免长途费用的通信网络、呼叫中心和CRM系统的支持。每个企业客户通过1010平台即可完成推广、销售及售后服务的全过程,大幅度提升了营销效率、节省了营销及服务成本。

(2)话音与屏幕的IVVR实时互动(3G应用),带给消费者如同面对面选购商品的真实体验。3G用户接通1010平台与销售员在电话中讨论商品或服务时,该商品或服务的图像、文字信息会同时推送到3G用户的手机上,3G用户可以一边看一边和销售员讨论,销售员可以从不同角度向3G用户展示商品或服务,如同进行面对面的交流。

(3)位置服务(LBS)。1010通过移动基站获得注册用户的当前位置。注册用户接通1010平台后,平台即可显示用户的当前位置及周边的各项服务,精确度为80米,从而为用户提供准确便捷的周边消费导航。

# 16

# SaaS 案例

## 16.1 基于互联网的商业管理软件——阿里软件

阿里软件(www.alisoft.com)是阿里巴巴于 2007 年 1 月成立的子公司。阿里软件是国内 SaaS 领域的龙头企业。

### 1.基本情况

阿里软件充分整合利用互联网、通信和软件的聚合优势,站在软件行业的技术尖端,以"让天下没有难管的生意"为使命,将电子商务与在线软件服务融为一体,彻底颠覆中国传统软件靠卖产品为中心的模式,是为中小企业提供"最方便、最灵活、最简洁和最便宜"的一站式在线软件工具,涵盖中小企业电子商务工具、企业管理工具、企业通讯工具和办公自动化工具。

阿里软件目前自主研发的产品有网络营销管理利器"e 网打进"、外贸流程化管理工作站"外贸版"和中小企业全面管理专家"钱掌柜"。其中,"e 网打进"的付费用户已超过数万家,可有效地帮助中小企业提高网络营销效率 3~5 倍;"外贸版"的付费用户也已经过万,并在外贸细分领域占据了 90％以上的市场;"钱掌柜"是 2009 年 3 月底刚推出的最易用、最安全、功能最全面的中小企业在线管理软件服务,短短一个月内已有 20 万用户注册使用。

### 2.行业地位

阿里软件是国内 SaaS 领域的龙头企业。易观国际发表了《2007 年 SaaS 行业市场监测报告》显示,2007 年阿里软件以 67％的市场份额获行业第一。据易观国际 2008 年第 4 季度发布的年度 SaaS 报告显示,阿里软件以 49.1％的市场份额(收入)稳居国内第一。截至 2008 年 6 月,Alexa 全球 SaaS 厂商排名中阿里软件居世界第二,仅次于世界 SaaS 巨头 Salesforce。

### 3.主要赢利模式

当前阿里软件处于"软件集市"发展阶段,主营收入来自自主研发的产品,但主推的外贸版和 E 网打进能很好地满足有网络营销和管理提升两类中小企业需求。

### 4.创新点

以前,中国软件产业大多采用厂商批量拷贝软件光盘并交付给用户,用户为购买软件光盘而支付高额版权使用费的商业模式。随着 IT 产业的不断发展和互联网技术环境的成熟,软件与互联网的结合正在越来越紧密。

阿里软件创新性地采用了全球最新的 SaaS 模式,充分利用互联网把"卖软件"转向"卖服务",让中小企业用户对软件做到先尝试后购买,即插即用。这种商业赢利模式是对传统软件行业的一次颠覆。

## 16.2　开创办公新模式——第二办公室

第二办公室(www.2office.cn)是杭州快鱼科技有限公司和中国联通等电信运营商及阿里软件一起,向中小网店/中小企业/商务人士/SOHO 族提供的一站式通信服务。其目标是帮助人人创建并拥有随身的第二办公室。

### 1.基本情况

杭州快鱼科技现有 10 余人的开发运营团队,致力于互联网+通信网+手机端,融合通信与商务软件应用。它得到中国主流电信服务商及设备商的支持,帮助移动办公、电子商务从 PC 向互联网、向手机网延伸。目前已在阿里、淘宝、神州数码等 SaaS 平台接入,有作为 ISV 在 SaaS 平台的成功运营经验,超 12 万体验用户。

通信网和互联网的融合,已经是大势所趋。快鱼科技自主研发的"第二办公室"正是融合了互联网及通信网的一个虚拟办公平台,旨在帮助用户快速建立属于自己的永久虚拟办公室,提供一站式的智能通信平台服务。只需简单注册,用户的手机号马上可以成为传真号,实现电子传真收发、在线拨打电话、短信收发、电话会议、语音信箱留言、语音短信,400 及 800 电话服务、企业彩铃,来电管理等通信功能,还能方便地使用名片管理、CRM 进行精准营销,实现一对一的客户服务等。第二办公室还会把上述服务向手机延伸,让用户可以一手掌握商务、办公,活动半径越来越大。

### 2.行业地位

目前,第二办公室已经和阿里巴巴、淘宝、支付宝、神州数码、浙大盘石、浙江工商汇信认证网等合作,效果显著。第二办公室业务收入的 60% 来自互联网,用户完全可以依托网络完成从订购,支付,使用,服务的全过程。未来第二办公室的营销推广也将借助网络完成,将用户边际成本迅速降低,营销效果马上可以得到评估。第二办公室用半年多的时间发展了 12 万用户,拥有数千付费用户/网店/企业,在无推广的情况下平均月增长 1 万多用户,收入每月增长约 20%,成长快速,已经在国内同类软件中崭露头角。

### 3.主要赢利模式

第二办公室融合互联网及通信网,以 SaaS 模式帮助人人拥有电子传真、400 电话、电话会议、来电管理,收取一定的软件租用费和通信资费。

### 4.创新点

(1)技术创新:①融合互联网+通信网+手机端;②一号打天下,多种通信功能一号通;③手机号就是传真号,在手机上收发传真。

(2)SaaS 商业模式：①软件只租不卖，租金便宜，降低用户使用门槛；②团结广大中小企业的通信需求，向运营商团购通信服务，薄利多销；③让高端服务贴近平常百姓及小企业需求。

(3)在线营销、使用、支付及服务：在线推广、用户在线订购、在线使用、在线客户服务，在线支付。第二办公室不仅通过网络平台和在线支付以电子商务推广和发展自己的业务，更帮助用户在电子商务中获得方便经济的沟通工具，利用第二办公室提供的通信工具大大降低通信成本，同时进行客服及二次营销，帮助用户争取更多生意机会。

5.发展方向

公司以帮助人人拥有第二办公室、使用更好的在线通信及商务软件为经营使命，计划用 2 年时间服务帮助 100 万以上的中小企业及商务人士创建永久的第二办公室，使第二办公室成为国内知名的现代服务商务品牌。

# 17

# 其他类型案例

## 17.1 网络社区

### 17.1.1 杭州社区第一网——19楼

在国内社区网站普遍无法赢利的情况下,杭州都快网络传媒有限公司旗下的19楼空间(www.19lou.com)建立两年以来连续取得良好的赢利,成为社区网站的商业化的典范,已成为当前杭州社区网站的代表之作。

1. 基本情况

杭州都快网络传媒有限公司由浙江第一平面媒体都市快报创建,是探索现代传媒理念与新技术融合的新媒体公司,目前的核心产品是19楼空间(www.19lou.com),致力于提供生活资讯、消费购物、人际交流一体化服务。都快网络的战略目标是打造中国领先的互动新传媒。

19楼空间诞生于2001年,最初为都市快报读者互动论坛。2006年10月,19楼空间开始市场化运营,由都市快报投资创办"杭州都快网络传媒有限公司",负责对19楼进行公司化运作;2007年,都快网络成为杭州市文化体制改革试点单位。

截至2009年5月,19楼空间已经拥有350万注册用户,日均访问量超过1000万,日均访问用户超过70万,最高同时在线人数超过11万人,每月访问量增长保持在10%以上。

2. 行业地位

目前,19楼已经成为长三角最具人气、最具生活影响力、最具地面渗透力、最具品牌传播力的社区网站。

• 2007年4月,19楼空间入围信息产业部、中国互联网协会等联合评选的"2007年度中国最具投资价值网站100强"。

• 2007年6月,19楼空间荣获新闻出版总署信息中心传媒发展研究所等部门颁发的"首批中国数字报业创新项目奖"。

• 在谷歌的2007年度城市搜索关键词榜单中,19楼空间被认定为杭州最热的网络社区。

- 2007年,19楼空间入选"杭州十大平安网站"。
- 19楼空间在构建"互联网上的生活品质之城"中发挥的作用,得到了杭州市委、市政府及各界的高度评价。2008年4月,19楼同时获得"2008年度杭州生活品质点评"的休闲、娱乐、数字三项大奖。
- 2008年12月,在《传媒》杂志和清华大学、北京大学联合发起的改革开放30年媒体评选中,19楼入选"中国十大传媒网站";
- 2008年12月,19楼入选杭州市品牌办颁发的"杭州品牌30强";
- 2009年1月,谷歌发布2008年度关键词排行榜中,19楼列入全国五大论坛。
- 截至2009年3月,根据全球公认互联网排名机构ALEXA的监测,19楼在全球网站中排名1600位左右,在全球中文网站中排名100位左右。
- 2009年4月,在"2009春回燕归·精英峰会"上,19楼空间被评为2008最受浙江网民喜爱的浙江第一论坛。
- 2009年5月,在"2009杭州生活品质总点评交流发布会"上,19楼空间作为最时尚温暖的区块入选2009年杭州生活品质总点评十大年度现象。

### 3. 主要赢利模式

19楼空间在国内首创媒体社区化的发展模式,是致力于提供生活资讯、消费购物、人际交流一体化服务的大型互动平台。目前,19楼的主要赢利模式是发布互联网社区互动营销广告,占据公司全年广告收入的70%以上。2008年,19楼空间营业收入达到1500多万元,是中国率先实现赢利的Web 2.0网站之一。

### 4. 创新点

在商业模式创新方面,都快网络不断强化19楼作为国内最优秀生活消费社区的品牌建设,与其他媒体集团创办的互联网公司走差异化竞争的道路,抓住国内促进消费的大背景,完善有互联网特色的营销模式,作为利润增长的主要来源,并不断探索创新模式化的营销手段。

一方面,19楼通过推广行业资源整合型活动以及模式化营销,在家居等行业开展大型主题互动营销,打造优质营销品牌。另一方面,明晰超级采购团、19楼卡、金币竞拍、消费券等模式化营销的策略,探索模式化销售道路,争取在这些领域取得快速增长。同时,考虑创立19楼自有的直销平台,利用19楼巨大的用户数和人流量,直接销售一些品牌婴幼儿用品、外贸生产企业的高品质产品等,采用与商家或者厂家分成的模式进行经营,开拓新的利润增长点。

2008年,19楼开发了新产品——品牌空间(pk.19lou.com),其商业模式是"B2B2C",其中:第一个B代表企业品牌经营者(如工厂、经销商、代理商);第二个B即代表品牌空间;第三个C代表买方(网友消费者)。实际上,品牌空间是以信息中介的角色代替传统渠道,通过网络平台为品牌经营者节省大量的促销宣传、活动组织、渠道开拓的经费投入,更节省了企业品牌经营者开实体分店的费用开支。同时,对于买方来说,可以以最快的速度获取最新、最具性价比的产品信息。

目前品牌空间已经覆盖的行业包括家居、婚庆、亲子、汽车、时尚、美食、休闲、旅游等各个生活领域，并且还在不断扩张中。目前在品牌空间中已经发布各类互动营销活动超过 500 个，日均浏览量将近 50 万，相当于一个中型网站的访问量，用户黏度非常高。

品牌空间的赢利主要来自企业品牌经营者店铺开设服务费，商业活动组织与策划费用，如服饰促销、建材团购等，品牌广告收入，有偿资讯收入等。

未来，19 楼将大胆地迈开商业模式创新的步伐，将体现出更大的媒体传播价值。

### 17.1.2　互动娱乐平台——汉唐文化 9158 互动

杭州汉唐文化传播有限公司专注经营文化活动、社交娱乐，目前已拥有全国三大交友社区之一的 9158 互动。

#### 1. 基本情况

2004 年 9 月，杭州汉唐文化传播有限公司成立。公司专注于文化活动的组织和策划、网络社交娱乐产业，利用多媒体的多方通信技术，在宽频网络上实现交互娱乐社区的平台运营。经过前期的市场研究和试运行，2006 年 10 月，杭州汉唐文化传播有限公司旗下的 9158 互动（9158.com）测试版面世。2007 年，正式版上线。目前，9158 互动家园是中国目前三大交友社区之一，也是唯一具备技术能力提供多人同时音视频沟通及互动的娱乐平台。注册成员能在 9158 上体会到真实的交友互动，参加不同的兴趣群组，体会到真正客户端和网站完美结合的交友社区。网站很快就达到了上千万的注册用户数和几万人的同时在线数，并进入了 Alexa 中文网站排行前 100 名。同时，为能建立一个持续的商业模式，汉唐文化在 9158 推出了多人视频 KTV，举行网络版的超级女声，与北京华友飞乐唱片公司正式展开战略合作，共同造星。

#### 2. 行业地位

目前，汉唐文化的 9158 互动家园已经发展成一个集个人网上家园、网络卡拉 OK、多人视频聊天、虚拟视频、视频游戏、群组、线下娱乐互动等功能为一体的大型网络社交娱乐平台。

2006 年 4 月，在由计算机世界传媒集团主办的中国首届 Web 2.0 年会暨创投高峰会上，旗下的 9158 互动家园荣登中国 Web 2.0 创新企业百强榜眼。

2007 年 1 月，9158 互动家园获得浙江省"第二届文明办网示范单位"殊荣。12 月，9158 互动家园荣获互联网周刊举办的 2007 中国商业网站排行榜年度最佳互动网络交友平台。

2008 年 1 月，9158 互动家园获得艾瑞咨询集团 2007 年度休闲交友类"我最喜爱的 Web 2.0 网站"。2008 年 4 月，第三届艾瑞新经济年会上，9158 互动家园获网络交友类潜力奖。2008 年以来，9158 互动家园一直稳定在 Alexa 中文 Top100 的 30~40 名。

#### 3. 主要赢利模式

目前，9158 互动家园通过增值服务和各种形式的广告获得收入。增值服务包括

VIP 会员收费、虚拟道具小喇叭、鲜花等的购买和 KTV 房间交易。

同时,汉唐文化在会员管理方面更人性化。在整个互联网行业,以现金购买虚拟货币,以虚拟货币购买增值服务达到会员需要而进行赢利已经成为一个趋势,9158 互动家园在现金购置虚拟货币的同时以积分奖励或者发帖领工资同时进行虚拟货币的奖励,并定期举办会员活动,既保障了会员的互动性,又刺激了会员的消费;同时不间断的积分奖励,既给会员充分的人性化空间,又保证了网站的流量。线下与北京华友飞乐唱片公司的战略合作,开辟了公司的横纵向发展之路。

2008 年年底汉唐文化占整个市场 20% 左右的收入和用户份额,收入达到 1000 万,用户数达到 200 万,净利 100 万人民币;2009 年预计占整个市场 35% 左右的收入和用户份额,收入预计达 8000 万,用户数预计达到 350 万,预计净利 900 万人民币;2010 年,汉唐文化争取做到社交网络第一,占市场份额的最大,年销售额突破 1.55 亿。

4. 创新点

(1)技术上的创新主要有以下几点。

• 9158 拥有全自主性开发的音/视频压缩技术,是互联网上唯一达到MP3/H.264质量的音视频聊天平台。

• 在全国首创 P2P 传输技术,能在有限的频宽内支援到同时 10 个音视频视窗的传输。

• 通过严格的对比测试,立体声效果全面超越 Skype、新浪 UC、MSN 等知名通信软体,在数据量 6KB/s 的情况下能够再现 MP3 效果的音质。

• 9158 自主性研发的音频技术 9158Sound™ 音频编解码算法,每路 MP3 音质立体声音频 6KB/s。

(2)产品上的创新主要有以下几点。

• 真实是 9158 的最大特色。在 9158 互动家园的首页上,并不是其他网站美轮美奂的美女图片,而是一张张真实的青春的脸。推荐交友从三个层面出发:第一层是根据性别推荐;第二层是根据年龄推荐;第三层根据地区推荐。9158 视频聊天让交友变成更加真实互动。

• 在 9158 内容不重要,互动的人才最重要。

• 9158 虚拟视频、在线 PS 等工具。

• 线下娱乐互动,如 10 名网络超级女生即将推出《就约我吧》专辑。

### 17.1.3　博客走向企业——企博网

企业博客网由浙江博客信息技术有限公司创建,该网站通过良好的营销吸引了大批企业客户,创造了颇具效益的赢利模式,成为博客网站中的佼佼者。

1. 基本情况

浙江博客信息技术有限公司成立于 2006 年 4 月,是国内领先的博客企业化应用技术和服务提供商,专业从事互联网技术开发、信息咨询服务及 Web 2.0 企业电子商务平台运营与服务。其创业团队于 2005 年 10 月与北京的博客网合作创建了中国首个面向企业和各行各业专业人士的新一代第三方电子商务平台——企业博客网(www.bokee.net),率先将以博客为核心的 Web 2.0 理念和技术应用于企业和电子商务领域,首创了博客化、社区化企业的电子商务新模式,为广大的中小型企业提供以"博客营销"为核心的"职业博客"和"企业博客"服务。

该服务旨在以博客及其他 Web 2.0 的技术与理念为基础,通过将博客、SNS、RSS、IM、Witkey 等虚拟社区技术的发展和整合应用创新,对各类企业、员工和消费者等商业社会组成要素、相互关系及其行为进行抽象、建模和虚拟,从而形成了由企业相关人员的职业博客、消费者博客和企业博客所组成的众多相互链接的虚拟企业社区。在此平台上,各类企业和企业从业人员将以各种角色(如买家、卖家、中介等)开展与现实商业社会相似却更加快速方便的互动交流和高效的商务活动,从而达到集聚人气、品牌宣传、产品展示、市场营销、客户沟通、市场调查、新产品测试和售后服务等目的。

### 2.行业地位

"企博网"(Bokee.net)是一个基于 Web 2.0 理念和技术而创建的、面向广大中小企业的、以网络营销为核心的博客化新型第三方企业电子商务服务平台。它开创了一种区别于网上市场型的全新企业电子商务模式。这无论在国际还是国内都具有首创性和独创性。

"企博网"创立以来,迅速成为中国电子商务网站 100 强,已吸引了全国 90 多万家企业开通企业博客,并为上海华普汽车有限公司、杭州绿盛集团、致中和公司等国内外几十家大型企业进行博客营销。它预示着中国电子商务 2.0 模式的开端,并将成为电子商务发展的新方向。

### 3.主要赢利模式

企博网自从 2005 年 10 月推出以来,得到了广大的中小企业的欢迎。到企博网 2008 年底推出会员收费服务时,"企博网"已经发展了 7 万余免费的企业博客用户以及 70 万企业相关人员的免费职业博客,这为收费的会员服务以及提供其他各种增值服务奠定了良好的用户基础。

(1)收费会员服务。在免费用户积累到一定数量的时候,适时推出了升级收费增值服务,通过提供新型或改进性功能与服务来发展收费客户。在第一个月的试销期间,在没有大的市场投入和人员投入的情况下,只通过原来的客服人员的电话销售,就已经发展了 50 个左右的收费会员,实现了 3 万余的销售额。企博网收费服务的未来 2 年的发展预测如表 17.1 所示。

表 17.1　企博网收费服务的未来 2 年的发展预测

| 时间 | 客户数(个) | 销售额(万元) |
| --- | --- | --- |
| 试销期(1 个季度) | 300 | 20 |
| 初始期(0.5 年) | 1200 | 90 |
| 成长期Ⅰ(1 年) | 5000 | 340 |
| 成长期Ⅱ(第 2 年) | 12000 | 816 |

(2)服务外包。针对各行业广大的中小型出口企业,根据客户对其电子商务业务流程的全部或部分流程进行外包的形式,利用自身的电子商务服务平台,将企业的电子商务环境纳入企业的标准业务流程进行管理,为用户提供外贸电子商务外包服务(收取年度服务费 4 万～6 万),以信息技术服务的方式实现电子商务流程外包,具有"管家式"、"一站式"、"傻瓜式"的特点,这不仅极大地降低了企业进入电子商务的门槛,以相对较低却更实在的成本分享现代电子商务的成果,还使企业以一种非常轻松的方式介入电子商务,让互联网经济通过电子商务而更加普及。

外包服务的发展要点在于注重老客户的长期持续性服务,通过加强客户的粘性,提高客户服务的质量,从而提高老客户的续签率,来达到持久的赢利目的。销售方式主要是直销,分为线下直销和线上直销,辅之渠道销售,采用"核心辐射,逐步推进"的策略。在未来 1～5 年内,企博网势必将全力以赴围绕电子商务外包服务产品开展研发、生产、市场、营销等所有工作,在为广大中小型出口企业创造价值的同时,确立自身的领先地位,实现自身的发展与腾飞,助力杭州发展电子商务之都的大业。

4.创新点

企博网率先将最新的博客技术和企业及职业人的实际需求相结合,立足各职业人士和各种企业的实际应用,推出了"职业博客"和"企业博客"的个性化服务。

"企业博客"和"职业博客"不仅弥补了传统电子商务模式中商务应用的缺陷,还大大拓展了"博客"的应用范围,从狭隘的个人私密生活扩展到了个人的工作和职业、企业的营销和管理,"博客"的"营销、展示和互动"功能也因此得到了极大的发挥。无论是企业还是个人,也因为博客的应用获得了空前的发展机会,更代表着电子商务发展有了新的方向。

# 17.2　即时通信

## 17.2.1　中小企业的最佳电子商务服务平台——中国电信 114 号码百事通

### 1.基本情况

2005 年底,中国电信决定将"号码百事通"作为实现企业从传统的电信运营商向综合信息服务提供商转型的重点业务,中国电信杭州分公司率先就该业务展开积极的准备和实施。2006 年,杭州 114 号码百事通正式转型为城市综合信息资讯平台,服务内容从原来单一的查号服务全面扩展为集订房、订票、订餐、家政、汽车、律师、教育、娱乐等各类城市生活便民信息于一身的综合性城市信息语音搜索门户。"知百事,通天下"已经成为广大市民的良好口碑。114 号码百事通以城市便民服务为基点,聚合了杭城数十万的企业数据资源,特别是数万家生活类服务的中小企业,不仅为杭州市民开创了一种轻松、便捷的全新生活方式,有效提升了杭州市民及外地游客的服务和生活品质,更成为杭州市创建"生活品质之城"工程的一道亮丽的风景线。在刚刚结束的杭州市"2009

生活品质展评会"活动中,经过广大市民的踊跃投票,"中国电信号码百事通发现之旅"荣获"杭州年度最具品质体验点"称号。

114号码百事通作为公共信息服务提供平台,主要面向两大类的客户。对居民百姓而言,114号码百事通是一个可以提供综合信息服务的语音平台;对企业客户而言,114号码百事通则是一个第三方电子商务应用平台。号码百事通作为第三方电子商务平台,蕴藏着巨大商机:每天15万次的呼入量中有10万次是查询企业信息;通过114号码百事通,餐饮企业每天获得订餐超过1000桌、电脑维修商家每天获得超过100个订单、家政服务企业每天获得800个以上的服务需求。从2009年开始,号码百事通增加了互联网(www.118114.cn)和移动宽带(wap.118114.cn)等新的电子商务载体,主力打造多维、立体、快捷的电子商务平台体系,为广大中小企业带去更多商机,轻松促成企业和用户之间的生意。

**2. 创新点**

在号码百事通多样化的业务品种中,"商务宝"是一个独具特色的核心业务,是专门为中小企业定制的电子商务服务。办理"商务宝"的企业会员可以方便地在114号码百事通平台开展各类商务促销活动,商务应用具体如下。

(1)发布企业商务信息:包括企业名称,品牌,商标,产品、服务、交通信息等内容。商务宝会员企业可以更加完美地展示企业信息,增进客户对企业的认知。

(2)多纬度查询推荐:用户拨打114,可以通过公司名称,品牌,商标,产品名称等纬度进行查询和搜索,号码百事通会根据用户的需求,向用户推荐商务宝会员。会员企业可以获得更多的推荐机会,获取无限商机,促进企业成长。

(3)免费电话转接:114可以直接将用户的电话转接到用户查询的商务宝会员企业的电话上,轻松促成企业的生意。

(4)统一对外宣传:商务宝会员经过114授权,在其对外宣传的联系方式可以使用"114转企业名称或企业品牌"。会员企业可以借助号码百事通的品牌优势,增进客户对企业的信任,迅速提升企业的社会形象。

(5)网站主页服务:商务宝会员可以在号码百事通网站获得二级域名并在网站上发布企业信息,可以节约会员企业单独建网站的成本。

(6)全方位形象展示:优质的商务宝会员可以享受号码百事通语音(114)、互联网、黄页、户外媒体等全方位的广告服务,进一步强化会员企业的推广效果。

**3. 行业地位**

114号码百事通作为综合性的电子商务平台,在同行业处于领先地位,与其他电子商务平台相比,114号码百事通具有以下五个方面的优势。

- 用户基础更广泛:电话用户已经达到9亿,互联网用户3亿,电话用户和互联网用户均为114号码百事通的潜在用户。
- 业务开展更方便:只要安装一部电话便可以开展商务活动。
- 目标客户更精准:114转接的用户消费倾向更加明显。

- 业务交易更高效：114 转接用户的平均成交率达到 40%，一般互联网平均成交率为 13%～14%，促成一单生意的时间成本和经济成本都大大降低。
- 商务载体更综合：114 号码百事通融合了语音、网络和移动互联网，为客户提供综合的电子商务服务。

### 4. 主要赢利模式

114 号码百事通的赢利模式主要来源于企业客户的收费。居民百姓拨打 114 不收取任何信息费，企业客户办理号码百事通"商务宝业务"收取一定资费。近年来，114 号码百事通的收入持续增长，2007 年"商务宝"业务收入为 400 万元，2008 年业务收入达到 760 万元，2009 年预计收入达到 1000 万～1200 万元，每年保持两位数的增长。

### 5. 发展方向

2009 年，中国电信进入全业务运营时代，这给号码百事通提供了更为广阔的发展空间。为了更加有效地提高综合信息服务能力，杭州 114 号码百事通将重点开发移动百事通、网络百事通，建立语音、互联网、移动通信三位一体的数据平台，同时也完善和丰富语音、短信等接入形式，以立体、多维的接入形式带动广大用户对号码百事通的使用，形成固定的消费习惯。技术上的创新和发展，也给市场运营带来了新的角度和试点，为探索和创造多种模式的电子商务服务，创造了极好的条件。这将更好地满足杭城居民日益增长的消费需求，同时也将带动号码百事通的进一步发展，在为社会创造良好的社会效益的同时，也将为号码百事通运营单位以及广大的加盟企业带来良好的经济效益。

## 17.3 基于互联网的物流企业

### 17.3.1 物流平台整合运营商——浙江传化物流基地

浙江传化物流基地突破传统企业以物业租金为主要收入来源的模式，打造了提供信息服务来收取服务费用的"公路港"物流平台，从而开创了物流新模式。经过几年的建设，传化物流已成为长三角地区领先的综合型现代物流基地。

### 1. 基本情况

传化物流位于杭州钱江二桥萧山出口处，由国内知名的民营企业传化集团投资建设和运营管理、它是传化物流事业的战略、投融资管理中心和运营协调中心，建有"成都传化物流基地"、"苏州传化物流基地"和"宁波（镇海）国际物流商务信息港"等连锁复制项目，形成了多个现代化综合物流基地协同运营的公路港物流网络雏形。

传化物流前身为传化集团储运公司，于 2003 年 4 月 18 日正式营业。按照"物流平台整合运营商"的定位，在"与您共同成就事业，推动区域经济发展"的经营理念指导下，传化物流基地通过信息交易、运输、仓储、配送、零担快运、管理服务"六大中心"以及完善的配套服务功能模块建立与运营，快速形成了物流服务、物流载体、物流需求、物流管理服务四大资源的集聚。目前，已有 480 多家来自省内外的专业运输、仓储、零担、货代等物流企业入驻;整合了 40 多万辆的社会车源运输网络,日整合车辆达 2 千~3 千辆,日承运货物量达 3 万~5 万吨。通过各种集聚资源的协调运作,服务杭州市及周边地区具一定规模的制造企业和商贸企业达 2 万多家,为其降低物流成本近 40%。辐射范围已达杭州、嘉兴、绍兴、金华、宁波、湖州等周边地区,真正成为服务于杭州湾及长三角地区的综合型现代物流基地。

### 2. 行业地位

传化物流 2004 年被评为"交通部重点联系企业";2006 年被评为中国物流示范基地、被授予"国内首家 ITC(国际贸易中心)师资培训基地";2007 年被评为"国家 5A 级综合服务型物流企业"、名列"中国物流企业 50 强"第十六位;2008 年被授予"最佳物流平台模式创新企业"、"中国物流改革开放 30 年旗帜企业",并参与了国家标准《物流园区分类与基本要求》、《社会物流统计指标体系及方法》的制定。

### 3. 主要赢利模式

传化物流更多地通过"公路港物流模式",提供信息化服务获益。"公路港物流模式",即把众多依托公路运输的第三方物流企业集聚到一起,为他们提供一个包括"基础性的物流设施"、"信息交易服务"和"商务配套服务"的平台,就像一个公路网络上的港口。这种信息系统的开发和使用花费了 800 多万元,基地平稳运营后,每天可以发布 1.2 万条信息。成功运营的传化物流基地,6 年来运用这种新型的"公路港物流模式",其入驻的一些物流公司,由当初 1 年才几万、几十万元的交易额,发展到如今几千万元的业务规模。传化物流基地是浙江第一个现代化的物流基地,经过 5 年的发展,目前每年发出的物流商品价值高达 400 亿元。传化萧山物流基地 2008 年营收超过 30 亿,传化物流部门每年的增速是 30%~50%,潜力巨大。

### 4. 创新点

浙江传化物流基地创造性地扮演了"物流平台整合运营商"的角色,搭建了高效物流平台,建立了物流企业资源集聚区,赋予了公路运输板块高效低耗、集成化、信息化管理的时代特征,从而在海港、航空港之后,以全新的"公路港"物流模式拉伸了公路物流短板,完成了现代物流集海、陆、空于一体的完成体系构建。这一创新得到了行业和各级政府部门的高度认可。

## 17.3.2  颠覆传统物流,打造全新商业模式——网达物流

### 1. 基本情况

网达物流科技有限公司是一家以公路物流主体(货主及车主)为服务对象的高科技企业。秉持"让顾客不再为找车或找货浪费时间和金钱"的服务理念,打造了公路物流的全新服务模式,即通过"网达物流综合业务平台",实现货主与车主的"智能配对":使货主发货降低成本、增加安全度、保障时效,使车主在全国范围内随时随地接业务、无需到停车场停车找货,结算安全方便。

2005 年,网达物流首度推出了"网达物流信息化平台"V1.0 版,在全国公路物流界

反响强烈。在此后的时间里,网达物流深入市场,不断优化服务方式并在创新服务的模式上取得了重大突破,一个集短信、互联网络、在线支付、在线保险、车载 GPS 终端监控车辆及货物的 GIS、电话及呼叫中心为一体的标准化、智能化系统构建成功。

综合业务平台结合遍及全国的分支机构,网达物流将全网、全国、全自动地为托、运双方提供空前经济、时效、便捷、安全、周到的全新物流服务。该平台的运行及广泛推广,将极大提高全国公路物流信息化、智能化、标准化水平,进一步降低公路物流的总成本。

## 2. 商业模式

网达物流综合业务平台是通过对互联网、短信平台、GPS 定位、智能配对、网上支付、网上保险等技术在公路物流远程管理方面的开发与创新应用的平台,它通过对公路物流车辆的资源整合和自动化管理,以提高车辆的使用效率和经济效益。

受技术条件的制约,传统的实体物流企业(自有车辆),往往只能整合物流与部分资金流,不能有效整合信息流,导致企业不能做大、做强;随着技术条件的改善,有很多的中介公司参与了进来,它们虽然整合了信息流,但要靠物流公司参与共同完成物流、资金流的整合;经过 IT 技术改造的物流企业,只是提升了某些方面的能力,没有改变其固有的商业模式,因而也不会带来质的飞跃。

网达物流综合业务平台设计把着眼点放在物流的双主体——货主与车主上,通过打造强大的支撑平台,在双方的切实利益都得到最大限度保障的前提下,实现各地加盟商的广泛加盟,实现货主、车主、加盟商(或合作伙伴)与网达物流综合业务平台一体化,实现物流的高效运行,从而形成利益各方多赢的局面。平台的设计及运行思路如图17.2所示。

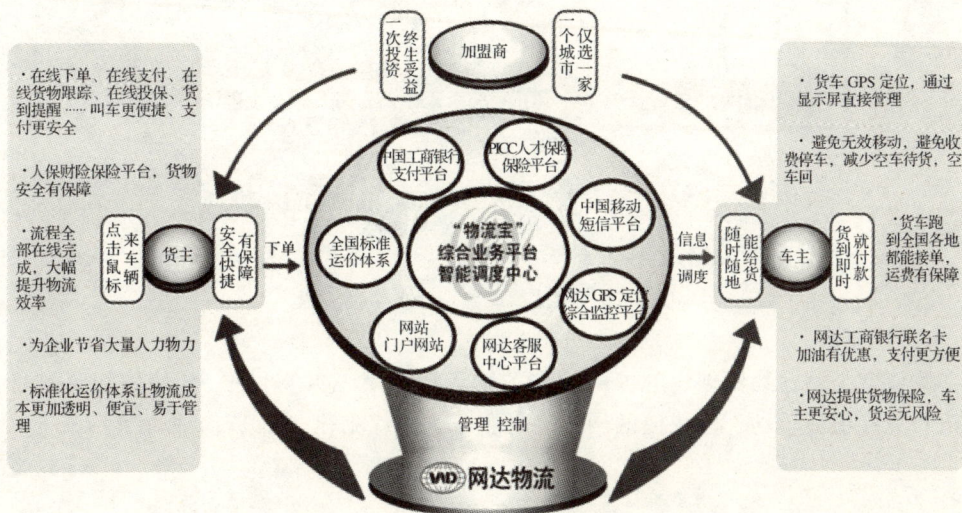

图 17.2  网达物流综合业务平台

### 3. 主要服务产品及重大创新

(1)网达物流综合业务平台。

网达物流综合业务平台是网达物流为托、运双方实现在线交易的互动平台,它通过对互联网、短信平台、GPS定位、智能配对、网上支付、网上保险等技术的全面整合和创新,实现了公路物流资源有效整合和自动化管理。

平台设计思路是:货主通过平台发货下单,平台自动搜索并通知货主最近、最适合的车辆,实现快速有效匹配。实现流程如图17.3所示。

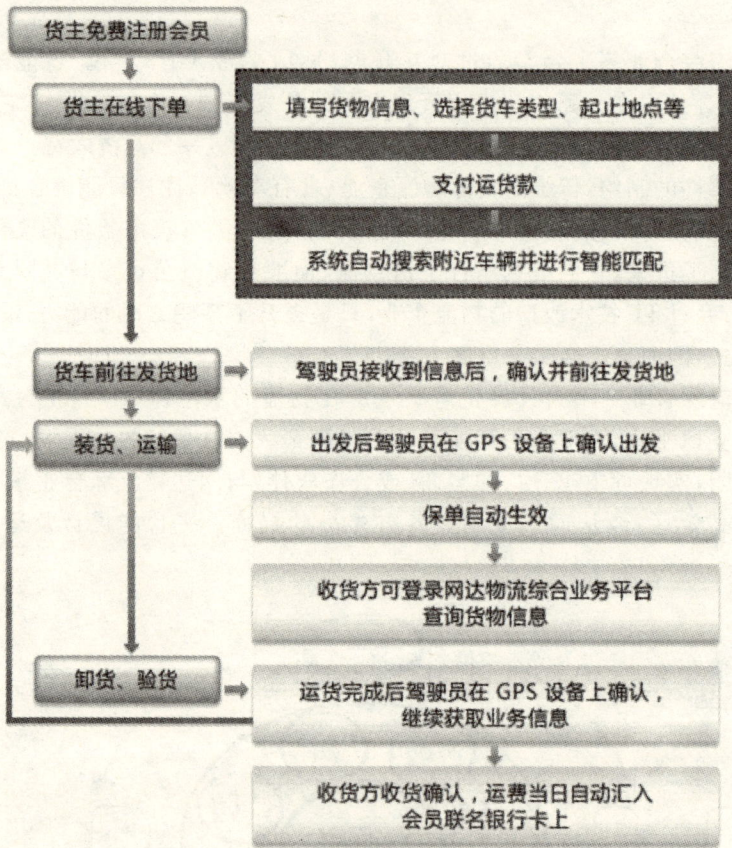

**图 17.3　网达物流综合业务平台流程**

(2)物流宝。

物流宝是网达物流创建的国内领先的物流行业第三方支付平台,使用物流宝将为物流行业提供简单、安全、快捷的网上支付服务。实现流程如图17.4所示。

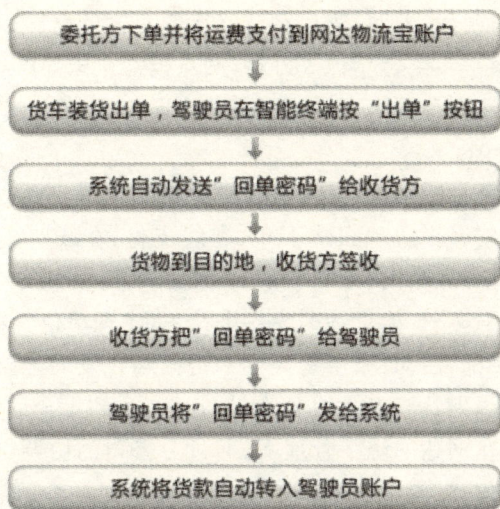

图 17.4　物流宝业务流程

(3)智能车载终端。

网达物流多功能 GPS 智能车载终端从控制中心接收的所有信息都能在设备显示屏上显示,不仅具备 GPS 卫星定位功能,还能够通过移动 GPRS 和网达物流综合业务平台进行信息互动,能将最新货源信息发送给驾驶员,实现实时业务管理和监控。

(4)九大创新。

• 在线查询:货主可通过平台查询运输车辆信息、运价及货物运输情况等。

• 在线下单:货主通过平台点击鼠标就可完成下单,方便、快速,减少人力物力支出,节省企业成本。

• 在线保险:网达和中国人民保险公司进行战略合作,提供网上在线投保功能,为货物提供全程担保,而不增加委托方(货主)的额外成本。

• 在线支付:在线支付功能,提高货运双方效率、保证双方安全,货主结算方便快捷,车主运费即时到位。

• 在线监控:货主可通过平台对货运车辆进行实时监控,掌握车辆位置。货物在线监控跟踪,让货主实时掌握货物运输情况等信息。

• 车辆管理:通过平台可对企业旗下车辆进行统一管理,随时调配,提高车辆使用效率。

• 工商银行网达联名卡:网达和工商银行合作推出了网达联名卡,加油有优惠、支付更安全。

• 使车辆在平台的统一智能调度下,有效流动,杜绝空车返程和无效移动,减少空等时间,可随处停车、免去停车费。

车主可以进行傻瓜式操作要货、接货,而系统能提供最符合该车辆要求的货源。

## 4. 网达物流发展目标

网达物流的发展目标分为近、中、远期三个阶段。

网达的近期目标:整合运力网,实现对公路运输车辆的全国、全网、全自动管理。网达物流综合业务平台第一年整合车辆3万辆,网点覆盖全国50％城市和地区,其中包括几个物流大省;第三年达到车辆15万,网点覆盖全国80％以上城市和地区,第五年达到50万车辆,网点覆盖全国。

网达的中期目标:整合货运网,实现对运输货物的全国、全网、全自动管理。通过网达物流综合业务平台,使客户实现在线下单、在线支付、在线叫车、在线保险、在线监控等,实现对运输货物的全国、全网、全自动管理,提升货运委托方效率;通过对货物运输的智能分拣、智能配对配车、智能货物的集拼等技术,实现单位货物运输成本的降低。

网达物流的远期目标:启动"城市物流港",走国际化发展之路。在完成网点布设和相当规模的车辆整合后,网达将开发具备仓储、运输、装卸等全面物流服务的"城市物流港"。"城市物流港"将在网达的统一管理下,通过分公司的协调、参与管理,使网达的物流业务向全方位、多面化、深层次发展。在实现国内货运的全程物流的同时,网达物流通过和国际物流巨头的合作和资源整合,实现国际全程物流。

5. 网达物流的发展及社会效益

网达物流科技有限公司自2005年初成立以来,2008年底开始在全国范围内招商,2009年初开始试运营。就运行效果看,已经有40多个地市级加盟和一个省级加盟,有少量的业务通过业务平台实现,业务平台也由实验室阶段走向了实际应用。

未来,公司将继续扩大招商力度,在全国更大范围内布点,使车载智能终端装配到更多的货车之上;同时,公司将有针对性地加大货源的开发,使平台的运行更加成熟。

网达物流项目的实施将带来如下显著效益。

- 规范运输价格体系,价格透明,减少企业"灰色"支出,降低企业物流运输成本。
- 减少中间环节,降低物流整体成本。
- 淘汰"停车场"物流形式,节省国家土地资源。
- 提高车辆使用效率,减少国内货车使用数量。
- 减少车辆的无效移动,减轻城市周边道理的运输压力,降低能耗,减少污染。

### 17.3.3 搭建浙江省物流行业公共服务平台——浙江物流网

浙江物流网(www.zj56.com)隶属于浙江通创智慧(产业)服务有限公司,于2003年6月正式运营,是浙江省最大的物流综合门户网站和物流电子商务服务平台,位居全国物流综合门户网站前三,也是浙江省现代物流联席会议办公室物流信息指定发布网站,并得到浙江省物流办的大力支持,目前正致力于搭建浙江省物流公共信息服务平台。

1. 基本情况

2005年,浙江物流网的地方物流行业门户地位已初步形成。网站共有企业会员近万家,个人会员达5.6万多个,日发布各类新闻资讯和交易信息近500条,网站日页面浏览量近3万人次,有5000多家浙江物流企业在浙江物流网注册。浙江物流网在浙江省内具有良好的口碑和很高的品牌知名度以及号召力,成为中国最好的物流资讯网站之一。同年,浙江省现代物流发展联席会议办公室开始参与共建,浙江物流网开始成为"浙江省物流办"、"浙江省物流与采购协会"物流信息指定发布网站。浙江物流网已成为浙江以外的企业了解浙江物流的一个形象窗口和平台。

为了实施物流门户战略,浙江物流网推出了 4 个子网站,物流易搜(www.56esou.com)、中国物流导航(www.56guide.com)、物通天下网(www.5656156.com)和物流GPS网(www.56gps.com.cn)。这些网站功能互补,数据互通,和浙江物流网形成了一个有机结合的整体,是一个集物流资讯发布功能、物流信息交易功能、物流互动、物流搜索功能、物流应用功能为一体的物流网站矩阵群。

2006 年开始,以现有的浙江物流网网络平台为基础、浙江通创智慧(产业)服务有限公司的技术力量为支撑、浙江省现代物流发展联席会议办公室的政府资源和行业资源为依托,浙江物流网开始建设服务于浙江物流企业、浙江工商企业和广大物流终端客户的物流公共信息服务平台,以此为基础打造物流行业信息平台、物流数据交换平台、物流交易服务平台、物流教育实训平台和物流作业应用服务平台这五大物流平台,以最终实现促进浙江物流产业的发展。

至今,浙江物流网已成为国内一个理念先进的行业门户及电子商务网站。作为浙江省物流公共信息服务平台,不仅是浙江省物流行业第一门户,并且成为全国物流行业区域性网站第一品牌,长期位居 Google 搜索窗口"物流网"关键字搜索第一位。

### 2. 主要赢利模式

浙江物流网创建初期,以广告收入为主要赢利模式。2004 年,浙江物流网广告年收入在约 20 万元,为其进一步发展奠定了良好的基础。

2005 年,随着浙江物流网知名度的进一步提升,众多会员数量大幅增加,浙江物流网开始探索一种以广告服务与会员服务并重的赢利模式,并且获得了良好的效果。2005 年,浙江物流网会员及广告收入近 50 万元。

2006 年起,浙江物流网通过打造五大物流平台,成功探索了以作业处理服务平台为主的新型赢利模式。浙江物流网推出了多种增值服务,包括物流项目咨询服务、物流信息化交易平台、物流信息资源下载、物流软件开发与应用、物流项目招商运作咨询以及物流教育培训等,不仅将浙江物流网打造成为一个全新的物流公共信息平台及行业服务平台,并且为浙江物流网提升了产业服务空间。2008 年营业收入为 304.55 万元,实现了很大的突破。

### 3. 浙江省物流公共信息服务平台

2006 年开始,浙江物流网打造了物流行业信息平台、物流数据交换平台、物流交易服务平台、物流教育实训平台和物流作业应用服务平台这五大物流平台,具体功能架构如图 17.5 所示。

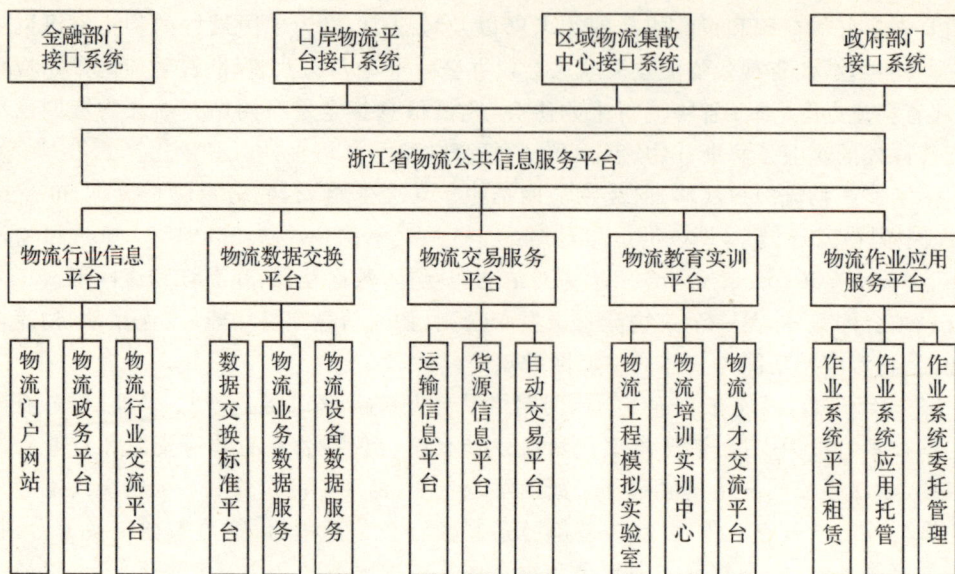

**图 17.5　浙江省物流公共信息平台功能架构**

　　浙江物流网通过构建浙江省物流公共信息服务平台,物流相关企业可以实现异构数据格式的转换,按统一的数据标准流转,实现信息共享,避免重复劳动,节约社会资源;可以通过平台实现信息发布、查询,缩短物流信息流转环节,降低运营费用;平台可以实现与信息化程度高的大企业内部系统的集成,对不具备全面开展信息化的中小企业,通过会员方式加入平台,以较低成本共享物流业内信息,拓宽业务范围。

　　如今,如何打造一个全国性的物流公共信息服务平台已成为浙江物流网管理团队新的物流电子商务创业目标,一个致力于为全国、乃至全球客户提供物流信息化公共服务和物流增值应用平台服务的物流电子商务服务平台——物通天下(www.5656156.com)正在筹划之中。

### 17.3.4　现代化物流管理的典范——浙江中货国际

　　浙江中货国际成立两年多来,依靠其优秀的物流平台和现代化的企业管理成了国内物流行业的一颗新星。目前该公司处于快速发展阶段,随着其市场培育的成熟,将占据国内物流市场的一片天。

　　1. 基本情况

　　浙江中货国际物流管理有限公司成立于 2007 年,是一家针对物流业的电子商务、品牌加盟、网络管理、技术研发和投资运作的高科技企业。中货国际以电子信息化和现代化管理为基础,结合其股东单位在大型物流项目管理和运作方面的丰富经验,成功地为多家物流企业提供了基于互联网的物流操作平台和物流管理软件,并得到了用户的好评。

　　中货国际运用互联网络 B2B 商务技术、电子信息化技术和现代化管理技术,为中国现有中小物流企业提供信息化平台和进行资源整合,并以网络加盟物流企业组成的实体物流服务网点为基础,为社会提供现代综合物流服务。

初创期,中货国际主要进行物流信息系统软件"中货通"和网络平台"中货网"的开发,以及对中小物流企业的加盟推广。目前,物流信息及管理平台"中货通"V2.0版已开发成功,已启动"中货网"与中小物流企业的加盟合作。"中货通"使用于北京、上海、深圳、南京、重庆等城市的30多家物流企业的150多个网点,货运定位系统、巴枪扫描设备、车辆调度系统也已在深圳投入试用。

### 2.行业地位

作为国内现代物流管理企业之一,中货国际成功地探索、创造了物流资源整合、软件开发技术与行业发展相结合的模式。

随着物流行业的不断发展,中小型物流企业面临着日益加剧的竞争和前所未有的挑战。中货国际借鉴先进的现代物流管理经验,结合中国特色,创造了适合中国物流企业合作的新模式,为中国中小型物流企业的发展提供了新的机遇和平台。

### 3.主要赢利模式

中货国际的主要赢利模式是收取加盟企业网点会员的平台服务费、软件使用费、单据制作等物料费,收取服务供应商的保险中介费、广告手续费等,并分享参股的加盟企业的股比利润。表17.2为中货国际的2008-2010年的赢利情况及预测。

**表17.2 中货国际2008-2010年赢利情况及预测表**

|  | 2008 年 | 2009 年 | 2010 年 |
|---|---|---|---|
| 主营收入(万元) | 246 | 1642 | 3882.4 |
| 净利润(万元) | −190.5 | 556.5 | 1696.8 |

从表中可以看出,2008年中货国际在主营收入是246万的同时,净利润方面还是处于负数。而经过初期市场培育期以后,预计2009年主营收入将达到1642万元,净利润也将首获丰收达到556.5万元。据估计,2010年中货国际的主营收入相比2009年将得到200%以上的成长,净利润将比2008年翻三番,达到1696.8万元。

### 4.创新点

基于中国现代物流起步晚,市场处于培育期,信息化程度低,需发展物流信息平台,缺乏统一标准,需形成物流联盟,统一规范,提高竞争力的现状,浙江中货国际推出了国内先进的物流信息平台"中货通"和"中货网"。

"中货通"使用的即时、分时、集权、分权等技术具有世界级的水准。系统采用多机在线热备份技术,保证数据的安全性和完整性,并同时具备良好的扩展性。

"中货网"的B2B电子商务+实体商务管理模式属国内首创。网站提供陆、海、空各方面详尽的货源信息、代理信息、快递供求信息和仓储供求信息等。

# 附　　录

# 1

# 杭州市互联网经济相关数据汇总表[1]

| 通信运营业 | |
|---|---|
| 主营业务收入 | 115.59 亿元 |
| 固定电话用户 | 428.57 万户 |
| 移动电话用户 | 880.19 万户 |
| 全市因特网出口带宽 | 218G |
| 因特网宽带用户 | 139.61 万户 |
| 信息服务与软件业 | |
| 软件业务收入 | 350.59 亿元 |
| 其中:软件产品收入 | 90 亿元 |
| 系统集成收入 | 108.31 亿元 |
| 软件服务收入 | 79.11 亿元 |
| 其中:电子商务服务收入 | 40.02 亿元 |
| 嵌入式软件 | 66.89 亿元 |
| 其中:电子产品制造业嵌入式软件 | 61.54 亿元 |
| IT 设计收入 | 6.29 亿元 |
| 实现利税 | 70.46 亿元 |
| 其中:利润 | 51.11 亿元 |
| 实现软件出口额 | 5.311 亿美元 |
| 其中:软件企业软件出口 | 2.811 亿美元 |
| 从业人员 | 5.9 万人 |
| 新增就业人数 | 1.05 万人 |
| 网络广告的市场规模 | 2.35 亿元 |
| 其中:门户网站广告市场规模 | 0.8 亿元 |
| 搜索引擎广告市场规模 | 1.03 亿元 |
| 网络游戏产业总值 | 1.62 亿元 |
| 移动商务主营业务收入 | 3678 万元 |

---

[1] 说明:表中未注明的均为 2008 年数据。

| | |
|---|---|
| 通信运营业 | |
| 数字电视全媒体 | |
| 　服务用户数 | 200 万 |
| 　主营业务收入 | 8.88 亿元 |
| 　利税总额 | 3500 万元 |
| 动漫产业发展专项资金 | 5000 万元/年 |
| 杭州高校与互联网相关专业学生在校人数 | 1.4 万人 |
| 杭州市二十一家国家电子信息产业基地实训资助金额 | 78.48 万元 |
| 杭州市企业建设独立电子商务平台财政资助额 | 1772.87 万元 |
| 2008 年第四届中国国际动漫节 | |
| 签约项目 | 34 个 |
| 成交金额 | 48.85 亿元人民币和 2371 万美金 |
| 信息服务与软件业(2009 年 1-5 月份) | |
| 信息服务业主营业务收入(不含电信运营收入) | 119.48 亿元 |
| 其中:电子商务服务收入 | 16.91 亿元 |
| 软件业务出口额 | 14707 万美元 |
| 实现利润 | 25.44 亿元 |
| 2009 第五届中国国际动漫节 | |
| 签约项目 | 35 个 |
| 成交金额 | 55.3 亿元 |

# 2
# 杭州互联网经济发展相关政策法规

• 2000 年,《杭州市经济和社会信息化发展规划纲要(2001—2010 年)》(市委办〔2000〕20 号)。

• 2002 年 1 月 7 日,《中共杭州市委办公厅杭州市人民政府办公厅关于加强市区宽带用户驻地网建设管理的通知》(市委办发〔2002〕1 号)。

• 2002 年 11 月 25 日,《杭州市人民政府办公厅转发市信息办关于加强杭州市信息安全工作若干意见的通知》(杭政办〔2002〕49 号)。

• 2003 年 5 月 8 日,《杭州市人民政府关于加快工业企业信息化的若干意见》(杭政〔2003〕4 号)。

• 2003 年 5 月 13 日,《杭州市人民政府办公厅关于印发杭州市中小企业信用评价和管理办法的通知》(杭政办〔2003〕15 号)。

• 2003 年 5 月 20 日,《杭州市人民政府办公厅关于鼓励我市软件出口的若干规定》(杭政〔2003〕19 号)。

• 2003 年 7 月 21 日,《关于促进杭州市商贸服务业发展的若干政策意见》(杭政〔2003〕)。

• 2003 年 12 月 3 日,《中共杭州市委杭州市人民政府关于进一步加快"一号工程"建设的若干意见》(市委〔2003〕21 号)。

• 2004 年 4 月 5 日,《杭州市政府信息公开规定》(杭政〔2004〕202 号)。

• 2004 年 7 月 20 日,《中共杭州市委办公厅、杭州市人民政府办公厅关于全面推进我市有线电视数字化及发展数字电视产业的若干意见》(市委办〔2004〕8 号)。

• 2004 年 8 月 9 日,《杭州市人民政府办公厅关于认真组织实施杭州市社区信息化建设实施纲要(2004－2006)的通知》(杭政办函〔2004〕230 号)。

• 2004 年 9 月 8 日,杭州市信息化办公室、杭州市贸易局印发《杭州市电子商务发展实施纲要(2004—2010 年)》(杭信办〔2004〕51 号)。

• 2004 年 9 月 28 日,《杭州市人民政府关于印发〈杭州市信息化发展总体规划(2004—2010 年)〉的通知》(杭政办函〔2004〕269 号)。

• 2004 年,杭州市人大常委会将信息化列入 2004 年杭州市的立法计划。2004 年 9 月 22 日,《杭州市信息化条例(草案)》通过杭州市政府第五十一次常务会议的审议;2004 年 12 月 15 日,市十届人大常委会第二十一次会议通过该条例;2005 年 4 月 14 日,《杭州市信息化条例》经浙江省第十届人民代表大会常务委员会第 17 次会议批准。

2005年4月26日,杭州市第十届人大常委会公布《杭州市信息化条例》,自2005年6月1日起施行。

• 2005年3月22日,《杭州市人民政府关于加快信息服务与软件业发展的若干意见》(杭政〔2005〕6号)。

• 2005年3月22日,《杭州市人民政府关于印发杭州市电子政务建设实施纲要(2005－2006年)的通知》(杭政函〔2005〕6号)。

• 2005年3月22日,杭州市人民政府印发《杭州市信息服务与软件业发展规划(2005—2010年)》(杭政函〔2005〕63号)。

• 2006年4月13日,《浙江省关于加快电子商务发展的意见》(浙政办发〔2006〕58号)。

• 2005年5月30日杭州市人民政府常务会议通过《杭州市市民卡管理办法》(杭政函〔2005〕218号)。

• 2005年7月21日,《杭州市人民政府办公厅关于加快杭州国家电子信息产业基地建设的若干意见》(杭政办函〔2005〕210号)。

• 2005年12月28日,《杭州市人民政府办公厅转发市贸易局等部门关于促进杭州市电子商务发展若干意见的通知》(杭政办函〔2005〕342号)。

• 2006年6月16日,杭州市信息化办公室印发《杭州市信息产业第十一个五年发展规划》(杭信办〔2006〕20号)。

• 2006年6月21日,杭州市人民政府办公厅印发《杭州市国民经济和社会信息化"十一五"专项规划》(杭政办函〔2006〕170号)。

• 2006年9月26日,《杭州市信息化工作领导小组关于杭州市网络信任体系建设的实施意见》(杭信发〔2006〕13号)。

• 2006年10月25日,杭州市信息化办公室,杭州市民政局关于印发《杭州市社区信息化评估指标体系(试行V2.0)》的通知(杭信办〔2006〕56号)。

• 2006年10月25日,杭州市信息化办公室、市民政局关于印发《杭州市社区信息化管理服务软件基本功能规范(V2.0)》的通知(杭信办〔2006〕57号)。

• 2006年11月20日,杭州市人民政府印发《关于杭州市现代物流发展规划的实施意见》(杭政〔2006〕11号)。

• 2009年1月16日,《关于印发二○○八年杭州市企业建设独立电子商务应用平台项目(第一批)立项计划的通知》(杭电商办〔2009〕1号)。

• 2009年1月16日,《关于公布对杭州市第三方电子商务企业实施优惠方案(第一批)的通知》(杭电商办〔2008〕3号)。

• 2009年3月6日,《杭州市人民政府关于进一步推进信息服务业发展的若干意见》(杭政〔2009〕)。

• 2009年3月11日,《杭州市人民政府办公厅关于印发杭州市信息服务业特色产业园认定与管理办法(试行)的通知》(杭政〔2009〕)。

• 2009年3月19日,《杭州市人民政府办公厅关于印发杭州市电子商务应用示范企业评选办法(试行)的通知》(杭政办函〔2009〕115 号)。

• 2009 年 3 月 26 日,《关于下达杭州市 2009 年第一批中小企业通过第三方电子商务平台开展电子商务应用财政资助资金的通知》(杭财企〔2009〕204 号)。

• 2009 年 3 月 27 日,《关于下达杭州市 2008 年度企业建设独立电子商务应用平台财政资助资金的通知》(杭财企〔2009〕210 号)。

# 3

# 杭州互联网经济发展大事记

- 1995 年 4 月,马云创办中国黄页开始在国内推广网络广告理念。
- 1996 年,杭州"中国黄页"成功创建,它是中国最早的互联网商业网站和互联网应用技术提供商,开启和引领了中国互联网应用的发展,创造了许多中国互联网的"第一"。
- 1997 年浙江网盛科技股份有限公司成功创建,现运营中国化工网、全球化工网、中国纺织网、中国医药网、中国服装网、机械专家网等多个国内外知名的专业电子商务网站。
- 1998 年 12 月马云和其他 17 位创建人在杭州发布了首个网上贸易市场,名为"阿里巴巴在线"。
- 1999 年,九天音乐网成立,是目前国内最大最权威的正版音乐网站。它拥有国内曲目数量最大、歌曲收录最全的音乐数据库,提供超过 75 万首曲目的正版数字音乐和原创、翻唱音乐,提供包括音乐及音乐相关产品听、载、看、唱、写等全方位服务,多年来被国内外各知名网站评为国内流行音乐第一站。
- 2000 年,杭州爱科电脑技术有限公司顺利通过 ISO9001 质量体系认证,《ECHO 服装 CAD 一体化系统》软件被科技部列为"2001 年国家重点新产品计划"项目,《ECHO 服装 CAD 一体化系统》被中国软件行业协会评为"中国优秀软件产品"。
- 2000 年,浙江中建网络打造的中国水泥网成立,目前已发展成为中国水泥行业最大的软件服务商之一。中建网络旗下目前有中国水泥网、中国建材网、中国石材网、中国混凝土与水泥制品网、中国陶瓷网、中国水泥软件等多个产品。
- 2000 年 9 月 10 日,首届网络峰会(西湖论剑)在杭州举行,主题为"新千年新经济新网侠"。参会者有新浪 CEO 王志东、搜狐 CEO 张朝阳、网易董事长丁磊、8848 董事长王峻涛和阿里巴巴总裁马云,主持人是著名作家金庸。
- 2000 年 10 月,浙江易合网络信息有限公司创建,这是一家专业面向互联网行业和信息技术领域的投资和经营企业,由浙江省兴合集团公司和其控股企业浙江省农资集团有限公司联合投资,旗下网站包括中国零售业门户网站联商网、中国商铺交易门户搜铺网、天下一家、金庸茶馆等。
- 2001 年 5 月,华数网通信息港有限公司(原名华数网通信息港有限公司)成立。
- 2001 年 10 月 21 日,第二届西湖论剑举办,主题为"经营、赢利、成长",邀请大中华地区六大网站总裁(新浪首席执行官茅道临、搜狐首席执行官张朝阳、网易首席架构设计师丁磊、TOM 集团行政总裁王㛃、MY8848 创办人王峻涛、阿里巴巴首席执行官马云)、著名作家金庸、央视名主持张蔚参加。

• 2000 年 12 月,全球五金网在杭州成立并正式投入使用,该网站是目前全球访问量最高的五金行业门户网站。

• 2000 年 12 月杭州祐康电子商务网络有限公司成立。祐康网络的运营系统以 96188 体系为核心,涵盖 96188 电子商务,96188 导购服务,96188 便利连锁、96188 物流配送四个部分。

• 2001 年 7 月,中华机械网在杭州推出,目前已是国内最大的机械行业电子商务网站。

• 2001 年 10 月,杭州市信息化办公室成立。

• 2002 年 1 月 22 日,我国最早开展互联网商业应用,也是浙江规模最大的互联网企业之一“中国黄页”易帜。上市企业浙大网新科技股份公司成功入主,成为“中国黄页”的大股东,“中国黄页”同时更名为“浙大网新互联网信息技术公司”。

• 2002 年,杭州商易信息技术有限公司成立,定位于专业从事互联网信息服务、电子商务、专业搜索引擎和企业应用软件开发的高新企业,目前已发展成为国内建材行业最大的垂直专业网站开发商。商易信息已创建并运营中国建材网、中国玻璃网、中国木业网、中国铝业网等多个国内外知名的专业电子商务网站,以及国内最大的专业建材搜索引擎建材搜索。

• 2002 年,杭州鼎好科技有限公司成立,运营中国食品商务网行业网站集群,致力于为食品领域相关企业提供基于互联网平台的专业性贸易撮合与促进服务,目前已发展成为中国食品与饮料行业的门户网站。

• 2002 年 7 月 11 日,杭州市电子商务协会成立。协会聘请原信息产业部信息化推进司司长、中国电子商务协会理事长宋玲为名誉理事长,杭州市信息化办公室副主任郭理桥为协会理事长。

• 2002 年 11 月 3 日,第三届“西湖论剑”在杭州举行,主题为“泡沫散后的精彩,网络改变生活”。参加者有腾讯首席执行官马化腾、3721 总裁周鸿祎、前程无忧总裁甄荣辉、携程首席执行官梁建章和联众总裁鲍岳桥。

• 2003 年成立的娱乐基地,是中国最大的音乐版权运营商,同时是中国最具影响力的互联网音乐与传统娱乐相结合的新型数字文化娱乐企业,致力于推动华语音乐的潮流,同时经营音乐内容、影音制作和传播技术三个平台,经过精心制作形成影音文化产品,应用到全球版权交易、传统娱乐、手机增值等领域,从中产生巨大的商业价值。

• 2003 年 5 月,阿里巴巴推出个人网上交易平台淘宝网,打造全球最大的个人交易网站。

• 2003 年 7 月,由杭州弈天网络打造的弈天广告联盟是互联网广告和线上营销方案提供商,主要为广告主、网站主、软件主提供公平、公正的交易平台,使双方的营销资源利用最大化。目前,在国内同类网站联盟中,位居行业前三名。

• 2003 年 07 月 12 日,第一届杭州产品网上交易会开幕。交易会由杭州市经济委员会主办,杭州市市场营销协会、阿里巴巴(中国)网络技术有限公司承办。交易会集中展示了杭州的驰名品牌和特色产品,并推出一批重点引资项目,以寻求海内外客商的合作。

• 2003 年,维库中国电子市场网在杭州创建,该网站立足于电子产品信息服务业,为电子行业生产制造商、销售商、广大的电子产品消费者和爱好者、用户提供专业化的网络资讯服务和电子商务服务,旗下包括维库电子市场网、ChinaICMart、维库电子开发网和维库电子人才网等网站。现已成为中国电子行业最具影响力的专业化垂直 B2B 电子商务平台和国内外著名的电子产品交易平台。

• 2003 年 10 月,阿里巴巴创建独立的第三方支付平台——支付宝,正式进军电子支付领域。目前,支付宝已经和国内的工商银行、建设银行、农业银行和招商银行,国际的 VISA 国际组织等各大金融机构建立战略合作,成为全国最大的独立第三方电子支付平台。

• 2003 年,杭州网上商城由杭州市贸易局牵头组建,杭州科希盟科技有限公司负责具体承建、运营的区域性的电子商务综合门户平台成立。它充分整合各协作单位的综合资源优势,立足区域市场,服务传统企业,为传统商家开展电子商务提供"一揽子"的解决方案,共享统一的宣传平台、统一的支付手段、统一的物流配送,实现"信息流、商流、物流、资金流"的四流合一。

• 2003 年 11 月 4 日,第四届西湖论剑在杭州举行,主题"中国:下一浪"。参加会议的嘉宾分别为软银总裁孙正义、TOM 互联网事业集团总裁王雷雷、携程 CEO 梁建章、百度总裁李彦宏、易趣总裁邵亦波、盛大网络总裁陈天桥、阿里巴巴 CEO 马云等。

• 2004 年 6 月 12 日,首届网商大会在杭州浙江世贸中心酒店举行,主题是"中国企业商务模式变革,网商时代已经到来"。大会将首次向公众大规模介绍中国"网商"应用电子商务的成就,剖析中国网商群体发展前景与问题,公布中国十大"网商",参与人数达 1000 人。

• 2004 年 8 月,商品资源网正式发布营运。2006 年 3 月跻身"中国行业电子商务 TOP100 综合类前三强",并荣获"最具投资价值奖"和"最佳服务奖"。2007 年首创"中国跨媒体搜索工具"——"中国拨拨通 4006009090",融合互联网、短信网、电话网、创新技术使商品资源网成为中国首家立体式跨网运营的 B2B 电子商务平台,为中国互联网发展带来了跨媒体沟通模式的全新革命。

• 2004 年 9 月 10 日,第五届西湖论剑在杭州举行,主题题为"天下",美国前任总统比尔·克林顿、网易首席架构设计师丁磊、腾讯总裁兼 CEO 马化腾、新浪总裁汪延、搜狐总裁张朝阳、北大光华管理学院张维迎等出席会议。

• 2004 年,杭州阿拉丁信息科技有限公司全球首创三维地图网络城市——E 都市网站,四年时间完成建设全国 100 个大中城市,并实现海外数据模型加工出口业务。杭州总部已成为全球最大规模的三维模型生产基地。

• 2004 年 10 月 4 日,杭州市区开始实施有线电视数字化整体转换。2005 年底,完成市区用户的数字化整体转换,通过了国家广电总局的验收,并被授予"全国有线电视示范城市"称号。2006 年,数字电视公司对杭州市郊农村有线电视网络进行了数字化升级改造和整体转换。至此,杭州成为全国率先实现有线电视数字化城市之一,也成为中国数字电视产业基地之一。

• 2005 年,人和网在杭州成立,是国内最大的实名制商务型社会关系网络,致力于为职业人士提供人脉拓展、管理与应用服务,并率先在国内行业实现营收平衡。

• 2005 年 6 月,首届中国国际动漫节在杭州和平会展中心成功举办,展会总面积 2 万余平方米,展位总数 780 多个,参观人数达到 20 余万。

• 2005 年 8 月,阿里巴巴和全球最大门户网站雅虎达成战略合作,阿里巴巴兼并雅虎在中国的所有资产,阿里巴巴因此成为中国最大的互联网公司。

• 2005 年 9 月 11 日,第二届中国网商大会在杭州召开,大会主题是"诚信网商、中国动力",参与人数达 2000 人。

• 2005 年 12 月 5 日,杭州市贸易局、市信息办正式下文,认定阿里巴巴(中国)网络技术有限公司等 10 家单位为杭州市电子商务应用示范企业。

• 2005 年,祐康网络电子商务项目被国家经贸委列为重点技术创新项目,承担科技部"十五"国家科技攻关重大项目"杭州市电子商务与现代物流示范工程",并被列为浙江省"十五"服务业电子化工程试点示范企业、浙江省 23 家现代物流重点联系企业、浙江省及杭州市电子商务试点企业;96188 网站被浙江省信息产业厅、省电子商务协会列为浙江省电子商务应用网站推荐网站;"96188,服务到您家"被评为杭州商贸特色企业品牌。

• 2005 年 12 月,杭州美连网络科技有限公司,TradeHR 创始人兼 CEO 赵欣军被中国亚太经济发展促进会评为"2005 中国百名行业改革创新杰出人物"。

• 2006 年 4 月 28 日,第二届中国国际动漫节在杭州国际会展中心举行,展会面积 4.6 万平方米,展位数 2500 个,参展企业、媒体、基地、院校 380 余家,参观总人数达到 28 万,比首届增长 1.33 倍。

• 2006 年,阿里巴巴连续第七年当选《福布斯》评选的全球最佳 B2B 网站。阿里巴巴创始人、首席执行官马云被著名的"世界经济论坛"选为"未来领袖"、被美国亚洲商业协会选为"商业领袖",是五十年来第一位成为《福布斯》封面人物的中国企业家。

• 2006 年,杭州数字电视有限公司的《基于广播流的互动电视业务系统》项目继获得浙江省广电科技创新一等奖后,又获国家广电总局 2005 年度科技创新科技成果与应用革新类二等奖。

• 2006 年,杭州市数字电视整体转换用户将率先在全国突破百万大关,为杭州市确立的"全国率先实现有线电视数字化城市之一,成为中国数字电视产业基地之一"两大战略目标打下坚实的基础。

2006 年 3 月,中国绿线成立,凭借独特的商业模式与领先的技术得到了 NEA、赛伯乐、红杉资本等多家风险投资商先后投资 4000 多万美金,拥有一个国内最大的呼叫中心,通过 10101010 的后台管理系统可以分析数据,实现互动营销与定项营销,被誉为中国的第一成长型 IT 企业与第一呼叫搜索中心。

• 2006 年 7 月 21 日,杭州市党员干部现代远程教育数字电视平台正式开通运行,标志着党员干部远程教育进入全市 8 万余个家庭、机关、企事业单位数字电视用户。这些用户将免费收看党员干部现代远程教育节目,极大地提高了杭州市党员干部现代远程教育的覆盖面和影响力。

• 2006 年 8 月 1 日,TradeHR 创始人兼 CEO 赵欣军被中国电子商务协会聘为外贸企业发展研究专家。

• 2006 年 8 月 4 日,全国首个数字电视农村信息化平台在杭推出,1600 余户村民开通了融合农村信息化平台的交互数字电视。这是杭州市推出的全国首个数字电视农村信息化平台。

• 2006 年 9 月 10 日,第三届网商大会暨首届中国网商节在杭州举行,大会主题是"创新赢天下",参与人数达 4 万人。

• 2006 年 12 月 15 日,国内 A 股市场第一支真正意义上网络股——网盛科技(后更名为生意宝)正式在深圳证券交易所挂牌上市。

• 美国《财富》小企业杂志评选出的"全球企业家们的首选网站"中,阿里巴巴高居首位,阿里巴巴是唯一一家被列入对海外的美国商人最有价值网站之列的亚洲网站。

• 2006 年 12 月 20 日,由《互联网周刊》主办的 2006 中国"互联网商业网站 100 强"评选结果中,中国机械网、腾讯网、阿里巴巴、新浪、搜狐网、网易等著名网站荣获"2006 年中国商业网站 100 强"。

• 2007 年全球最知名网站亚马逊旗下专门提供第三方网站运营数据分析服务的权威网站评估:国际商贸(B2B)类网站阿里巴巴排名全球第一。

• 2007 年 1 月 18 日,杭州京安电子工程有限公司负责运营的雅搜艺术网正式推出。

• 2007 年 3 月 25 日,在"第三届中小企业电子商务应用发展大会暨 2007 年中国行业电子商务网站 TOP100 颁奖盛典"上,浙江阅海科技有限公司的中华纺织网、杭州美连网络科技有限公司的外贸英才网、杭州宏创电子商务有限公司的全球五金网、维库电子市场网等获得 2006 年行业商务网站前 100 强。

• 2007 年 4 月 28 日,第三届中国国际动漫节在杭开幕,共举办动漫产业博览会、"美猴奖"大赛、动漫产业高峰论坛和开幕式暨动漫狂欢巡游这四大项目活动,成为 2007 年规模最大、人气最旺的节目之一。

• 2007 年 5 月《中国进出口软件》杂志、中国软件和服务外包网发布了第三届中国软件企业出口和外包排行榜,浙大网新科技股份有限公司名列"2006 中国软件企业出口 25 强"第八名和"2006 年中国软件企业外包 25 强"第二名。

• 2007 年 5 月 18 日,由杭州聚联科技打造的新钻网,是全国领先的专业大型珠宝首饰 B2C 直销电子商务网站,为国内外钻石黄金珠宝首饰厂商提供面向消费者的在线展示与销售平台。

• 2007 年 6 月 5 日,网盛生意宝同中国服装网正式达成兼并收购协议,将中国服装网纳入网盛旗下的"生意宝"。

- 2007年9月3日,首届"2007中国杭州国际电子信息博览会"在杭州和平会展中心成功举办,展览面积9666平方米,参展企业293家,展位508个。相继荣获杭州西湖博览会"07年度展会引进奖"、"第九届西湖博览会铜奖"以及财富论坛"中国最具成长性品牌展会"金手指奖。
- 2007年9月15日,第四届网商大会暨第二届中国网商节杭州举行,主题是"网商崛起",除了常规的十大网商颁奖外,邀请了众多知名的风险投资机构为网商们的发展出谋划策,参与人数达5万人。
- 2007年9月26日,萧山区南阳镇携手网盛生意宝推出的南阳商务网正式开通,该网致力于打造南阳领先电子商务的综合平台,为全镇对外交流和企业开展电子商务提供服务。以镇为单位建立商务门户,是迄今国内在商务领域最小的区域划分方式。
- 2007年10月19日,在杭州市信息化办公室、杭州市互联网宣传管理办公室和杭州市科学技术协会的大力支持下,在浙大盘石信息技术有限公司的全力协助下,杭州市电子商务协会联合百度(中国)有限公司主办了"2007中国(杭州)首届网络营销行业研讨会"。
- 2007年11月28日,2007中国(杭州)电子商务高峰论坛在杭州召开,来自商务部信息司、中国社科院、中国国际电子商务中心、浙江工商大学的专家、教授及企业代表围绕电子商务的发展和创新进行了演讲与交流。
- 2007年11月7日,阿里巴巴集团旗下的电子商务网站——阿里巴巴网络有限公司挂牌上市。
- 2007年11月29日,浙江省正式启动泛旅游行业信息化进程,开始在泛旅游行业商家部署由信诺集团酷宝科技提供的"移动快线"服务,帮助商家快速建立自主商圈,缔结"异业联盟"并分享"移动快线"商圈的开放资源。
- 2007年10月起,卡当网为中国雅虎、校内网、51网、中国娱乐网等知名网站提供个性定制服务。
- 2007年11月,浙江华富网络技术有限公司推出的中国拨拨通4006009090成功覆盖了全国668个大中小城市的4.5亿手机用户、4亿固话用户及1.8亿互联网用户。
- 2007年12月,卡当网被《互联网周刊》杂志评为2007中国网上零售类网站第7名。
- 2007年12月28日,浙江省首届影视动画产业峰会在西湖区举行。此次峰会由浙江省广播电视局、浙江省发展和改革委员会、浙江省科学技术厅、浙江省信息产业厅联合主办,杭州市软件行业协会、西湖区国家数字娱乐产业示范基地承办。
- 2008年1月10日,中国最大的本地生活消费社区口碑网与杭州电视台生活频道达成战略性合作,利用双方的资源平台优势,共同为杭城百姓打造Web 2.0版的城市生活消费社区。这是国内本地生活消费社区类网站与电视台的首次深度合作,将成为强势媒体与城市百姓生活社区深度互动的一个崭新模式。
- 2008年1月23日,中国电子商务协会召开了"中国电子金融发展年会",支付宝荣获全国"用户喜爱第三方支付品牌"荣誉称号。

• 2008 年 1 月 29 日,根据国家科学技术部下达的通知,浙江创联信息技术股份有限公司的"行业物流应用信息系统"被列入 2007 国家火炬计划项目。

• 2008 年 2 月 5 日,阿里巴巴·淘宝城项目落户余杭,将 13.6 亿元人民币投向位于余杭区仓前高新高教园区创新基地的"淘宝城"项目。

• 2008 年 2 月 14 日,《人民邮电报》报道:杭州市已形成了以阿里巴巴为代表的 1300 多家电子商务网站集群。以阿里巴巴、中国化工网为首,浙江建华五金机电市场有限公司的机电在线,杭州商易信息技术有限公司的中国建材网、中国玻璃网、中国铝业网、中国木业网,杭州宏创电子商务有限公司的全球五金网、中国电动车网,杭州鼎好科技有限公司的中国食品商务网等都建立了不同商品的第三方网站,并取得了较好的发展业绩。

• 2008 年 3 月,"第三届中小企业电子商务应用发展大会暨 2007 第三届中国行业电子商务网站 TOP100 颁奖盛典"召开。

• 2008 年 3 月 21 日,由《电子商务世界》杂志主办的"第三届中小企业电子商务应用发展大会"在杭州召开。杭州市长蔡奇出席开幕式并致辞《努力把杭州打造成为"中国电子商务之都"》。会议发布 2007 中国行业电子商务网站 TOP100,其中杭州企业占 31 家,占总数的近 1/3,入围数居全国第一。

• 2008 年 3 月 24 日,口碑网与中国邮政展开战略合作,此次合作内容除将邮政全国网点数据导入口碑网完善公共设施信息之外,引入邮政专有的直复营销方式,为广大中小企业商户提供庞大的全国营销渠道。

• 2008 年 4 月 11 日,阿里巴巴战略级产品"旺铺"正式开放体验。该产品是企业级电子商务基础平台,帮助中小企业迈开网上生意第一步。

• 2008 年 4 月 28 日,第四届中国国际动漫节在杭州休博园湖畔广场开幕。动漫节共吸引了 37 个国家和地区的嘉宾参与,近 300 家中外动漫企业参展,总共 67.2 万人次参加了动漫节各项活动,仅产业博览会参观人数就达 40.3 万人次。

• 2008 年 5 月,支付宝获得"2008 中国保险企业优秀支付解决方案提供商"的称号。

• 2008 年 5 月,衣服网网盛生意宝和中国服装网联合打造的国内首家 B2C 时尚购物网站,主要销售运动装、休闲装、女装、商务男装、配饰等商品,是网上时尚品牌零售的"奥特莱特式"广场。

• 2008 年 5 月,阿里巴巴与软银在日本成立合资公司,接管阿里巴巴原有的日文网站,该网站帮助日本中小企业接通全球的买家和卖家。

• 2008 年 5 月 12 日,由杭州市人民政府、新加坡腾飞集团主办,杭州市对外贸易经济合作局、杭州经济技术开发区管委会、新加坡杭州科技园承办,杭州市软件行业协会协办的国际服务外包论坛在杭州城建文化馆召开。

• 2008 年 5 月 27 日,平安保险公司与支付宝携手,双方将运用第三方支付的手段积极帮助灾区人民参投保并获得理赔。

• 2008 年 5 月 29 日,中国电子商务协会正式复函,授予杭州"中国电子商务之都"。

- 2008 年 5 月 27 日,杭州荣获首届"中国城市信息化 50 强第四名"称号。
- 2008 年 6 月,阿里巴巴"诚信通个人会员"服务正式上线。
- 2008 年 6 月 26 日,支付宝宣布,已针对全国手机用户推出独创的语音支付方式。此举将令国内数亿手机用户有机会通过手机终端随时随地完成支付行为。
- 2008 年 7 月,人事部批准阿里巴巴(中国)有限公司正式设立博士后科研工作站,以进一步培养和引进高层次科技和经营管理人才,增强公司的创新能力。
- 2008 年 7 月 8 日,支付宝宣布和网游巨头巨人网络达成合作协议,支付宝将为巨人旗下的《征途》《征途时间版》《巨人》三款游戏提供支付服务。
- 2008 年 7 月 11 日,戴尔电脑与支付宝双方确认已达成战略合作,消费者在网上买戴尔电脑可用支付宝进行支付。
- 2008 年 7 月 31 日,杭州成立全国省会城市首个网络文化协会。杭州市委外宣办(市政府新闻办)、市互联网宣传管理办公室主任王健儿当选为会长。
- 2008 年 8 月,信雅达系统工程股份有限公司正式入选"中国 BPO 企业 10 强"。
- 2008 年 8 月 1 日,杭州市"无线数字城市"试运行启动仪式举行。
- 2008 年 8 月 2 日,"第二届 APEC 工商咨询理事会亚太中小企业峰会暨 2008 网商大会"召开。此次大会展现"技术"的主题,评选出全球十大网商,来自世界各地的电子商务人士及国内外各大媒体齐聚杭州,共同研讨全球化、电子商务、中国机会等热点话题。
- 2008 年 8 月 2 日,中国第五届网商大会开幕式。中国电子商务协会理事长宋玲、杭州市委书记王国平、阿里巴巴董事局主席马云出席开幕式。
- 2008 年 9 月 3 日,第二届"2008 中国杭州国际电子信息博览会"在杭州和平会展中心成功举办,展览面积 2 万平方米,展位 856 个。
- 2008 年 9 月 4 日,第 11 届中国国际电子商务大会杭州分会暨"中国电子商务之都"授牌仪式在杭州和平国际会展中心举行,中国电子商务协会理事长宋玲和杭州市市长蔡奇为杭州"中国电子商务之都"揭牌。
- 2008 年 9 月 5 日,由中国电子商务协会和杭州市人民政府主办的以"网赢天下"为主题的"2008 首届中国网络广告行业大会"在杭州举行。
- 2008 年 9 月 18 日,支付宝联手艺龙旅行网达成战略合作关系,消费者可以通过在线支付的方式在艺龙旅行网上购买旅游产品。
- 2008 年 9 月 25 日,中网盛生意宝董事长孙德良先生、百度总裁李彦宏、8848 总裁王峻涛、阿里巴巴创始人马云、阿里巴巴 CEO 卫哲、腾讯拍拍网刘春宁、慧聪网郭凡生、易趣创始人邵亦波、原易趣 CEO 谭海音、连邦软件及 8848 创始人王建华、买卖网总经理周邦、原沱沱网 CEO 胡欣然等,获得"1998-2008 中国电子商务百人荣誉奖"。
- 2008 年 10 月 15 日,杭州八方物流营销管理有限公司在下沙注册成立。
- 2008 年 10 月 22 日,由工业和信息化部、国家广电总局为指导单位,以《中国电子报社》、中国传媒大学等单位联合主办的 2008 年(第二届)中国数字电视用户最满意度调查暨本年度数字电视用户品牌发布会在杭州召开。

- 2008 年 10 月 25 日,首届中国网络电脑节暨中国电子商务领袖峰会在浙江省人民大会堂隆重开幕。
- 2008 年 10 月 31 日,杭州师范大学阿里巴巴商学院在杭州正式揭牌成立,并举行了开学典礼。这一由杭州师范大学与阿里巴巴(中国)有限公司合作共建的校企合作学院,将以电子商务为办学特色。
- 2008 年 11 月 13 日,华瑞物流股份公司代表出席了在成都举办的"2008 年度中国国际物流节"暨"2008 年度中国物流百强企业授牌典礼"。华瑞物流股份凭借本年度突出的业绩位列中国物流百强企业第 65 名。
- 2008 年 11 月 27 日,由中国经营报和 China Economist 共同主办的"2008 中国企业竞争力年会"召开。中国社会科学院工业经济研究所所长、中国经营报社社长金碚发布了《2008 年中国企业竞争力报告》。阿里巴巴荣获 2008 年度"最具竞争力企业奖"。
- 2008 年 11 月 28 日,颐高集团 IT 世界网正式与新浪科技频道就中国 IT 渠道领袖峰会达成战略合作。
- 2008 年 11 月 29 日,全球 500 强企业、国际互联网设备和服务巨头思科系统网络技术有限公司在杭州设立了分公司。
- 2008 年 12 月,由浙江大学起草、杭州市电子商务协会参与完成的《中国电子商务之都 2008 年度发展报告》出版,为杭州市电子商务发展作出了重要贡献。
- 2008 年 12 月,阿里巴巴入选中国公益 50 强企业。
- 2008 年 12 月,联想手机预装了淘宝。
- 2008 年 12 月,第四届中国商业思想论坛举办,支付宝(中国)网络技术有限公司力拔 2008 中国最佳商业模式头筹,名列十个最佳商业模式第一位。
- 2008 年 12 月 1 日,支付宝和日本软银电子支付宣布签订战略合作协议,面向日本企业提供支付宝的跨境在线支付服务。
- 2008 年 12 月 3 日,由网盛生意宝和中国贸促会化工行业分会共同主办 2008 中国国际精细化工展召开。此次展会是一年一度全球最大规模的精细化工展览会。
- 2008 年 12 月 4 日,在中国互联网络信息中心的指导下,由杭州市软件行业协会、杭州市电子商务协会联合主办,第一商务承办的".中国域名全球升级——品牌升级中国行"杭州企业家论坛在杭州召开。
- 2008 年 12 月 30 日,杭州市委市政府、余杭区委区政府宣布、淘宝城项目正式开工。
- 2008 年 12 月 30 日,阿里巴巴集团旗下子公司阿里软件刚刚宣布筹建多个"电子商务云计算中心",首个云计算中心将在 2009 年初落户江苏南京。
- 2009 年 1 月,支付宝荣获杭州高新技术产业开发区(滨江)劳动和社会保障局颁发的"劳动保障诚信企业"奖。
- 2009 年 1 月 7 日,工业和信息化部为中国移动、中国电信和中国联通发放三张第三代移动通信(3G)牌照,杭州迈入 3G 时代。
- 2009 年 1 月,随着工业和信息化部向三家电信运营商发放了第三代移动通信

(3G)牌照,网盛生意宝宣布将电子商务搜索搬上3G手机。

• 2009年1月19日,以"融合与超越"为主题的2009年华数论坛年会在杭州举行。

• 2009年2月2日,杭州被国务院批准为中国服务外包示范城市。

• 2009年2月19日,台湾外贸协会和全球最大的电子商务网站阿里巴巴宣布策略合作,提供双平台网络解决方案,协助台湾中小型出口商度过经济危机。

• 2009年3月,阿里巴巴集团董事局主席马云提出"网商生存、成长、发展三阶段"的观点:过去十年是网商生存的十年,未来十年将是网商成长的十年,再一个十年将是网商发展的十年。网商未来十年的发展将会围绕网货和网规进行。

• 2009年3月,由全国高协(由国家原九部委联合牵头组建的政府协作联合体)下属机构全国高科技产业化标准计量委员会、中国品牌与防伪杂志社、中国行业发展调查评价中心、中华全国商业信息中心等单位联合组织举办的关于推选"全国行业领先企业(品牌)"公益活动结果揭晓,浙江网盛生意宝股份有限公司喜获"中国网络自主创新十大领先商务平台"、"全国质量、服务、信誉AAA级示范企业"两大称号。

• 2009年3月3日,生意宝正式宣布推出"生意人搜索排行榜"。

• 2009年3月3日,支付宝宣布,支付宝与日本Netprice集团旗下的Tenso国际物流达成合作,在跨境支付服务之外,支付宝今后还将帮助Tenso共同为消费者日本购物提供国际物流支持。此前,支付宝已经与Netprice集团旗下的综合电子商务网站樱花堂达成合作。

• 2009年3月10日,网盛生意宝获"中国网络自主创新十大领先商务平台"奖。

• 2009年3月17日,生意宝向媒体宣布与电信达成合作,携手发展浙江农村综合信息化平台项目,进军农村信息化市场。

• 2009年3月25日,网盛生意宝入围"中国管理学院奖"十六强。

• 2009年3月27日,淘宝网凭借店铺页面改进案例,获得了由国际权威机构GCEM颁发的2008年度亚洲区在线客户体验大奖,这是全球互联网企业首次获得此殊荣。

• 2009年4月,杭州鼎好科技有限公司连续第四次荣获中国电子商务网站TOP100强,杭州鼎好科技旗下四网站荣登TOP100。

• 2009年4月,评选出了浙江省电子商务10强企业名单:支付宝(中国)网络技术有限公司(支付宝网)、金华比奇网络技术有限公司(中国网络游戏服务网)、宁波神化化学品经营有限责任公司(中国神化网)、颐高集团有限公司(IT世界网)、浙江和平钢铁网络有限公司(中国钢铁平台)、浙江网盛生意宝股份有限公司(生意宝网)、浙江淘宝网络有限公司(淘宝网)、浙江华信科技发展有限公司(中国包装网)、浙江华瑞信息技术有限公司(中国化纤信息网)、浙江中建网络科技股份有限公司(中国水泥网)。

• 2009年4月8日,由阿里巴巴集团主办的第六届网商大会"十大网商评选"正式启动。

• 2009年4月16日,生意宝推出一款自主研发的新产品——"搜索营销分析系统"。

• 2009 年 4 月 17 日,2008－2009 年度中国行业电子商务网站 TOP100 颁奖盛典在"第四届中小企业电子商务应用发展大会"上进行。电子元器件专业网站维库电子市场网荣获"2008 中国行业电子商务 100 强"。

• 2009 年 4 月 22 日,杭州市举办 2009 年度"春回燕归·精英峰会",首次发布了浙江互联网的发展情况及相关网站排行榜。淘宝网荣获 2008 最受浙江网民喜爱的十大网站、2008 最受浙江网民喜爱的十大浙江网站以及 2008 最受浙江网民喜爱的浙江十大电子商务网站。

• 2009 年 4 月 28 日,第五届中国国际动漫节在中国杭州休闲博览园举行。其中,78 万人次参加了包括动漫产业博览会、动画片交易大会、动漫高峰论坛、"美猴奖"大赛、动漫人才招聘会等 20 多项活动。

• 2009 年 4 月 30 日,杭州市信息办举行第三批国家电子信息产业基地实训中心授牌仪式,为 14 家新认定的实训机构授牌。授牌仪式后,已被认定的 35 家实训机构就如何加速推进信息化人才实训工程进行了交流。

• 2009 年 5 月 6 日,阿里巴巴发布 2009 年第一季度财报。财报显示,截至 2009 年 3 月底,阿里巴巴拥有 69 亿人民币储备,并无负债,为中国现金储备最多的互联网公司。

• 2009 年 9 月 10 日,第三届"2010 中国杭州国际电子信息博览会"在杭州和平国际会展中心举办,展位面积 2 万平方米,展位 1000 个。

# 4

# 杭州市部分互联网企业名录

| 企业名称 | 域名 | 互联网经济活动类型 |
|---|---|---|
| 阿里巴巴集团 | china.alibaba.com<br>www.taobao.com<br>www.alipay.com<br>www.koubei.com | 电子商务 |
| 百大集团股份有限公司 | www.baidagroup.com | 电子商务 |
| 风雅颂扬文化传播集团（杭州）有限公司 | www.baozang.com | 电子商务 |
| 杭州阿思拓信息科技有限公司 | www.zz91.com<br>www.kl91.com | 电子商务 |
| 杭州安卡网络技术有限公司 | www.hx2car.com | 电子商务 |
| 杭州奥众网络科技有限公司 | www.glass.cn | 电子商务 |
| 杭州贝利电子商务有限公司 | www.hometexnet.com | 电子商务 |
| 杭州比比西网络科技有限公司 | www.bbcmart.com | 电子商务 |
| 杭州滨兴科技有限公司 | www.jdzj.com<br>www.chinamae.com<br>www.chinagkong.com<br>www.chinagongcheng.com | 电子商务 |
| 杭州昌海广告策划有限公司 | www.169xl.com | 电子商务 |
| 杭州常青电子商务有限公司 | www.buy91.com | 电子商务 |
| 杭州垂直互动科技有限公司 | www.machine365.cn | 电子商务 |
| 杭州大厦有限公司 | www.hangzhoutower.com | 电子商务 |
| 杭州鼎好科技有限公司 | www.21food.cn | 电子商务 |
| 杭州高达软件系统有限公司 | www.soosteel.cn | 电子商务 |
| 杭州冠讯网络科技有限公司 | www.1efu.com | 电子商务 |
| 杭州贯通电子商务有限公司 | www.webcargo.com.cn | 电子商务 |
| 杭州宏创电子商务有限公司 | www.wjw.cn | 电子商务 |
| 杭州鸿邦网络科技有限公司 | hz.china215.com | 电子商务 |
| 杭州华炬科技有限公司 | www.cnbidding.com | 电子商务 |

| 企业名称 | 域名 | 互联网经济活动类型 |
|---|---|---|
| 杭州汇林食品集团有限公司 | www.huilinfood.com | 电子商务 |
| 杭州汇农农业信息咨询服务有限公司 | www.myttc.cn | 电子商务 |
| 杭州慧聪广告有限公司 | www.hc360.com | 电子商务 |
| 杭州极点科技有限公司 | www.mbiz.com.cn<br>www.hardalloy.com.cn | 电子商务 |
| 杭州集广科技有限公司 | www.18yl.com | 电子商务 |
| 杭州建华网络科技有限公司 | www.qjgww.com | 电子商务 |
| 杭州建网科技有限公司 | www.tumu.cn | 电子商务 |
| 杭州经合易智控股有限公司 | www.joinvc.com<br>www.aiyah.cn<br>www.flashtone.cn<br>www.wasuo.com | 电子商务 |
| 杭州聚力信息科技有限公司 | www.mipang.com | 电子商务 |
| 杭州聚联科技有限公司 | www.xzuan.com | 电子商务 |
| 杭州卡当网络科技有限公司 | www.kadang.com | 电子商务 |
| 杭州科伦电子有限公司 | www.kulon.com.cn | 电子商务 |
| 杭州科希盟科技有限公司 | www.0571.net | 电子商务 |
| 杭州酷秀网络有限公司 | www.xiezi.com | 电子商务 |
| 杭州蓝色倾情服饰有限公司 | www.lesies.com | 电子商务 |
| 杭州绿纽信息科技有限公司 | www.renewinfo.cn | 电子商务 |
| 杭州每日送物流配送有限公司 | shop.hangzhou.com.cn | 电子商务 |
| 杭州美连网络科技有限公司 | www.tradehr.com<br>www.tradevv.com<br>www.tradevv.com | 电子商务 |
| 杭州明通科技有限公司 | www.chem17.com | 电子商务 |
| 杭州牵手科技有限公司 | www.zjfe.com | 电子商务 |
| 杭州融鼎科技有限公司 | www.omnipay.cn | 电子商务 |
| 杭州三替集团 | www.cn3t.com | 电子商务 |
| 杭州森虎网络科技有限公司 | www.semhoo.net<br>www.nlrcw.com<br>www.cnzhutan.com | 电子商务 |
| 杭州商易信息技术有限公司 | www.bmlink.com<br>www.glass.com.cn<br>www.ALU.cn | 电子商务 |

| 企业名称 | 域名 | 互联网经济活动类型 |
|---|---|---|
| 杭州盛世商潮控股股份有限公司 | www.bizyi.com | 电子商务 |
| 杭州时科电子商务有限公司 | www.haoneiyi.net | 电子商务 |
| 杭州通政电子商务有限公司 | www.hztzh.com | 电子商务 |
| 杭州同人国际旅行社有限公司 | www.absolutechinatours.com | 电子商务 |
| 杭州拓商科技有限公司 | www.ctcfair.com | 电子商务 |
| 杭州威士顿科技有限公司 | wisdom.51wisdom.com | 电子商务 |
| 杭州文鼎教学软件有限公司 | www.ktxedu.com | 电子商务 |
| 杭州小矮人科技有限公司 | www.onbbb.com | 电子商务 |
| 杭州携购网络科技有限公司 | www.xiegoo.com | 电子商务 |
| 杭州新农门信息技术有限公司 | www.sinomen.cn<br>www.sinomen.com | 电子商务 |
| 杭州扬诚科技有限公司 | www.maiyiqi.com<br>www.001photo.com<br>www.001yckj.com | 电子商务 |
| 杭州亿超电子商务有限公司 | www.yjcs.com.cn | 电子商务 |
| 杭州易富科技有限公司 | www.xpay.cn | 电子商务 |
| 杭州优邮电子商务有限公司 | www.yoyo18.com | 电子商务 |
| 杭州祐康电子商务网络有限公司 | www.96188.com | 电子商务 |
| 杭州元成传媒有限公司 | www.yuanlin.com | 电子商务 |
| 杭州缘诚网络技术有限公司 | www.96118.com | 电子商务 |
| 杭州增慧网络科技有限公司 | www.bingoenglish.com | 电子商务 |
| 杭州债易网络科技有限公司 | www.zaieasy.com | 电子商务 |
| 杭州珍诚医药有限公司 | www.zc511.com | 电子商务 |
| 杭州执掌科技有限公司 | www.nz86.com | 电子商务 |
| 杭州志卓信息技术有限公司 | www.51pla.com | 电子商务 |
| 杭州智深网络信息技术有限公司 | www.xjy.com.cn | 电子商务 |
| 杭州中香化学有限公司 | www.cac.cn | 电子商务 |
| 杭州卓逸信息技术有限公司 | www.cndwi.com | 电子商务 |
| 好易购家庭购物有限公司 | www.best1.com | 电子商务 |
| 华立仪表集团股份有限公司 | www.holleymeter.com | 电子商务 |
| 桐庐方舟网络技术有限公司 | www.pen-home.com | 电子商务 |
| 维库电子市场网有限公司 | www.dzsc.com | 电子商务 |

| 企业名称 | 域名 | 互联网经济活动类型 |
|---|---|---|
| 颐高集团有限公司 | www. ego. cn | 电子商务 |
| 浙江百诚集团股份有限公司 | www. palcent. com | 电子商务 |
| 浙江百世物流科技有限公司 | www. 800best. com | 电子商务 |
| 浙江博艺网络文化有限公司 | www. boyie. com<br>www. yesqu. com | 电子商务 |
| 浙江点看电子商务有限公司 | www. yifu. com | 电子商务 |
| 浙江富春江通信集团有限公司 | www. fcjjt. com | 电子商务 |
| 浙江海虹药通网络技术有限公司 | www. emedexchange. com | 电子商务 |
| 浙江好尚电子商务有限公司 | www. 3e358. com | 电子商务 |
| 浙江和平钢铁网络有限公司 | www. 158steel. com | 电子商务 |
| 浙江华瑞信息技术有限公司 | www. ccf. com. cn | 电子商务 |
| 浙江连连科技有限公司 | www. lianlian. com. cn | 电子商务 |
| 浙江品购电子商务有限公司 | www. chinagou. com | 电子商务 |
| 浙江钱江商城有限公司 | www. qjgww. com | 电子商务 |
| 浙江森禾种业股份有限公司 | www. ttsong. com<br>www. senhemm. com<br>www. senhegc. com | 电子商务 |
| 浙江生活三六五集团有限公司 | www. 96365. com | 电子商务 |
| 浙江省电力物资供应公司 | www. freshpower. cn | 电子商务 |
| 浙江省新华书店集团有限公司 | www. bookuu. com | 电子商务 |
| 浙江网盛生意宝股份有限公司 | www. toocle. com<br>www. chemnet. com. cn<br>www. chemnet. com | 电子商务 |
| 浙江欣邦科技信息有限公司 | www. cn-xq. cn | 电子商务 |
| 浙江新能量科技有限公司 | www. freshpower. cn | 电子商务 |
| 浙江易合网络信息有限公司 | www. linkshop. com. cn | 电子商务 |
| 浙江中服网络科技有限公司 | www. efu. com. cn | 电子商务 |
| 浙江中国轻纺城网络有限公司 | www. tnc. com. cn<br>www. globaltextiles. com | 电子商务 |
| 浙江中建网络科技股份有限公司 | www. ccment. com | 电子商务 |
| 浙商科技(杭州)有限公司 | www. hzzsyz. com | 电子商务 |
| 杭州国迈电子科技有限公司 | www. goodmicro. com | 软件服务及 SaaS |
| 杭州合众软件有限公司 | www. unitedsoft. cn | 软件服务及 SaaS |

| 企业名称 | 域名 | 互联网经济活动类型 |
|---|---|---|
| 杭州快鱼科技有限公司 | www.2office.cn | 软件服务及 SaaS |
| 杭州全顺科技有限公司 | www.tradeserving.com | 软件服务及 SaaS |
| 杭州万格网络科技有限公司 | www.onegrid.com.cn | 软件服务及 SaaS |
| 杭州浙大恩特网络科技有限公司 | www.entersoft.cn | 软件服务及 SaaS |
| 杭州智宽网络科技有限公司 | www.zksaas.com | 软件服务及 SaaS |
| 红杉树（杭州）信息技术有限公司 | www.infowarelab.cn | 软件服务及 SaaS |
| 铭万信息技术有限公司杭州分公司 | hangzhou.mainone.com | 软件服务及 SaaS |
| 浙江创联信息技术股份有限公司 | www.crea-union.com | 软件服务及 SaaS |
| 浙江汇信科技有限公司 | www.icinfo.com.cn | 软件服务及 SaaS |
| 浙江省公众信息产业有限公司 | www.public.zj.cn | 软件服务及 SaaS |
| 杭州驷铃铃网络科技有限公司 | www.ip400.com | 即时通信 |
| 中国电信杭州 114 号码百事通 | www.118114.cn<br>wap.118114.cn | 即时通信 |
| 杭州华视数字技术有限公司 | www.huashidigital.com | 数字电视全媒体 |
| 杭州华数网通信息港有限公司 | www.hzcnc.com | 数字电视全媒体 |
| 杭州视线科技有限公司 | www.viewlinecn.com | 数字电视全媒体 |
| 杭州里奥广告有限公司 | www.hzleo.com | 搜索引擎和网络广告 |
| 东西在线（北京）网络技术服务有限公司杭州分公司 | www.manufacturer.com<br>www.sodu.com | 搜索引擎和网络广告 |
| 杭州阿拉丁信息科技股份有限公司 | www.edushi.com | 搜索引擎和网络广告 |
| 杭州创业互联科技有限公司 | www.ebe.com.cn<br>www.22.cn<br>www.xinnb.com<br>www.ihz.cn | 搜索引擎和网络广告 |
| 杭州大通广告有限公司 | www.ta-ton.com | 搜索引擎和网络广告 |
| 杭州多赢网络科技有限公司 | www.hz.com.cn | 搜索引擎和网络广告 |
| 杭州房途信息科技有限公司 | www.fangtoo.com | 搜索引擎和网络广告 |
| 杭州精尚投资管理有限公司 | www.jst-cn.com | 搜索引擎和网络广告 |
| 杭州九赢互联广告技术有限公司 | www.9v.cn | 搜索引擎和网络广告 |

| 企业名称 | 域名 | 互联网经济活动类型 |
|---|---|---|
| 杭州坤石网络科技有限公司 | www.kf361.com.cn | 搜索引擎和网络广告 |
| 杭州荣克网络科技有限公司 | www.a571.com<br>www.5sad.com | 搜索引擎和网络广告 |
| 杭州商通广告有限公司 | www.suntong.net | 搜索引擎和网络广告 |
| 杭州硕源科技有限公司 | www.hzzs.net | 搜索引擎和网络广告 |
| 杭州天禄广告传媒有限公司 | www.tyloo.com | 搜索引擎和网络广告 |
| 杭州万行人力资源服务有限公司 | www.jobeast.com<br>www.job120.com.cn<br>www.job910.com<br>www.job10000.com | 搜索引擎和网络广告 |
| 杭州网通互联科技有限公司 | www.71cnc.com<br>www.ecentral.cn | 搜索引擎和网络广告 |
| 杭州弈天网络技术有限公司 | www.unionsky.cn<br>www.pceggs.com<br>www.yy365.com | 搜索引擎和网络广告 |
| 杭州营和电子商务有限公司 | www.hlgogogo.com<br>www.cninho.com | 搜索引擎和网络广告 |
| 浙江城搜网络科技有限公司 | www.chengsou.com | 搜索引擎和网络广告 |
| 浙江盘石信息技术有限公司 | www.chpanshi.net | 搜索引擎和网络广告 |
| 浙江三六五科技有限公司 | hz.house365.com | 搜索引擎和网络广告 |
| 浙江天搜科技股份有限公司 | www.tsou.cn | 搜索引擎和网络广告 |
| 浙江万通信息技术有限公司 | www.Cnzjqi.com<br>www.Zjtbt.gov.cn<br>www.Zis.org.cn | 网络广告 |
| 中国电信杭州分公司 | www.hztop.com | 网络广告 |
| 杭州都快网络传媒有限公司 | www.19lou.com | 网络社区 |
| 杭州汉唐文化传播有限公司 | www.9158.com | 网络社区 |
| 杭州三基传媒有限公司 | www.boosj.com | 网络社区 |
| 杭州搜视网络有限公司 | www.pipi.cn | 网络社区 |
| 杭州炫彩信息技术有限公司 | www.blog165.com | 网络社区 |
| 普信通科技有限公司 | www.pomoho.com | 网络社区 |
| 浙江博客信息技术有限公司 | www.bokee.net | 网络社区 |
| 杭州创网科技有限公司 | P5p.cn | 网游和动漫 |
| 杭州德昌隆信息技术有限公司 | www.itcaogen.cn | 网游和动漫 |

| 企业名称 | 域名 | 互联网经济活动类型 |
|---|---|---|
| 杭州动漫游戏公共服务平台有限公司 | www.2156.net | 网游和动漫 |
| 杭州渡口网络科技有限公司 | www.ferrygame.com | 网游和动漫 |
| 杭州二元科技有限公司 | www.el-g.com | 网游和动漫 |
| 杭州海之童数字互动科技有限公司 | hitone.net.cn | 网游和动漫 |
| 杭州恒励数字科技有限公司 | www.handnicecg.com | 网游和动漫 |
| 杭州火雨网络科技有限公司 | www.firerain.cn | 网游和动漫 |
| 杭州九越数字动画有限公司 | www.jiuyue.asiatvbiz.com | 网游和动漫 |
| 杭州久易科技有限公司 | www.jioe.com.cn | 网游和动漫 |
| 杭州卡卡乐园动画教育软件有限公司 | www.mykaka.cn | 网游和动漫 |
| 杭州乐港科技有限公司 | www.joyport.cn | 网游和动漫 |
| 杭州联梦无限娱乐软件有限公司 | www.m-dream.com.cn | 网游和动漫 |
| 杭州漫齐妙动漫制作有限公司 | www.magicmall.com.cn | 网游和动漫 |
| 杭州启天科技有限公司 | www.552freeland.com | 网游和动漫 |
| 杭州三千画面影视文化传媒有限公司 | mediasq.3653h.com | 网游和动漫 |
| 杭州圣堂科技有限公司 | www.xplay.cn | 网游和动漫 |
| 杭州顺网信息技术有限公司 | www.icafe8.com | 网游和动漫 |
| 杭州天畅网络科技有限公司 | www.fyplay.com | 网游和动漫 |
| 杭州新石器数字科技有限公司 | www.neolithic.com.cn | 网游和动漫 |
| 杭州玄机科技 | www.qinsmoon.com | 网游和动漫 |
| 三辰卡通集团杭州动画制作公司 | www.topbluecat.com | 网游和动漫 |
| 太子龙文化传播有限公司 | www.longtaizi.com.cn | 网游和动漫 |
| 浙江缔顺科技有限公司 | www.dishun.net | 网游和动漫 |
| 浙江华人卡通集团 | www.ccavcartoon.com | 网游和动漫 |
| 浙江时空影视文化传播有限公司 | www.timax.com.cn | 网游和动漫 |
| 浙江太子龙文化传播有限公司 | www.longtaizi.com.cn | 网游和动漫 |
| 浙江中南集团卡通影视有限公司 | www.zn-cartoon.com | 网游和动漫 |

| 企业名称 | 域名 | 互联网经济活动类型 |
|---|---|---|
| 杭州新之商务文化传播有限公司 | www.56page.com | 物流平台 |
| 网达物流科技有限公司 | www.wd56w.com | 物流平台 |
| 浙江传化物流基地有限公司 | www.tf56.com | 物流平台 |
| 浙江通创智慧服务有限公司 | www.zj56.com.cn | 物流平台 |
| 浙江中货国际物流管理有限公司 | www.zhonghuo56.com | 物流平台 |
| 杭州掌盟软件技术有限公司 | www.mz30.cn | 移动电子商务 |
| 杭州大家网电子商务有限公司 | www.edajia.com | 移动电子商务 |
| 杭州信诺科技有限公司 | www.58890.cn | 移动电子商务 |
| 杭州掌盈科技有限公司 | www.handwin.net | 移动电子商务 |
| 绿线(杭州)信息技术有限公司 | www.10101010.cn | 移动电子商务 |
| 浙江启程电子科技有限公司 | www.depart.cn | 移动电子商务 |

中国电子商务之都互联网经济发展报告(2009 年)

杭州市信息化办公室
浙江工商大学　编著

---

**责任编辑**　许佳颖
**封面设计**　俞亚彤
**出版发行**　浙江大学出版社
　　　　　　（杭州天目山路 148 号　邮政编码 310028）
　　　　　　（网址：http://www.zjupress.com）
**排　　版**　星云光电图文制作工作室
**印　　刷**　富阳市育才印刷有限公司
**开　　本**　787mm×1092mm　1/16
**印　　张**　15.75
**字　　数**　354 千
**版 印 次**　2009 年 9 月第 1 版　2009 年 9 月第 1 次印刷
**书　　号**　ISBN 978-7-89490-600-7
**定　　价**　48.00 元(含光盘)

---

**版权所有　翻印必究　印装差错　负责调换**
浙江大学出版社发行部邮购电话　(0571)88925591